中国社会科学院老学者文库

中韩日儒学实论

李甦平◎著

中国社会科学出版社

图书在版编目（CIP）数据

中韩日儒学实论 / 李甦平著 . —北京：中国社会科学出版社，2023.3
（中国社会科学院老学者文库）
ISBN 978-7-5227-1387-8

Ⅰ.①中… Ⅱ.①李… Ⅲ.①儒学—对比研究—中国、韩国、日本 Ⅳ.①B222.05

中国国家版本馆 CIP 数据核字（2023）第 047690 号

出 版 人	赵剑英
责任编辑	郝玉明
责任校对	谢　静
责任印制	戴　宽

出　　版	中国社会科学出版社
社　　址	北京鼓楼西大街甲 158 号
邮　　编	100720
网　　址	http://www.csspw.cn
发 行 部	010-84083685
门 市 部	010-84029450
经　　销	新华书店及其他书店
印　　刷	北京君升印刷有限公司
装　　订	廊坊市广阳区广增装订厂
版　　次	2023 年 3 月第 1 版
印　　次	2023 年 3 月第 1 次印刷
开　　本	710×1000　1/16
印　　张	24.5
字　　数	317 千字
定　　价	120.00 元

凡购买中国社会科学出版社图书，如有质量问题请与本社营销中心联系调换
电话：010-84083683
版权所有　侵权必究

前　　言

　　70岁之后的我常常思索这样一个问题：作为一名学者，应该如何做，才能当得起"不朽"二字？一个人的生命是有限的，但通过自己的学术著作，他的学术思想、学术智慧启迪着一代代后辈学人，这是无限的。这种"无限"的价值，可以被称为"不朽"吧。中国一代大儒朱熹临终前还在修改《大学章句》。他70岁离开了人世间，但他的学术思想通过他的著作、他的语录、他的论辩，却永远留在了人世间，成为后人学习、研讨的宝藏。这就是"不朽"！在中国的近现代乃至当代，许多有时代责任感的学者，终身勤奋，笔耕不辍，写出了一篇篇华彩的文章，一部部智慧的著作。这些文章和著作永驻人间，流芳百世，这就是"不朽"！这些大师、学者及其他们的著作，是我顶礼膜拜的偶像。我心往之，虽不能至，愿学焉。

　　我在写这部书的过程中，克服了双眼因白内障视力模糊的困难，挺过了因腰腿疼痛不能久坐的困扰，在诸位学术友人的帮助下，最终完成了这部书稿。所以，在本书出版之际，我愿将这部书敬献给他们，以谢他们对我的厚爱。为此，我郑重地向：

　　张立文教授、陈来教授、洪军教授、姜日天教授、吴震教授、周贵华教授、郭连友教授、龚颖教授、王青教授、孙宝山教授、李海涛博士、张捷博士、魏伟博士、朱雷博士、敖英博士、刘敏博士、冯春凤编审、郝玉明副编审、许国荣先生、于力女士和高文娟女士鞠躬致谢！

李甦平

2022 年 2 月 22 日

目　　录

绪论　释名 …………………………………………………（1）
　第一节　缘起 ……………………………………………（1）
　第二节　释"实" …………………………………………（7）
　第三节　释"称谓" ………………………………………（8）

第一章　"以仁为体"的中国儒学 ………………………（11）
　第一节　中国儒学的基因 ………………………………（11）
　第二节　作为中国儒学基因的孔孟儒学 ………………（26）
　第三节　洛闽儒学的"仁本体"建构 ……………………（68）
　第四节　阳明儒学的"仁本体"建构 ……………………（118）

第二章　"重情重实"的韩国儒学 ………………………（135）
　第一节　韩国儒学的气质 ………………………………（135）
　第二节　彰显韩国儒学特色的朱子学 …………………（145）
　第三节　促进韩国社会近代化的实学 …………………（188）
　第四节　发扬韩国气学的阳明学 ………………………（233）

第三章 "化体为用"的日本儒学 …………………… (244)
  第一节 日本儒学的品格 ………………………………… (244)
  第二节 偏离朱子的朱子学 ……………………………… (257)
  第三节 化"道"为"用"的古学 ……………………… (299)
  第四节 贵重实行的阳明学 ……………………………… (334)

附录——李甦平研究员访谈录 ……………………… (354)

参考文献 ……………………………………………… (380)

绪论　释名

这里所说的"释名",即对本书书名的解释。其解释内容包括三个方面。其一想谈谈为什么要写这部书,即"缘起"。其二针对"实论"的"实"意进行解读,即释"实"。其三想表明为什么不提"东亚儒学",而讲"中韩日儒学",即释"称谓"。以上三部分内容概括了本书的主旨思想,所以本章亦可看作本书的"绪论"。

第一节　缘起

我之所以能够在 70 多岁提笔写这部书,是缘于我的两位学术友人。一位是我的学术同仁洪军教授,另一位是我的学术诤友周贵华教授。

20 世纪 80 至 90 年代,我在中国人民大学哲学系中国哲学教研室工作。教研室的老前辈石峻(1916—1999)教授以他高远的学术见识,认为"中国哲学在韩国和日本的传播及发展是将来的一个重要研究课题"。于是,石公(我们对石峻先生的尊称)对我说:"你是教研室最年轻的,去学习学习日文,把研究重点放到日本哲学方面。"按照石公的教导,我一方面努力学习日文,另一方面把朱谦之先生撰写的《日本哲学史》《日本朱子学》《日本的古学及阳明学》等有关书籍复印(当时买不到这些书),认真学习。20世纪80年代末90年代初,中国人民大学哲学系决定给硕士班开设"东方哲学"课程。当时,石公给学生讲授"印度哲学",我给学生讲授"日本哲学"。经过几年的艰辛磨砺:学习、授课、请教,在中哲室方立天教授、张立文教授等前辈老师的教导、帮助下,1992年我的第三部学术著作——《圣人与武士:中日传统文化与现代化之比较》出版问世。在这部书中我以"忠""理""气""知行""道""性""人"七个中日哲学范畴为"纲",对中日哲学进行了全方位的比较研究,并对中日文化模式进行了比较分析。今天看起来,这部书虽有隔靴搔痒之弊,但它确实是我国学术界关于中国哲学在日本的传播、发展及比较研究的较早的一部学术著作。

1993年6月至1994年6月,我在日本东京大学法学部做了一年的客座研究员。这一年的学习与研究,我不仅对日本政治思想史有了进一步了解,而且认识到了要深入了解日本哲学,就必须对韩国哲学有所了解。于是,1994年回国后,我又在韩国大使馆的韩国文化院举办的韩国语学习班学习韩文。在学习韩文的同时也努力学习、研究韩国哲学,并于2009年出版了关于韩国儒学的《韩国儒学史》。

1995年9月,我从中国人民大学调入中国社会科学院哲学研究所东方哲学研究室工作。由于工作的需要,我主要侧重于韩国哲学研究。

因韩国哲学之缘,我认识了洪军教授。从人品来说,我认识的洪军教授是一位谦谦君子,在荣誉、评职称方面他总是让人于先;从学品来看,我了解的洪军博士是一位优秀的学者,不仅精通韩文和日文,而且学风严谨,成果丰硕。为此,我很喜欢与他谈论学问。

大约是在2015年,有次我在与洪军教授谈论韩国哲学时,他突然对我说:"李老师,您那本《圣人与武士:中日传统文化与现代化之比较》，我以前读过，现在很难买到了。能否和出版社说说再版一次。"听了他的话，我感到挺意外。自 1992 年那本书出版之后，我又出版了十多部著作，那本书印象不很深刻了。但也许是机缘，继洪军教授提出再版《圣人与武士：中日传统文化与现代化之比较》后，北京外国语大学日本学研究中心主任郭连友教授打电话给我，让我去给他们中心的博士班、硕士班学生讲授日本哲学，并提出以《圣人与武士：中日传统文化与现代化之比较》作为基本教材。继而，中国社会科学院哲学研究所王青教授又提出将《圣人与武士：中日传统文化与现代化之比较》作为她博士生的学习教材，只是苦于买不到书。

听了他们的言谈后，我从书柜中取出那本《圣人与武士：中日传统文化与现代化之比较》又认真地看了几遍，心想：如果只简单地再版，不合适。在 21 世纪的今天，许多在日本攻读日本历史、日本文化、日本思想史的博士相继回国并带回了新的资料和新的学术观点，我应该认真学习和研究，进而将这些资料和观点充实到今后的著作中。而且，在 21 世纪的当下中国学术界对韩国哲学，尤其是韩国儒学的研究正当方兴未艾之际。所以，我应该写一部关于中国、韩国、日本三国儒学研究的专著。

大方向已定，但以什么为突破口呢？即这部书的"纲目"是什么？这又成为我冥思苦想的一个问题。替我为这个问题找到答案的人，就是周贵华教授。

周贵华教授大学学的是理工科，在逻辑思维方面比我们这些学文科的人更加严谨、细密。而且，周教授的批判思维较强，我们在一起谈论学术问题时，争论总是多于首肯。但每一次争论后，我总感到颇有启示和收获。记得有一次周贵华教授很诚恳地对我说："李老师，你研究中韩日儒学三十年了。最后应该写一部书提纲挈领地将中国、韩国、日本儒学的基本特点，从理论高度总结出来。"他的这番话，对我来说如醍醐灌顶。于是，我将中国、韩国、日本儒学的基本特征作为本书的主题。

围绕这一主题,我认真思考中韩日三国儒学的基本特点。其中,对我来说最困惑的就是关于中国儒学的基本特点。一是因为我主要侧重于韩国和日本儒学的研究,对中国儒学研究关注较少;二是因为关于中国儒学研究的观点多、著作丰,很难从中把握其要领。一天,山东大学副教授李海涛博士(他是一位优秀的青年学者)寄给我一本书。打开一看,是陈来教授的大作《新原仁——仁学本体论》。在这部书中,陈来教授从仁学视角出发,重新梳理了中国哲学史,溯源求本,究根明体,构建了一套中国仁学哲学体系。诚如陈来教授自己所言:"本书可谓'新原仁'之书……在推究其根本,阐明其本体义。"① 我以为这部《新原仁——仁学本体论》可谓对中国儒学根本特点进行阐述的经典之作。为此,我将"以仁为体"作为中国儒学的本质特征。

关于日本儒学的基本特征,我认为是"实践性""经验性""实证""实行"等,但又总觉得这些提法不够本质,欠深度。又一次要感谢李海涛博士,也可能是冥冥中我们的师生因缘,他寄给我一篇论文。这篇论文的作者是东北师范大学副校长、日本东京大学博士韩东育教授。这篇论文的题目是《"化道为术"与日本哲学传统》。其中的"化道为术"四个字似一道闪电在我眼前一亮,灵感立即产生。不过,在对日本儒学详细解读后,感到"化道为术"四个字还不能涵盖整个日本儒学的根本特征。不久,我又读到了吴震教授的力作《东亚儒学问题新探》(2018年出版)。其中,关于对日本古学派荻生徂徕思想的评价——"道的'去形上化'"一语,使我再次确认日本儒学"尚形而下"的特性。进而,在反复思考、斟酌后,决定用"化体为用"作为日本儒学的基本特征。

---

① 陈来:《新原仁——仁学本体论》,生活·读书·新知三联书店2014年版,第502页。

由于我写过《韩国儒学史》这部书，该书绪论中，我将韩国儒学的特性归纳为"重情""重气""重实"三大特点。2009年《韩国儒学史》出版后，就这三个特点，有同意者，亦有持有疑问者，但大部分学者对此表现出了很大兴趣。在考虑中韩学者的意见后，本书在此基础上稍有调整。"四端七情"之辩贯穿整个韩国儒学史，而且这场论辩范围之广、内容之细、时间之久，在中日儒学史上见所未见、闻所未闻。再有，韩国儒学史上出现的"实学"对韩国历史发展起到了重要的推进作用。这在中日儒学史上也未出现过。故我将韩国儒学的本质特点归结为"重情重实"。

我写这部书的缘由除了从哲学理论上探求中国、韩国、日本儒学的基本特征之外，还由于作为一名21世纪新时代的儒学研究者应该努力思索中韩日儒学基本特征的时代价值。这也是中国儒学的传统。

"为天地立心，为生民立命，为往圣继绝学，为万世开太平"，此哲学家所应自期许者也。况我国家民族，值贞元之会，当绝续之交，通天人之际，达古今之变，明内圣外王之道者，岂可不尽所欲言，以为我国家致太平，我亿兆安心立命之用乎？虽不能至，心向往之。非曰能之，愿学焉。①

这是冯友兰先生《新原人》自序中的一段话。这段话表明了冯先生在中国抗日战争之时、民族存亡之际，之所以写作《新原人》的心声。

张立文教授之所以撰写《和合学：21世纪文化战略的构想》，是出于他认为21世纪人类社会面临五大危机而为了化解这五大危机，故创建了他的"和合学"。

---

① 冯友兰：《新原人·自序》，《三松堂全集》第4卷，河南人民出版社2001年版，第463页。

牟钟鉴教授作《新仁学构想——爱的追寻》，是由于他认为"新仁学"与当代社会的民主政治、市场经济、公民道德、国民教育、生态文明具有密切关联。

陈来教授创作《新原仁——仁学本体论》，其创作缘由，他在该书"绪言"中作了明晰的阐述。他在转引冯友兰先生《新原人》自序中的一段引文后说：

> 冯先生的这几句话，写于抗战之中，今天的中国已经与七十年前大不同，已经挺胸走在民族复兴的大路上，但冯先生的话，只要把"值贞元之会，当绝续之交"略改动为"值元亨之会，当复兴之时"，可以完全表达我们身处"由元向亨"时代的心情。①

我之所以要考察中国、韩国、日本三国儒学各自的特征，一方面是为了探求儒学哲学形态的多样性以及这种多样性形成的历史、社会、文化原因，另一方面也是为了寻求作为贯穿中国、韩国、日本三国的儒学对于东亚社会的影响和作用。"以仁为体"的中国儒学、"重情重实"的韩国儒学、"化体为用"的日本儒学以三种相殊的哲学形态凸显了三国儒学各自的基本特征，而具有这三种特征的儒学对中韩日各自社会的发展亦都起到了重要的作用。"仁学"可以视为中国儒学的基因。在这一基因的影响下，中华民族以仁义、礼信、博爱、智慧著称于世。在历史上，曾书写过灿烂辉煌；在今天，仍然是民族复兴的一种宝贵资源。韩国由于历史上的"士祸"之乱，探求人性之根源——"性情"成为韩国儒学的义务。这种义务渐演为韩民族的一种"义理"精神，即在国家和民族面临危难之际表现出的视死如归的忠烈精神，在日本帝

---

① 陈来：《新原仁——仁学本体论》，第27页。

国主义侵略之际表现出的为挺立民族脊梁的主体精神，在个人道德修养方面表现出的对真善美追求的仁义精神。16世纪末至19世纪中兴起的韩国"实学"提倡经世致用、利用厚生、实事求是、开放对外贸易、促进工商业发展，使韩国社会由前近代迈向近代。日本民族的思维模式重形而下，化"道"为"术"、视"体"为"用"，由此重实践、重实效、重事功成为日本的优势。在这一优势的主导下，日本成为亚洲最早的工业先进发达国家。

虽然中国、韩国、日本三国儒学表现出的哲学形态各异，但其基础相同。在东亚儒学史上，中国儒学传入韩国，经韩国又传入日本；当中国儒学演变为韩国儒学和日本儒学后又反向流向中国，对中国儒学产生了一定的影响。可见，中韩日文化被儒学连接在一起，形成了中韩日儒学共同体。在未来，愿中韩日三国儒学共同体能够排除干扰、冲破障碍、求同存异，一起向未来。此乃吾心之所系。

以上是我决定写这部书的缘由以及我关于中国、韩国、日本儒学基础特征的精要说明，这一精要说明构成了我的中韩日三国儒学观的基本内容。

第二节　释"实"

2016年中国社会科学出版社出版了我的一部论文精选集——《三国儒学本论》。这部论文集是从我发表的上百篇论文中选出的三十六篇论文编辑成的。这部书由四部分内容辑成：中国儒学、韩国儒学与中韩比较儒学、日本儒学与中日比较儒学、中韩日比较儒学。其书名《三国儒学本论》的"本"的哲学义即本质、根本、本原，而"本论"也就是对中韩日三国儒学的本质论述。而这部《中韩日儒学实论》是想在究其三国儒学本质的基础上，探明中韩日三国儒学的基本特性。为此，本书"实论"的"实"，具有以下四义。

第一，实者，真也，"真实"义。"真实"义的哲学解释就是对事物客观、如实的反映。本书在深入研究中韩日儒学的基础上，力争客观、公允、准确地探讨中韩日儒学的根本特征以及形成这种特征的原因。

第二，实者，史也，"史实"义。"史实"义是指资料的客观、正确。要想真实、客观地反映中韩日儒学的本质特征，所引用的资料必须是第一手的史料，而且还应该是学术界公认的史料。这样，才能言之有理，判断有据，令人信服。

第三，实者，平也，"平实"义。这里的"平实"义是指写作、论述的笔法通俗易懂，深入浅出。在中国哲学史前辈学者的著作中，我最喜欢读的"中国哲学史"著作，非冯友兰先生的著述莫属。之所以喜欢的一个重要原因是冯先生的书在论述深奥的哲学理论问题时，总是能以简单、平凡的话语进行解释，给人以明白轻松的感觉，堪为"深入浅出"的典范。本书在写作时努力向冯先生学习，尽量用通俗易懂的文字表述中韩日儒学理论问题。

第四，实者，朴也，"朴实"义。这里的"朴实"义是指写作心态要质朴、诚实。其意是说关于中韩日儒学研究的学术观点，在引用时尽量做到客观、真实，既不拔高，亦不贬低。使读者能真实地了解各种学术观点，由此对中韩日儒学的本质特点予以客观的判断。

以上"实"之四义是我写作这部书的基本原则和心态。

第三节　释"称谓"

本书使用了"中韩日儒学"这一说法，没有采用"东亚儒学"的提法，主要原因有二。一是为了具体化、明确化，本书的基本内容就是关于中国儒学、韩国儒学、日本儒学内容的论述；

之所以作"中韩日"的排名称谓,是按照中国儒学的传播顺序即中国儒学→韩国儒学→日本儒学。二是为了避开在"东亚儒学"问题上的一些争论。①

关于"东亚儒学",我的基本看法在我的《三国儒学本论》之"自序"中已有交代。为了结合本书的主要内容,在此,我再强调一下我的东亚三国儒学观。

第一,儒学是中国传统文化的主脉。中国儒学经多种渠道传入朝鲜半岛和日本列岛,形成了韩国儒学和日本儒学。不论是韩国还是日本,固然都具有本民族土生土长的固有传统文化。但是,对于韩国和日本人伦社会发生重要影响的儒家文化,确实是从中国输入的。这是改变不了的文化历史。

第二,由中国传入的儒家文化与韩国和日本的本土文化、社风民俗相融合之后,便产生了与中国儒学不同的、独具特色的儒学,这就是韩国儒学和日本儒学。之所以说韩国儒学和日本儒学不是中国儒学的简单变异,是因为韩国儒学和日本儒学在本质特征上与中国儒学的本质特点决然不同。"以仁为体"的中国儒学、"重情重实"的韩国儒学、"化体为用"的日本儒学,各以其相殊相异的特质,客观、独立地存在着。这构成了本书第一、二、三章的主要内容。

第三,中国儒学是源,韩国儒学和日本儒学是流。没有源,就没有流;没有流的勃勃嬗变,亦没有源的生生不息。源流一体,相互交融,相互丰富。韩国儒学与日本儒学之所以能成为韩国儒学与日本儒学,是因为它们在中国儒学的基础上又有所发展、有所创新,并回转反哺中国儒学。

第四,中国儒学、韩国儒学、日本儒学以其各自耀眼的特色,彰显了东亚三国儒学的多样性和丰富性;同时,它们又以其突出

---

① 关于这方面的具体内容可参见吴震《东亚儒学问题新探》,北京大学出版社2018年版,"代前言:关于东亚儒学问题的一些思考"。

的共性而有别于西方的基督教文化和南亚的佛教文化,凸显了东亚三国儒学的社会性和世俗性。多样性和丰富性源自东亚三国儒学的不断创新和变异,而这种创新和变异又恰恰成为东亚三国儒学勃勃生机的内在要因。社会性和世俗性使东亚三国儒学与东亚社会紧密相连,对东亚社会的发展,起着重要的影响和作用。[①]

[①] 参见李甦平《三国儒学本论》,中国社会科学出版社2016年版,第1—2页。

第一章 "以仁为体"的中国儒学

第一节 中国儒学的基因

儒学是中国传统文化思想的主脉，从历史发展角度考察中国儒学大体经历了四个发展阶段。(1) 原典儒学即先秦儒学；(2) 经学儒学即两汉至隋唐儒学；(3) 理学儒学即宋元明清儒学；(4) 新儒学即近代儒学。其中原典儒学是中国儒学的形成期。形成期的儒学奠定了中国儒学的基因。理学儒学是中国儒学的鼎盛期。鼎盛期的儒学在遗传中国儒学基因的基础上，凸显了中国儒学的基本特质。

基因是控制生物性状的基本遗传单位。这里所说的"基因"，是指代表中国儒学身份的即中国儒学所具有的本根性、稳定性、持续性。这种性质决定了中国儒学在其发展过程中虽有形式、样态的变化，但其本性不变，即决定了它就是中国儒学。

关于中国儒学的特质，中国的先哲前贤有过各种各样的论述，这里不一一详述。仅就当代中国学者的观点，也是见仁见智。

陈来先生在评论郭齐勇教授的《中国文化精神的特质》一书时提道："郭教授结合自己对中国文化的思考和体认，提炼出中国传统文化精神的六个特质即：和而不同，厚德载物；刚健自强，生生不息；仁义至上，人格独立；民为邦本，本固邦宁；整体把握，辩证思维；经世务实，戒奢以俭。"并指出"这一体认与总结堪称全面"。①

郭齐勇先生在《中国哲学：问题、特质与方法论》一文中把中国哲学的精神与特点概括为以下七点："自然生机、普遍和谐、创造精神、秩序建构、德性修养、具体理性、知行合一。"②

景海峰先生在《从儒家文化的特质看文明对话的展开》一文中指出，儒家文化具有"天人合一"的独特意义，儒家文化是以"五常"为核心的德性文化。由这两点决定了儒家文化是"软实力"。③

蔡方鹿先生在《儒学的基本特征和当代价值》一文中认为儒家文化的基本特征有：亲亲与尊尊同体并用，民本与忠君并存，着眼伦理本位、轻自然、利益，重群体、轻个体，刚健有为、自强不息，重人与自然的合一、人际关系的和谐。④

李承贵先生发表多篇论文谈论中国哲学的特质、儒家思想的基本精神。他的主要观点为中国哲学具有五大特质，即重人不重物、直觉体悟、经世践行、生命生机、中和圆融。⑤

上述观点对中国儒学的特点作了全方位的概括，客观而公允，但是将这些特点放到东亚的韩国儒学和日本儒学之中，凸显不出它们是中国儒学的基本特征。也就是说，这些特点与韩国儒学和日本儒学的一些特点有雷同之处。

21世纪以来我认为有三部原创性著作对中国儒学的根本特点作了详细论述。其中一部是张立文教授撰写的《和合学：21世纪

---

① 陈来：《中国文化精神的六个特质》，《北京日报》2019年6月3日第16版。
② 郭齐勇：《中国哲学：问题、特质与方法论》，《中国哲学史》2018年第1期。
③ 参见景海峰《从儒家文化的特质看文明对话的展开》，《国际汉学》2019年第3期。
④ 参见蔡方鹿《儒学的基本特征和当代价值》，《纪念孔子诞辰2560周年国际学术研讨会论文集》。
⑤ 参见李承贵《试论中国哲学的五大特质》，《学术研究》2015年第3期。

文化战略的构想》（中国人民大学出版社 2006 年版）。① 张教授认为人类共同面临人与自然、社会、人、心灵、文明之间的五大冲突。由此造成了五大危机即生态危机、社会危机、道德危机、精神信仰危机和价值危机，为了化解这五大危机，他提出了"和合学"。"和合学"的基本理论包含五大原理。

第一，和生原理。哲学追根究底的根本问题就是"天地万物是从哪里来的"。哲学家们都在追问这个问题。中国人说"和实生物"即"和生"。如何和生？《国语·郑语》说："先王以土与金木水火杂，而成百物。"金木水火土是矛盾的事物，"杂"是"合"的意思，杂合、和合在一起而成百物。中国文化不是一元论或者二元论，而是主张多元的矛盾的杂合，就是"和合"而成百物。

第二，和处原理。孔子说"君子和而不同"（《论语·子路》）。不同的事物、思想、宗教，虽然有矛盾、有冲突，但可以求同存异，取得和谐、和合，相反的也可以取得相成，就像五行相生相克、相反相成，可以不同，但也可以和平共处。

第三，和立原理。孔子说"己欲立而立人"（《论语·雍也》）。自己站起来了，成功立业了，国家独立了，也要帮助别人立业、独立。和立原理基于现实世界的多极化、多样性，世界上任何事物都有自身相对独立的、特殊的生存、发展方式；每个个体都有自身的自由和权利，这是不能被剥夺的。人类应该具有宽阔的胸怀、包容的心态来接纳"他者"，让"他者"自作主宰，不要强加于人，唯有支持、帮助任其自己决定自己的命运。这样国家与国家之间才能互相帮助、互相合作，互利共赢、共同发展。

---

① 张立文教授还著有《和合哲学论》（人民出版社 2004 年版）、《和合学与人工智能——以中国传统和现代哲理思议网络》（人民出版社 2019 年版）、《和合学与文化创新》（人民出版社 2000 年版）、《和合爱神——现实关怀论》（河北人民出版社 2018 年版）等。

第四，和达原理。孔子说"己欲达而达人"（《论语·雍也》）。自己发达了也要使别人发达起来。譬如我们帮助非洲发达起来，在我们困难的时候帮助非洲修建坦赞铁路等。我国虽然还是发展中国家，但也帮助别人发达。和达原理表明了中国与西方一些国家不同。

第五，和爱原理。无论是和生、和处、和立还是和达，都要和爱。和爱是生命，没有和爱，就没有和生，生命需要爱来呵护、养育；和爱是包容，没有和爱，就没有和处，包容促使对话、交流，和而不同地和平共处；和爱是基础，没有和爱，就没有和立，功成立业、独立自主，需要爱来真心实意地帮助；和爱是热量，没有和爱，就没有和达，热量促使互利合作、共同发展；和爱是灵魂，没有和就没有爱，爱能成就和，和是爱的体现，没有灵魂，和生、和处、和立、和达是枯萎的、无持续力的。大爱无私，和合大爱。①

张立文教授从中国儒学中提炼出了五大原理，并以此构成了"和合学"的基本内容。但他认为"和合"是一种动态的哲学思想形式，因此"和合学"不是一种本质主义的东西，也不是一种实体主义的东西。② 这就表明虽然"和合学"具有中国儒学的显著特点，但它还不是中国儒学的本质特征。

另一部著作是牟钟鉴教授的《新仁学构想——爱的追寻》（人民出版社 2013 年版）。牟教授在对中国仁学发展脉络历史进行回顾的基础上，提出了"三大命题"和"十大专论"，以此构成了他的"新仁学"。"新仁学"有三大命题。

第一，以仁为本，以和为用。这是新仁学的体用论，不具有宇宙论或本体论的含义，它是人生论意义上的范畴。"体"指人性

---

① 参见张立文《和合爱神——现实关怀论》，河北人民出版社 2018 年版，第 14—16 页。

② 参见张立文《和合爱神——现实关怀论》，第 6 页。

之本根、本然、实质，"用"指人性之发用流行；"体"是人性源头、内在品格，"用"是社会事功、外在感应，有其体必有其用，有其用必通其体。就仁学的体用论而言，仁是其体，和是其用。作为体质的人，其内涵就是"爱心"，人性所特有的本性。爱心表现于日常生活和人际关系便是"和"。在家庭，便是"家和万事"；在社会，便是"政通人和"；在世界，就是"协和万邦"；在自然，就是"天人一体"；在文明，便是"和而不同"。仁体和用，没有仁爱便没有真正的和谐，没有和谐也体现不出仁爱。

第二，以生为本，以诚为魂。这是新仁学的生命论，是其人生论的核心，说明生命的价值和关爱生命的重要性。一切社会事业都要把每个人的生命与健康放在至高无上的地位，以此作为衡量社会正义文明的主要标准，这就是以生为本的含义。仁爱之心必须表现为对生命的关注、爱护、扶助、尊重上，不仅养护本族、本国的生命，也爱护他族、他国的生命。以人为本就是以生为本。以诚为魂关乎生命的真实性，这是人类特有的问题。诚的含义是真实无妄。儒家认为天地万物是真实无妄的，你要向它学习，这就是孟子说的"诚者天之道也，思诚者人之道也"（《孟子·离娄上》）。《中庸》论诚最为精彩，它把诚与天道与成己成物联系起来，无诚不能做人亦不能做事，故"不诚无物"；从积极方面说，至诚可以尽己之性、尽人之性、尽物之性，故曰"唯天下至诚，为能经纶天下之大经，立天下之大本，知天地之化育"。诚之者"择善而固执"，择善是诚的方向，固执是诚的工夫，精诚所至，金石为开，故"至诚如神"。由此可见，诚是人道之本、德性之质、践行之基。

第三，以道为归，以通为路。这是新仁学的大同观，指向人类的未来。"道"是中国人心中最高真理的简称，它的原始义是人朝向前方的道路，而后，其字义不断被抽象化，而具有了宇宙本原、社会原理、基本规律、普遍价值、行为方法等引申义。《易传》曰:"一阴一阳之谓道",阴阳互动、刚柔相推,使得天地运行,万物化生。这是宇宙运动变化的基本规律,贯通于天、地、人三个领域,从而有天道、地道和人道,而各有特色:"立天之道曰阴曰阳,立地之道曰柔曰刚,立人之道曰仁与义。"孔子儒家把"道"用于社会人生,坚信社会将向美好的目标进化,与此同时,人生也应该朝有理想、有道德的方向提升。社会发展的最高境界是"大同世界",其特点是"大道之行也天下为公,选贤与能,讲信修睦","老有所终,壮有所用,幼有所长,鳏寡孤独废疾者皆有所养",没有盗窃乱贼,天下太平。以通为路,是指国家民族之间、社会阶层行业之间,建立起通畅无阻的沟通、交流、合作的渠道,使人类摆脱彼此冷漠、隔阂、歧视、防范、仇恨的困境,迈向天下一家的坦途,使仁爱之道成为生活现实。自从谭嗣同把"通"的理念引入仁学,便使仁学发生了质的飞跃:一是使传统仁学成为现代仁学,生发出"开放""平等""交往"等新质,以适应社会现代化的时代步伐;二是使伦理仁学成为民生仁学,找到了以"通"破"塞",实现仁爱富民的切实可行之路。

"新仁学"有十大专论。第一,仁性论。新仁学的人性论是在综合孟子性善说和荀子性恶说的基础上而确立的"性善恶混"论。扬雄在《法言·修身》中提出:"人之性也善恶混,修其善则为善人,修其恶则为恶人",后来从善恶混说引出"性三品"说。人类历史反复证明"性善恶混"论比较符合生活中绝大多数人的人性真实状态,而有善无恶和有恶无善者只是极少数。随着命运共同体的形成,人类互相关爱的普遍人性将日益显现,而道德敌对、善恶颠倒的情况将逐步减少。

第二,仁修论。既然仁爱之心生之于人情,成之于理性,则自觉修养品性就成为生命成长的必由之路。古代儒家君子很重视存心养性的工夫,总结出一套深有体验的修养方法。如其一,"笃志而固执"。"志于道,据于德,依于仁"(《论语·述而》),一生努力不懈，颠沛流离不改其初。其二，反躬内省。"躬自厚而薄责于人"（《论语·卫灵公》），不怨天尤人，内省自己。其三，慎独。《中庸》说："君子戒慎乎其所不睹，恐惧乎其所不闻。"在无人监督的情况下不放纵，只做自己该做的事。其四，从善改过。"见贤思齐"（《论语·里仁》），"过则勿惮改"（《论语·子罕》），从以往的教训中学习，不断反思，是有效途径。其五，尊德性和道问学。从德性培育着手而达明理行事，即"自诚明"；从博学致知入手而达人格养成，即"自明诚"。仁智互补，相得益彰。其六，知行合一。重视道德实践，把圣贤之言内化为活的生命，《中庸》说："力行近乎仁。"其七，清心寡欲。孟子谓"养心莫善于寡欲"，欲望大必损德性又乱智性，往往会毁掉自己，贻害家庭和社会。其八，推己及人。由近及远，把仁爱之心尽力向外扩展，在成物之中成己，这是最好的修身方式。

第三，仁德论。朱熹提出"仁包四德""仁为四德之体"，确认仁在五常之德中具有基础和核心地位，这符合孔子仁学的精神。仁、义、礼、智、信是中华美德的五大范畴，而以仁为依归，换言之，义礼智信皆需体现仁者爱人的精神才得以成立，或者说，义礼智信是仁德的不同侧面的展开和体现。

第四，仁志论。志是人生的奋斗目标，确定此目标称为立志。孔子十五有志于学，其最高人生目标是"志于道"，即志于仁道，故孔子把志士和仁人联系在一起。孟子也说："何为尚志？曰仁义而已矣。"（《孟子·尽心上》）志既已立，便应矢志不渝，这就是志士。志士"仁以为己任"，要一生不懈地力行，故任重而道远；把追求仁义看得比生命还重要，故能够杀身成仁，舍生取义。

第五，仁智论。传统儒学重德轻智，其所谓智，不离知仁知义的范围，显得狭小。但只要道德理性通畅展开，必然要求"仁兼智"。事实上，早期儒家已重视知识技能的训练。《周礼》有六艺之教，除礼、乐之外，还有射（射箭）、御（驾车）、书（书写)、数(计算)的技能学习。儒士之中有能治国安邦者,也有各种专业人士如儒将(通军事)、儒医(通医术)、儒商(通贸易)等。

第六,仁礼论。中华是礼仪之邦,礼文化集中体现了古代文明的传统和高度,也是儒学的基石和特色,它使社会更远离了动物世界,更具有人性善的内涵,它本身就包含着礼与仁的统一。孔子的历史贡献之一就是深刻揭示了中华文明仁礼互含的底蕴,提升了人们对礼文化自觉的程度。在孔子的思想里,仁是内在的文明的情感和观念,礼是外在的文明的制度和行为规范,两者即体即用,不可分割。故孔子一方面强调"人而不仁如礼何?"另一方面又说:"克己复礼为仁。"没有"仁","礼"没有灵魂;没有"礼","仁"不能显现。用程颐的话说就是"体用一元,显微无间"。

第七,仁事论。"事"即事功,亦即孔子所说"修己以安人"中的"安人",《中庸》"成己成物"中的"成物"。后儒多用于说明儒学的修身与事功的关系。孔子把"博施于民而能济众",看成比"仁"还高的"圣"的水平,并非说在思想境界上两者有高下之别,而是说仁者还必须拥有圣王的权位来推行德政,才能成就博施济众的事业。

第八,仁群论。仁群论研究的重点是群己关系和群际关系。人生活在社会关系中,因此生而有群体性,关心亲朋和周边环境。人又是个体的存在,各有自己独特的生存需求和愿望、情绪的表达,因此生而有个体性,都关心自己的生命和生活。群己之间形成复杂的对立统一关系。孔子从三个角度加以论说:一是从义(公)与利(私)的关系上肯定个人"欲富贵"的正当性,但要用"见利思义"加以限制;二是从成人(己)与进业(群)的关系上强调只有"修己"才能"安人",只有"立己"才能"立人";三是从人己的相处关系上说明关键是"推己及人","己所不欲,勿施于人",这是合乎情理的切实之论。

第九,仁力论。仁力论探讨仁爱与实力之间的关系。孔子认为仁人应当在治国平天下的事业上展示实力,它是文德的号召力,不是战争的强实力。

第十,仁艺论。仁艺论阐述仁德与文艺之间的关系。关于仁德与文艺的关系,儒家有几条重要理念:第一,在文艺和真理的关系上,强调"文以载道"(周敦颐);第二,在文艺与情感的关系上,提出"诗言志"(《尚书·舜典》);第三,在文艺与道德的关系上,提出"尽善尽美"(《论语·八佾》);第四,在才艺与气质的关系上,孔子认为"质胜文则野,文胜质则史,文质彬彬,然后君子"(《论语·雍也》)等。①

可见牟钟鉴教授提出的"三大命题"和"十大专论"的核心内容是"仁学"。在"仁学"的基础上,构成了中国儒学的体用观、生命观、大同观、人性观、修养观、礼仪观、事功观、处世观、艺术观等。这些内容张扬了仁学的价值,凸显了仁学的功能,标示了仁学是中国儒学的根基。由于该书多处是儒道并论,所以从哲学理论方面定位"仁学"作为中国儒学的本体地位,尚待明晰。

第三部著作是陈来教授的《新原仁——仁学本体论》(生活·读书·新知三联书店2014年版)。我认为这部著作的学术贡献主要体现在它将"仁学"从中国儒学中剥离出来,通过哲学理论的论证将"仁学"定位为"仁学本体",围绕这一定论引申出中国仁学哲学发展史。在某种意义上可以说中国仁学发展史就是中国儒学发展史。陈教授在该书"绪言"中开宗明义写道:

> 本书之宗旨,是欲将儒家的仁论演为一仁学本体论,或

---

① 参见牟钟鉴《新仁学构想——爱的追寻》,人民出版社2013年版,第四章、第五章。

仁学的宇宙论。在此意义上，本书的目的亦可谓将古往今来之儒家仁学发展为一新仁学的哲学体系。此新仁学哲学的要义在"仁体"之肯定与发扬，从而成为一仁学本体论，或仁体论哲学。①

为了确立"仁学本体论"或"仁体论哲学"，该书第一章"明体"揭示了中国儒家哲学本体即仁学本体论。这是该书的原创之一。

仁学本体论的理论要点即以仁为本体。自宋儒提出"仁者以天地万物为一体"后，从本体上说，"一体"是本然的，人与万物的一体关联即是本体。这里所说仁为本体，特别强调仁的"一体"义，即一体的本体义。一体亦是整体，世间万物的一体即是仁，宇宙万有的一体即是仁，故万物一体即是仁体，即是本体。一体不仅是总体，更重要的意义在于强调一体之中的有机关联，也就是说一个事物脱离了这个一体就不能存在，一个存在物必须与其他事物共同存在才能存在。唯此一体之中的万物相互依赖和存在，而万物之间的相互依赖便是关系。事物与关系共同构成一体共生共存便是仁。儒家的仁学则主张必须重视万物一体，或者说万物的共生共存，万物互相关联，而成为一体。故仁是根本的真实、终极的存在、绝对的形而上学本体，是世界的根本原理。万物一体作为事物的绝对的根源，这就是仁体。② 陈教授指出，他之所以要"重建仁学的本体论"，是为了"为儒家哲学奠定坚实的基础，也为一切当代哲学奠基。因此，该书既可以看作儒家哲学的重建，也可以看作把儒家精神贯入现代哲学的努力"③。这里必须提及的一点是陈教授不是以西方哲学的本体论为模板，而是从中国哲学、中国儒家思想中提炼出了中国版的儒家哲学本体

---

① 陈来：《新原仁——仁学本体论》，第1页。
② 参见陈来《新原仁——仁学本体论》，第30—34页。
③ 陈来：《新原仁——仁学本体论》，第91页。

论——仁学本体论。

陈教授打破了学术界关于朱熹哲学是理学的传统观点，提出了"朱子学总体上是仁学"的观点。这是该书的原创之二。

说到朱子学，想到的就是"理气""格物""穷理"等概念，就是陈来教授在1988年出版的《朱熹哲学研究》一书中，也是按照传统学术观点，从理气论、心性论、格物致知论、朱陆之辩四个方面对朱熹哲学进行了系统详细的分析，很少论及朱熹的仁学思想。但在这部著作中，陈教授在该书第一章就明确指出：

> 朱子仁学的思想，以往整体研究不够，需要更深入的分疏和诠释。从一定的意义上来看，朱子的哲学思想体系可以看作从两个基本方面来体现、呈现，一个是理学，一个是仁学。从理学的体系去呈现朱子哲学，是我们以往关注的主体；从仁学的体系去体现朱子思想，以往甚少。如果说理气是二元分疏的，则仁在广义上是包括乎理气的一元总体。在这一点上，说朱子学总体上是仁学，比说朱子学是理学的习惯说法，也许更能突显其哲学体系的整体面貌。[①]

同样这段话在该书第九章又重复出现一次。[②] 可见，该书作者对"朱子学总体上是仁学"这一提法的重视。

该书认为朱子的《仁学》是南宋仁论的代表，朱子以"仁"定义天地之心，把天地之心作为仁说的基础。统论仁体，即是人物生生不穷，此便是天地之心，便是仁。生成是宇宙的根本，而生成就是在仁的作用下实现的，仁是天地之心，而天地之心唯主生成，此外更无其他。朱子提出，宇宙之间，无时不是仁之流行，仁即生生之体。朱子不再从"理"来认识天地之心，而重视以

---

① 陈来：《新原仁——仁学本体论》，第46页。
② 参见陈来《新原仁——仁学本体论》，第357页。

"仁"来认识天地之心，认为天地之心不应该用伊川"所以阴阳者"来解释，因为，"所以"是根据，不能突出"生生"表达的内在生机的意义。"生机"是和"理则"不同的哲学概念，联系着不同的哲学系统。朱子哲学一般被认为是重视理则的，但也不能忽视朱子思想中的生机论意识。朱子认为只从存在论上讲仁是体，还是不够的，必须同时从宇宙论上肯定仁是天地生物之心，是世界生成的根源，他把这一点看得更加重要。①

该书提出"于气观仁"②，强调了"气"在仁学本体论中的重要作用，提升了"气"在中国哲学中的学术地位。这是该书的原创之三。

对于中国哲学的研究，多侧重于理学和心学，气学的研究则是一薄弱处。其实，在中国哲学史上气学可谓源远流长，长至东亚的韩国和日本。例如韩国儒学史上的"唯气"派学者徐花潭的气学思想就直接受益于中国儒者张载的气学思想。③ 另外，在韩国儒学史上还出现了"主气"派学脉，其"主气"派谱系的主要代表性学者有李栗谷、金长生、宋时烈、权尚夏、韩元震、李柬等。而且，韩国的"主气"学派在韩国儒学史上具有重要的地位并对韩国社会的发展起了显著作用。④ 又如日本儒学史上的古学派的代表性学者之一伊藤仁斋的气学思想也与中国的气学有密切关系。⑤ 可见，"气学"贯彻于东亚的中国、韩国、日本儒学并各具特点。⑥

如此重要的"气"学思想在陈来教授的《新原仁——仁学本

---

① 参见陈来《新原仁——仁学本体论》，第237、241、319、320页。
② 陈来：《新原仁——仁学本体论》，第340页。
③ 参见李甦平《韩国儒学史》，人民出版社2009年版，第三章第二节。
④ 参见李甦平《韩国儒学史》，第7—13页。
⑤ 参见李甦平《圣人与武士：中日传统文化与现代化之比较》，中国人民大学出版社1992年版，第三章第二节。
⑥ 参见李甦平《17世纪东亚"气学"的发展》，《三国儒学本论》，中国社会科学出版社2016年版，第428—456页。

体论》中被高调提及，表明了中国学者注意到了"气"学的重要性。陈先生指出：朱子特别强调从气观仁、从气识仁，这种观、识是要把握仁的"意思"，而仁的意思就是"一个浑然温和之气"，朱子强调，这一浑然温和之气并非仅仅是仁的道德气息，而是指出此气就是阳春之气。值得注意的是，朱子也并非只是纯粹从气观仁，也同时从理观仁，故说了"其气则天地阳春之气"后，即说"其理便是天地生物之心"。浑然温和之气之中有理，此理即天地生物之心。而天地生发之理是看不见的，但可以就天地之生气来看，元亨利贞是气，是可见的；更容易看的是四季，春夏秋冬便是气的流行。在这里，四季的四个阶段的更换不是最重要的，四季中贯通的生育之气才是最重要的，这个生气便是仁。朱子认为，正如春之生气贯彻于四时之中一样，朱子用这种周流贯通之气的流行论，发挥了程颢的生意说与程颐仁"包"四德的观念，使得"仁"也成为具有流行贯通能力的实体。这样的仁，既不是内在的性体，又不是外发的用，而是兼体用而言的实体了。[①]

陈来教授的《新原仁——仁学本体论》揭示了中国儒学的基因，奠定了中国儒学的根本特征。

到此，可能有的学者会问：韩国儒学史上的著名大儒李退溪著有《仁说图》，对此如何解释？

答曰：李退溪的《仁说图》是其代表性著作《圣学十图》的第七图。《圣学十图》是李退溪晚年深思熟虑、提纲挈领的重要著作。《圣学十图》的核心是人学，即学做圣人之学。而圣人之学的实质又是一个"敬"字。李退溪说："今兹十图，皆以敬为主焉。""敬"贯通十图，彻上彻下，彻里彻外。李退溪的《第七仁说图》是根据朱熹《仁说》中的"仁者，天地生物之心，而人之所得以为心"的原则，认为"敬"是实现"仁"的可能和条件。

---

① 参见陈来《新原仁——仁学本体论》，第342、343、345页。

李退溪认为人必须克服自己的私欲，复归自然之理，也就是对心进行"持敬"工夫，"仁"才能得以实现。所以，他认为"敬"是"仁"实现的依据。这表明李退溪认为"敬"比"仁"更根本。①

另外，韩国儒者大多崇尚名节的义理、节义精神。这种义理、节义精神充分体现在造成许多新进士林牺牲的"四大士祸"之中。"士祸"的结果是使韩国的"士"（读书人）必须思考人性的善恶问题，即如何使人性能够去恶从善，成为圣人。这就涉及了"性情"问题。按照儒家传统观点，"性"是"善"的，"情"发而中节便为"善"，"情"发而不中节时，便为"恶"。所以，"情"是人性善恶的关键。为此，韩国儒者更重视对"情"的研究和探讨。所以，比起"仁"来，韩国儒学更加重视的是"情"的问题。

也可能有的学者会问："仁"在日本儒学中的学术地位如何？

答曰：据吴震教授说：日本德川时代的古学派学者伊藤仁斋于32岁时作《仁说》一文，他强调"仁为孔门第一字"，"孔孟之学，仁而已矣"。仁斋对"仁"的基本观点是以"爱"释"仁"。另外，略早于仁斋的朱子学者山崎闇斋则有《仁说问答》之作。他在该文序言中提到了朱熹的《玉山讲义》并指出《玉山讲义》所揭示的"孔门说仁"具有无比的重要性，乃是"列圣相传"的儒学宗旨，而仁学问题直至朱熹才"方渐次说亲切处尔"②。

笔者认为日本儒学最重要的范畴是"忠"。这与日本的社会结构有着直接关联。日本社会的基本结构是等级制度。维系这种等级制度的一个重要原理是"恩"。每个人蒙受天皇的恩，这是

---

① 参见李甦平《李退溪"敬"哲学和未来人格发展》，《三国儒学本论》，第69—79页。

② 吴震：《东亚儒学问题新探》，第176页、179页及注①、194页。

"皇恩";子女蒙受父母之恩,这是"亲恩";学生蒙受先生的恩,这是"师恩";仆人或武士蒙受主君的恩,这是"主恩",等等。这样,通过"恩"这个链条就把天皇与日本人,双亲与子女,先生与学生,主君与仆人、武士等所有的上下等级关系联结在一起。"恩"作为一种观念,深深地根植于日本人的道德意识中,并在日常生活中被忠实地履行着。公元5世纪出土的金文中就有关于"恩"的记载。如其中的"长寿子孙注得其恩"就是对"恩"的论述。另外,日本最早的和歌集——《万叶集》集中反映了日本古代社会中人们关于"恩"的观念。"恩"是维系日本等级社会的一种重要观念。将这种观念付诸行动,即"报恩",也就是受恩者偿还恩主的恩情债,回报恩主的义务,这就是"忠"。"忠"是对"恩"所担负的一种无限的义务。"忠"是日本伦理道德的支柱。具体讲,"忠"是一种道德自觉,体现了人伦情感。在日本早期儒学中,把受恩者对恩主施以报恩的行为,称为"忠"。这表明受恩者在道德上意识到自己欠下了恩主的债,并愿意以无限的忠诚,乃至自己的生命回报恩主。可见受恩者主动地向恩主报恩,这是一种道德自觉的具体反应。这种道德自觉来自受恩者的一种亲情,即受恩者对恩主的"爱"。因此,在这层意义上,"忠"又是"爱"的别名。另外,"忠"还是一种道德规范,制约着人们的一切行为。在日本早期儒学中,"忠"被视为至美、至善、至高的伦理道德。人们的行为以"忠"为规矩和准绳,凡合于"忠"的,就是好的,就是正确的;凡不合于"忠"的,就是坏的,就是错误的。这正如日本早期儒学典籍《十七条宪法》所云:如果臣民不"忠"于君,则是国家大乱之本。反之,如果臣民按"忠"行事,则国家自治。这样,人们的一切言行都受到了"忠"的规范和约束。① 可见,日本的社会结构决定了日本儒学对"忠"

---

① 参见李甦平《圣人与武士:中日传统文化与现代化之比较》第一章第二节。

的重视。

与韩国儒学的重"情"、日本儒学的重"忠"相比较，中国儒学更加重视的是"仁"。"仁"凸显了中国儒学的本质特征，显示为中国儒学的基因。作为中国儒学基因的仁学思想在孔子和孟子的儒学思想中已充分显现出来，汉代儒学将"仁"定位为"爱人""好生""天心"。① 宋程朱儒学和明阳明儒学构建了"仁"本体。"仁"本体哲学成了中国儒学的鲜明标识。本章以孔孟儒学、洛闽儒学、阳明儒学为基本内容阐释中国儒学的根本特征——仁学。

第二节 作为中国儒学基因的孔孟儒学

一 孔子的仁学思想

孔子是儒学的创始者，他的思想集中体现在《论语》一书中。据杨伯峻先生统计，《论语》中出现最多的概念是"仁"，共109次。可见孔子对"仁"的重视。一部《论语》对"仁"有各式各样的解释，通过对这些解释的分析，可以多角度、分层次地对"仁"作客观真实的分析，以梳理出"仁"的内涵、价值及其在中国儒学中的地位。

据笔者统计，在《论语》中孔子涉及"仁"的论述共有58条。这58条论述大致可分为三大类，即：仁的根本义、仁的方法义、仁的价值义。关于什么是"仁"？孔子的明确回答主要有十条。

1. 有子曰："孝悌也者，其为仁之本欤！"

有子说："孝顺爹娘，敬爱兄长，这是仁的基础（根本）

---

① 参见陈来《新原仁——仁学本体论》，第37、138页。

吧！"（《论语·学而》）①

2. 子曰："弟子入则孝，出则悌，谨而信，泛爱众，而亲仁。"

孔子说："后生小子，在父母跟前，就孝顺父母；离开自己房子，便敬爱兄长；寡言少语，诚实可信，博爱大众，亲近有仁德的人。"（《论语·学而》）

3. 樊迟问仁。子曰："爱人。"

樊迟问仁。孔子说："爱人。"（《论语·颜渊》）

4. 樊迟问仁。子曰："居处恭，执事敬，与人忠。"

樊迟问仁。孔子道："平日容貌态度端正庄严，工作严肃认真，对别人忠心诚意。"（《论语·子路》）

5. 子张问仁于孔子。孔子曰："能行五者于天下为仁矣。""请问之。"曰："恭、宽、信、敏、惠。恭则不侮，宽则得众，信则人任焉，敏则有功，惠则足以使人。"

子张向孔子问仁。孔子道："能够实行五种品德，便是仁人了。"子张问："请问哪五种。"孔子道："庄重、宽厚、诚实、勤敏、慈惠。庄重就不会遭受侮辱，宽厚就会得到大众的拥护，诚实就会得到别人的任用，勤敏就会工作效率高、贡献大，慈惠就能够使唤人。（《论语·阳货》）

6. 司马牛问仁。子曰："仁者，其言也讱。"曰："其言也讱，斯谓之仁已乎？"子曰："为之难，言之得无讱乎？"

司马牛问仁德。孔子道："仁者，他的言语迟钝。"司马牛道："言语迟钝，这就叫作仁了吗？"孔子说："做起来不容易，说话能够不迟钝吗？"（《论语·颜渊》）

7. 樊迟问仁。曰："仁者先难而后获，可谓仁矣。"

樊迟问怎样才叫有仁德。孔子道："仁德的人先付出一定

---

① 本书注引均引自杨伯峻译注《论语译注》，中华书局1980年版。前面是原话，后面是译文。

的力量，而后收获果实，可以说是仁德了。"（《论语·雍也》）

8. 颜渊问仁。子曰："克己复礼为仁。一日克己复礼，天下归仁焉。"

颜渊问仁德。孔子道："抑制自己，使言语行动都合于礼，就是仁。一旦这样做了，天下的人就会称许你是仁人。"（《论语·颜渊》）

9. 仲弓问仁。子曰："己所不欲，勿施于人。"

仲弓问仁德。孔子道："自己不喜欢的事物，不要强加于人。"（《论语·颜渊》）

10. 子曰："夫仁者，己欲立而立人，己欲达而达人。能近取譬，可谓仁之方也。"

孔子说："仁是什么呢？自己要站得住，同时也使别人站得住；自己要事事行得通，同时也使别人行得通。能就眼下事一步步去做，可以说是实践仁的方法了。"（《论语·雍也》）

（一）仁的根本义：爱人

上述第一条至第七条引文可分为三个层次阐述。其中第一、二、三条引文表明了"仁"的含义。

第一条引文是孔子的学生有子说的。这条引文说明"孝"和"悌"是"仁"的基础。

在第二条引文中，孔子对"孝"（对父母之爱）和"悌"（对兄长之爱）作了解释，说明了以血缘关系为基础的爱构成了"仁"的基础。所谓以血缘关系为基础的爱，是一种切肤之爱，是真真切切、实实在在的爱。

在第三条引文中，当樊迟问何谓"仁"时，孔子明确回答

"爱人"。这表明以血缘关系为基础的爱进一步扩大为"爱人"。"爱人"是孔子"仁"的根本含义。所以，孔子又讲"泛爱众，而亲仁"，这是一种不拘一格地爱人，即一种宽泛的爱、广义的爱、真实的爱。孔子对人的爱还表现在他对他人的重视。《论语·乡党》记有："厩焚。子退朝，曰：'伤人乎？'不问马。"（孔子的马棚失火了。孔子从朝廷回来，问："伤了人吗？"不问到马）孔子问人不问马，对人重视的思想的实质是一种真情实感的流露，即对人的真诚的爱。这种真情实感的爱也正是孔子"仁"思想的根本意蕴。而这种"仁"构成了中国儒学的根本基因。孔子之后的儒学家继承了这一基因，并在此基础上有所发展。诚如冯友兰先生说的那样："孔子讲'仁'，注重人的真情实感。后来的儒家，如孟轲、《中庸》的作者，以及宋、明道学家们都着重'诚'。他们所讲的'诚'，比之于孔丘所说的真情实感，不免有夸大的地方，但是其基本内容都是'真'。道学家们还常讲：'至诚恻怛之心'，'至诚'就是完全的诚。'恻怛之心'就是对别人的一种同情心。有了真情实感，再把这种真情实感推向别人，这也是'爱人'。"[①]

上述第四、五条引文表明了"仁"的德目。第四条引文樊迟问仁，孔子提出"恭"（端正庄严）、"敬"（严肃认真）、"忠"（忠心诚意）三德目。第五条引文子张问仁，孔子指出"恭"（庄重）、"宽"（宽厚）、"信"（诚实）、"敏"（勤敏）、"惠"（慈惠）五德目。

这两条引文说明孔子认为"仁"包含了各种德目：庄重、严肃、忠心、宽厚、诚实、勤敏、慈惠等，而不是专指一种德目。而这正是孔子对"仁"思想的一个重要发展。陈来教授在《孔子·孟子·荀子——先秦儒学讲稿》一书中将孔子的这种意义的

---

① 冯友兰：《中国哲学史新编》，人民出版社1982年版，第1册，第134页。

"仁"称为"仁为全德",并以蔡仁厚和陈荣捷的论说为据。陈书说:"蔡仁厚指出,孔子没有将仁视为固定的德目,也没有从字义训诂上解释仁。'如樊迟三次问仁,孔子的回答第一次答以爱人,第二次答以恭敬忠,第三次答以先难而后获,故可以看出仁超越一切特定德目,所以仁是全德之名。'(蔡仁厚《孔孟荀哲学》,台北:台湾学生书局1988年版,第66—68页)陈荣捷也认为,孔子以前的德行都是特殊的德行,孔子第一个把'仁'看作一种普遍的德行,一种包括所有特殊德性的、整体的、普遍的德性。"[①] 所以,"全德之仁"正是孔子"仁"的根本内容。

上述第六、七条引文表明了"仁"的难度。引文六讲司马牛问仁,孔子说仁者言语迟钝。司马牛不解,孔子解释说做都很难,言语能不迟钝吗?引文七讲樊迟问仁,孔子说先难而后获,就叫仁。

这两条引文旨在表明获得"仁"是很难的。关于得"仁"的难度,《论语》一书举了三个先难而后获仁的例子。

第一个例子是孔子的得意门生颜渊。《雍也》篇说:

> 子曰:"回也,其心三月不违仁。"孔子说:"颜回呀,他的心长久地不离开仁德。"
>
> 子曰:"贤哉,回也!一箪食,一瓢饮,在陋巷,人不堪其忧,回也不改其乐。贤哉,回也!"孔子说:"颜回多么有修养呀!一竹筐饭,一瓜瓢水,住在小巷子里,别人受不了那穷苦的忧愁,颜回却不改变他自有的快乐。颜回多么有修养呀!"

孔子认为颜回是仁者。这是因为颜回承受了别人承受不了的苦,

---

① 陈来:《孔子·孟子·荀子——先秦儒学讲稿》,生活·读书·新知三联书店2017年版,第19—20页。

经历了别人经历不了的难，才获得了仁。一箪食、一瓢饮、住陋巷的颜回之乐的实质就是仁之难。只有能享受这种仁之难的人，才能得仁，成为仁者。

第二个例子是"殷有三仁"。《微子》篇说：

> 微子去之，箕子为之奴，比干谏而死。孔子曰："殷有三仁焉。"纣王昏乱残暴，微子便离开了他，箕子做了他的奴隶，比干劝谏而被杀。孔子说："殷商末年有三位仁人。"

孔子认为殷商有三位仁人。其一是商纣王的同母兄微子。因纣王昏乱，微子出走。其二是纣王的叔父箕子。纣王无道，他进谏不听，便披发佯狂，被降为奴隶。其三也是纣王的叔父比干。纣王残暴，他力谏纣王，纣王说，我听说圣人的心有七个孔，便剖开他的心而致其死。由此可见，成仁，做仁人多么难。

第三个例子是管仲有仁德。《宪问》篇说：

> 子路曰："桓公杀公子纠，召忽死之，管仲不死。"曰："未仁乎？"子曰："桓公九合诸侯，不以兵车，管仲之力也。如其仁，如其仁。"子路道："齐桓公杀了他哥哥公子纠，公子纠的师傅召忽因此自杀。但他的另一位师傅管仲却活着。"又问："管仲没有仁德吧？"孔子道："齐桓公多次主持诸侯之间的盟会，停止了战争，都是管仲的力量。这就是管仲的仁德，这就是管仲的仁德。"
>
> 子曰："管仲相桓公，霸诸侯，一匡天下，民到于今受其赐。"孔子说："管仲辅相桓公，称霸诸侯，使天下一切得到匡正，人民到今天还受到他的好处。"

孔子以管仲辅相桓公与各诸侯国订立盟约，停止了战争，使人民过上了太平日子为理由，认为这就是管仲的仁德。而管仲能做到这些，肯定耗费了许多心血，付出了许多努力。正是先经过这些难，然后才获得了仁德。

综上所述，"仁是爱人"，这是孔子仁学思想的根本义。而"仁为全德"则从道德层面说明仁为爱，仁为爱人。忠心、宽厚、慈惠、诚实是"爱""爱人"的一种心灵体征，而庄重、严肃、勤敏则是"爱""爱人"的一种外部行为体征。总之，孔子所说的这些德行都根源于内心的"爱"，"爱人"，即根源于"仁"。"仁是先难而后获"则表明了"爱""爱人"的难度。"颜回之乐"的"乐"，是"爱"的体验。殷商的三仁，之所以勇于反抗商纣王的暴行，而遭遇苦难、磨难、死难，其内心皆出自"爱人"。而孔子之所以认为管仲有仁德，也是基于相辅桓公与诸侯盟约，制止了战争，给天下百姓带来了和平。这也是"爱人"的体现。所以"仁者爱人"是孔子思想的根本。孔子一生的教诲就是这一个"仁"字。

（二）仁的方法义：礼、道

上述关于"仁"的十条引文中的第八条引文，当颜渊问仁时，孔子回答说，克己复礼就是仁，一旦复礼了，天下归仁矣。可见，复"礼"就是为"仁"的重要方法。于是，就出现了"仁"和"礼"的关系问题。从"克己复礼为仁"条目看，应该是"礼"规定"仁"。但在《论语》中更多的是用"仁"规定"礼"。如杨伯峻说："春秋时代重视'礼'，却很少讲'仁'。我把《左传》'礼'字统计一下，一共讲了462次。但讲'仁'不过33次，少于讲'礼'的429次之多。并且把礼提到最高位置。《左传·昭公二十六年》晏婴对齐景公说：'礼之可以为国也久矣，与天地并。'《论语》讲'礼'75次，讲'仁'却109次。由此可见，孔子批判地继承春秋时代的思潮，不以礼为核心，而以仁为核心。"[1] 关于孔子主张用"仁"规定"礼"的例子，《论语·八佾》讲道：

> 子曰："人而不仁，如礼何？"孔子说："做了人，却不仁，怎样对待礼仪制度呢？"

孔子认为作为一个人却不行仁，那他的行为肯定不会符合礼。《论语·八佾》篇还讲了一个"仁"规定"礼"的事例。

> "子夏问曰：'巧笑倩兮，美目盼兮，素以为绚兮。何谓也？'子曰：'绘事后素。'曰：'礼后乎？'子曰：'起予者商也！始可与言《诗》已矣。'"子夏问："《诗》云：'有酒窝的脸笑得美呀！黑白分明的眼流转得媚呀！洁白的底子上画着花卉呀！'这几句诗是什么意思？"孔子回答道："先有白色底子，然后画花。"子夏道："那么，是不是礼产生在仁之后呢？"孔子道："卜商呀，你真是能启发我的人。现在可以同你讨论《诗经》了。"

上述引文中的关键词是"礼后乎"三个字。这是子夏在听孔子讲要先有白色底子，然后才能在上面画美丽的花卉后，受到启发，悟出了礼在仁后，仁先礼后的道理。孔子听后十分高兴。因为在他的思想中，仁是第一重要的。这就如同要先有洁白的底子，然后才能在上面画出彩色来。可见，洁白的底子是彩色花卉的条件。这就是他说的"绘事后素"，也就是"仁先礼后"之意。

孔子认为"仁"很重要，为什么又提出"复礼"才能得

---

[1] 杨伯峻译注：《论语译注》，第16页。

"仁"呢？为什么把"礼"作为成"仁"的一种重要方法呢？这要从孔子对"礼"的发展说起。

冯友兰先生认为，孔子对于周礼所补充的具有关键性、根本性的理论有两条，一条是"正名"的理论，另一条是"中"的理论。①

所谓"礼"，在中国古代社会中具有广泛丰富的内容。"礼"既是社会秩序的规范，又是社会体制的建构；既是人际交往的礼仪，又是丧祭冠婚的程式。而在孔子心目中，周礼是最圆满的。《论语·八佾》篇记载：

> 子曰："周监于二代，郁郁乎文哉！吾从周。"孔子说："周朝的礼仪制度是以夏商两代为根据而制定的，多么丰富多彩呀！我主张周礼。"

但孔子生活的时代正逢"礼坏乐崩"之时，周礼崩坏了。孔子要恢复，于是提出了"中"。以"中"作为恢复周礼的理由。《论语·先进》篇说：

> 子贡问："师与商也孰贤？"子曰："师也过，商也不及。"曰："然则师愈与？"子曰："过犹不及。"子贡问孔子："颛孙师（子张）和卜商（子夏）两个人，谁强些？"孔子道："师有些过分，商有些赶不上。"子贡道："那么师强一些吗？"孔子说："过分和赶不上同样不好。"

于是子贡问："什么是中呢？"孔子说："礼乎礼！夫礼所以制中。"（《礼记·仲尼燕居》）这句话的意思是，孔子说："礼呀！

---

① 参见冯友兰《中国哲学史新编》，第 1 册，第 139 页。

礼呀！礼是决定中的。""过"和"不及"都是错误的，只有"中"才是正确的。什么是"中"呢？孔子讲"礼"是决定"中"的。可见，孔子认为"礼"是"中"的具体规定。而"中"是"礼"的理论根据。① 孔子对于"中"的重视形成了儒家的"道统"说。

《论语·尧曰》篇记载：

尧曰："咨！尔舜！天之历数在尔躬，允执其中。四海困穷，天禄永终。"舜亦以命禹。尧让位给舜的时候说"啧啧！你这位舜！上天的大命已经落到了你的身上了，诚实地保持那正确吧。假如天下的百姓都陷于困苦贫穷，上天给你的禄位也会永远地终止了"。舜让位给禹的时候也说了这番话。

"允执其中"是尧告诉舜统治百姓、维护政权的四字秘诀。据说当舜传位给禹时，也重复讲了这四字秘诀。这四字秘诀逐渐形成了儒家的一个"道统"，而这个儒家"道统"的中心内容就是"中"。

关于这个"中"，《中庸》第六章讲："子曰：'舜其大知也与！舜好问而好察迩言。隐恶而扬善。执其两端，用其中于民。其斯以为舜乎！'"孔子这段话可以看作对《论语·尧曰》篇的补充说明。孔子认为舜有大智慧。因为他能够牢固地掌握两端中的"中"，并用这个"中"来治理百姓。可见，"执其两端"是对"允执其中"句的那个"其"字的补充说明，即应抓住事物的两端、两个方面。这样，才能不偏不倚，不过也无不及。这就是"中"。②

笔者认为这里的"执其两端，用其中于民"的"中"具有一

---

① 参见冯友兰《中国哲学史新编》，第 1 册，第 143 页。
② 参见冯友兰《中国哲学史新编》，第 1 册，第 141 页。

定程度的道德意义，表示一种最高的道德标准即指的是"仁"。《论语·雍也》篇记载：

> "子曰：'中庸之为德也，其至矣乎！民鲜久矣。'"孔子说："中庸这种道德，应该是最高的了。大家已经长久地缺乏它了。"

孔子认为中庸作为一种道德，是至高无上的。因为它既不过，也无不及，不偏不倚，恰恰刚好。"执其两端，用其中于民"，可理解为舜用中庸之德（仁德）教育百姓，用中庸之道（仁政）治理国家，得到人民的拥护。可见，这种不偏不倚的德性（仁）是多么重要。按照孔子的逻辑，"夫礼所以制中也"，就是将"礼"看成德性得以不偏不倚地建立的合理约束。① "礼"规范了"中"，而内涵丰富的"中"又在理论上丰富了"礼"。"礼"与"中"互相补助，互相完成。如果说"礼"是为"仁"的一种方法，那么成"仁"的另一种重要方法就是"忠恕之道"。

本节关于什么是"仁"的十条引文中的第九、十条引文说的就是"忠恕之道"。其中第九条讲的是"恕"道，第十条讲的是"忠"道。而第十条说的"能近取譬，可谓仁之方也"，具体点明这种"忠恕之道"就是实践"仁"的方法。

孔子曾经说过：早晨知道了道，当晚死去都可以。［子曰："朝闻道，夕死可矣。"（《论语·里仁》）篇］那么什么是孔子主张的"道"呢？《论语·里仁》篇对此作了详细记载。

> 子曰："参乎！吾道一以贯之。"曾子曰："唯。"子出，门人问曰："何谓也？"曾子曰："夫子之道，忠恕而已矣。"

---

① 参见陈来《孔子·孟子·荀子——先秦儒学讲稿》，第29页。

孔子说："参啊！我的学说贯穿着一个基本观念。"曾子说："是。"孔子走出之后，别的学生便问曾子道："这是什么意思？"曾子说："他老人家的学说，只是忠和恕罢了。"

关于"恕"，孔子在回答仲弓问仁时便说得很清楚，"己所不欲，勿施于人"。即自己不想做、不想要、不喜欢的，不要强加于人。这就是孔子所谓的"恕"道。

孔子非常重视"恕"道，将之作为行为的座右铭。《论语·卫灵公》篇说：

> 子贡问曰："有一言而可以终身行之者乎？"子曰："恕乎！己所不欲，勿施于人。"子贡问道："有没有一句可以终身奉行的话呢？"孔子说："大概是'恕'道吧。自己所不想要的东西，就不要强加给别人。"

"恕"是孔子一生行为的准则之一。"恕"道的积极面则是"忠"道。用孔子的话说就是"己欲立而立人，己欲达而达人"。自己想要站得住的，也要别人站得住，自己想要达到的，也要别人达到。这就是"忠"。

"忠恕"之道是孔子关于人与人关系的道德规范。"忠"规定人们自己所想、所愿、所喜、所爱，总之自己的欲求，要想到别人是否也有这样的欲求；满足自己欲求之时，要想到也应当让别人满足这一欲求。"恕"则从反面规定人们自己不想的，不能强加给别人。可见，"忠恕"之道就是要求人们平等地对待别人，要设身处地地为别人着想。以平等心对待人，以己心体贴人。这表明以心爱人，仁在心中。所以，"忠恕之道"是实践"仁"的重要方法。孔子讲"吾道一以贯之"，说明他一生都在教导人们践履"仁"德。

(三) 仁的价值义：士、君子

孔子以"爱""爱人"来界定"仁"，认为"仁"最根本、最基础的意义就是以爱待人。如上所述，实现这种"爱人"的途径有二。一是"礼"，即循"礼"而行。用《论语·颜渊》的语言讲就是"非礼勿视，非礼勿听，非礼勿言，非礼勿动"。不合理的事不看，不合理的话不听，不合理的话不说，不合理的事不做。可见，"礼"是对人行为的约束和规范。二是"忠恕"之道。"忠"主张要以己心度人心，"恕"强调自己不欲的不能给予别人。"忠恕"之道的真谛在于作为人，要时时、处处，从己心出发为别人考虑，使别人有一个好结果。孔子认为唯有如此，才能成为理想中的仁者。可见，孔子关于"仁"、关于"礼"、关于"忠"、关于"恕"的诸多论述的实质，都是在思考一个问题，即关于"人"的问题：什么是完美的人格？人生的最高境界是什么？人应具备什么样的理想素质？人应遵循的行为准则有哪些？《论语》对这些问题，一一作出了回答，并指出了完整人格的范式："士"或"君子"。①

在《论语》中，"士"或"君子"主要指有较高道德品质的人格。例如，关于何谓"士"？何谓"君子"？《论语》有四段话作了说明：

> 子贡问曰："何如斯可谓之士矣？"子曰："行己有耻，使于四方，不辱君命，可谓士矣。"子贡问："怎样才可以叫作'士'？"孔子说："自己在行为上保持羞耻之心，出使外国，要很好地完成君主的使命，就可以叫作'士'了。"(《子路》篇)

---

① 关于"君子"，陈来先生在《孔子·孟子·荀子——先秦儒学讲稿》一书中专门有所论述，见第32—50页。

子路问曰:"何如斯可谓之士矣?"子曰:"切切偲偲,怡怡如也,可谓士矣。"子路问:"怎样才能叫作'士'了呢?"孔子说:"互相批评,和睦共处,可以叫作'士'了。"(《子路》篇)

司马牛问君子。子曰:"君子不忧不惧。"曰:"不忧不惧,斯谓之君子已乎?"子曰:"内省不疚,夫何忧何惧?"司马牛问怎样做一个君子?孔子说:"君子不忧愁,不恐惧。"司马牛说:"不忧愁,不恐惧,这样就可以叫君子了吗?"孔子说:"自己问心无愧,那有什么忧愁和恐惧的呢?"(《颜渊》篇)

子路问君子。子曰:"修己以敬。"曰:"如斯而已乎?"曰:"修己以安人。"曰:"如斯而已乎?"曰:"修己以安百姓。修己以安百姓,尧舜其犹病诸?"子路问怎样才能算是一个君子。孔子说:"修养自己来严肃认真地对待工作。"子路:"这样就够了吗?"孔子说:"修养自己使上层人物安乐。"子路说:"这样就够了吗?"孔子说:"修养自己使所有百姓安乐。修养自己使所有老百姓安乐,尧舜大概还没有完全做到呢。"(《宪问》篇)

上述第一段话,孔子认为"士"要有羞耻之心,这是从修养观来讲的。孔子还讲"士"要很好地完成自己担负的使命,要有使命感,这是从使命观来讲的。上述第二段话,孔子认为作为"士",在与别人相处时既要"互相批评",又要"和睦相处"。也就是说人与人相处时既要做"诤友",又要做"朋友",这是从处事观来讲的。上述第三段话,孔子认为"君子"要无忧无惧、心胸开阔,因为"君子"是"问心无愧"的。只有经过一定修养的人,才能达到问心无愧,这还是从修养观来讲的。上述第四段话,孔子是从使命谈"君子"的。他说修养的目的是更好地工作,达到"安人""安百姓"。这一使命是伟大艰巨的，大概尧和舜都没能够做到。

下面就从"修养观""处事观"和"使命观"三个方面来探讨《论语》中关于"士"和"君子"的论述，从中窥视"仁"的价值观。

1. 探讨"士"和"君子"的修养

> 子曰："君子名之必可言也，言之必可行也。君子于其言，无所苟而已矣。"孔子说："君子用一个词，一定有他的道理。说出的话，一定要做到。君子对于所说的话，一点也不马虎。"（《子路》篇）

这是讲，作为君子要言行一致，要讲信用，要有信誉。

> 子曰："君子耻其言而过其行。"孔子说："说得多，做得少，君子以为耻。"（《宪问》篇）

这是讲，君子不夸夸其谈，而是言之必行。

> 子曰："君子上达。"孔子说："君子通达于仁义。"（《宪问》篇）

这是讲，君子的最高修养是仁义。

> 子曰："君子贞而不谅。"孔子说："君子讲大信而不讲小信。"（《卫灵公》篇）

这是讲，君子要言行一致。言行抱一谓之贞。

子曰："君子谋道而不谋食。""君子忧道不忧贫。"孔子说："君子用心于学术而不用心于衣食。""君子急于得道而不急于得到财。"(《卫灵公》篇)

这是说，君子修养的目的是得到真理。

2. 探讨"士"和"君子"的待人处世

子曰："君子周急不继富。"孔子说："君子只是雪里送炭，不去锦上添花。"(《雍也》篇)

这是讲，君子急人之所急，只是帮助那些急于需要帮助的人，而不献媚那些富有之人。

子曰："君子笃于亲，则民兴于仁。"孔子说："君子用深厚感情对待亲族，老百姓就会走上仁德。"(《泰伯》篇)

这是讲，君子用仁爱之心待人，则百姓便会有仁德。

曾子曰："君子以文会友，以友辅仁。"曾子说："君子用文章学问来聚会朋友，用朋友来帮助我培养仁德。"(《颜渊》篇)

这是讲，君子的交友原则以学问道德为准，而不攀附权钱之人。

子曰："君子不以言举人，不以人废言。"孔子说："君子不因为人家一句话讲得好，便提拔他；也不因为他是坏人，而鄙视他的好话。"(《卫灵公》篇)

这是讲，君子考察人，观察人的标准是听其言，观其行。

> 子曰："君子矜而不争，群而不党。"孔子说："君子庄矜而不争执，合群而不闹宗派。"（《卫灵公》篇）

这是讲，君子结友而不结帮，结盟而不结派。

3. 探讨"士"和"君子"的使命担当

> 子曰："士志于道。"
> 孔子说："读书人有志于真理。"（《里仁》篇）

这是讲，"士"和"君子"以求真理为己任。

> 曾子曰："可以托六尺之孤，可以寄百里之命，临大节而不可夺也——君子人与？君子人也。"
> 曾子说："可以把幼小的孤儿和国家的命脉都交付给他，面临安危存亡的紧要关头，不动摇不屈服——这种人，是君子人吗？是君子人啊。"（《泰伯》篇）

这是讲，"士"或"君子"以捍卫百姓和国家的利益为己任，即使天崩地裂也绝不动摇。

> 曾子曰："士不可以不弘毅，任重而道远。仁以为己任，不亦重乎？死而后已，不亦远乎？"
> 曾子说："读书人不可以不刚强而有毅力，因为他负担沉重，路程遥远。以实现仁德于天下为己任，不也沉重吗？到死方休，不也遥远吗？"（《泰伯》篇）

这是讲,"士"或"君子"以弘扬仁德为己任,任重道远,死而后已。

> 子曰:"志士仁人,无求生以害仁,有杀身以成仁。"
> 孔子说:"志士仁人,不贪生怕死而损害仁德,而是勇于牺牲来成全仁德。"(《卫灵公》篇)

这是讲,"士"或"君子"即使牺牲自己的生命,也要成全仁德。

> 子曰:"君子义以为质,礼以行之,孙以出之,信以成之,君子哉!"
> 孔子说:"君子对于事业,以合宜为原则,依礼节实行之,用谦逊的语言说出它,用诚实的态度去完成它。真是位君子啊!"(《卫灵公》篇)

这是谈,"士"或"君子"对待使命的态度,即义(合宜)、礼(礼节)、孙(谦逊)、信(诚实)。

从上述诸条引文中,可以看到:有信誉,有羞耻心,言行一致,以追求真理和仁德为修养的最终目的——这是"士"和"君子"的修养观。雪中送炭,用爱心待人是对人的规则;以道德知识为水准是结友的原则;朋友加诤友是与人相处的准则——这是"士"和"君子"的处世观。以天下兴亡为担当,任重道远,永不言弃;以实现仁德为己任,鞠躬尽瘁,死而后已——这是"士"和"君子"的使命观。

从中可以看出,贯穿"士"和"君子"的修养观、处世观、使命观的一根红线,就是一个"仁"字。因为"仁"是孔子对于"人"反思的结果。孔子认为要不断地自我修养,以仁爱之心对待亲人,家和万事兴;以仁爱之心对待百姓,国泰民安。这成了

《大学》讲的"修身、齐家、治国、平天下"的滥觞。孔子强调"忠恕之道"是律己、待人的重要原则。这一原则在《中庸》中得到了阐发。《中庸》说:"忠恕违道不远,施诸己而不愿,亦勿施于人。""忠恕之道"逐渐演化为儒家伦理的基本准则。孔子的"爱人"思想被孟子进一步发展为"仁政"学说。孔子认为"仁"是完整人格的集中体现。因此,"仁"也是人生最高精神境界的代表。这种精神境界就是被后来的理学家称之的"孔颜乐处"。所谓"孔颜乐处",就是孔子说的:"饭疏食饮水,曲肱而枕之,乐亦在其中矣。不义而富且贵,于我如浮云。"孔子的这种精神境界加上上述颜渊的"一箪食,一瓢水,在陋巷,人不堪其忧,回也不改其乐",冯友兰先生指出,这种"孔颜之乐"被后来的理学家们视为儒学的一个重大问题和关键性问题。"周敦颐教程颢、程颐'寻孔、颜乐处,所乐何事'。这是道学中的一个重大问题。道学家们认为,这是儒家的一个关键性问题。"[1] 笔者认为,孔子和颜渊之"乐",所"乐"之事就在于一个"仁"字。孔子认为具有"仁"德的人就是一个具备了儒家所有品德即"全德"的真诚的人。这种人就是"士",就是"君子",如颜渊。他们的价值就体现在以天下兴亡为己任。因为儒学是一种处世哲学,诚如宋代张载所言,"为万世开太平"。具有这种博大胸襟的人,怎能不"乐"呢?所以,"孔颜之乐"就成了道学的一个重大问题,一个关键性问题。这是摆在历代儒学者面前必须回答的问题。而这个问题的根就在于儒学中的"仁"。

可见,孔子关于"仁"的思想是中国儒学的基因。这一基因在中国儒学的不同发展阶段不断显现,呈现出不同的哲学样态。那么,作为亚圣的孟子,"仁"的思想又以怎样的哲学样态呈现出来呢?

---

[1] 冯友兰:《中国哲学史新编》,第1册,第168页。

二 孟子的仁学思想

孟子的思想集中在《孟子》一书中。《孟子》共七篇十四卷，其基本精神、主要思想可以用六个字加以概括。这就是：道性善，施仁政。

（一）对"道性善"加以分析

《孟子·滕文公上》说："孟子道性善，言必称尧舜。"① 这是说孟子经常谈论"性善"问题。那么，孟子性善说的基本内容是什么呢？《告子上》和《公孙丑上》对此进行了集中论述。

在《告子上》中，公都子就当时社会流行的人性说向孟子请教，孟子在回答公都子的问题时详细阐述了自己的性善说思想。原文如下：

> 公都子曰："告子曰：'性无善无不善也。'或曰：'性可以为善，可以为不善，是故文武兴，则民好善；幽厉生，则民好暴。'或曰：'有性善，有性不善；是故以尧为君而有象，以瞽瞍为父而有舜；以纣为兄之子，且以为君，而有微子启、王子比干。'今曰'性善'，然则彼皆非与？"
>
> 孟子曰："乃若其情，则可以为善矣，乃所谓善也。若夫为不善，非才之罪也。恻隐之心，人皆有之；羞恶之心，人皆有之；恭敬之心，人皆有之；是非之心，人皆有之。恻隐之心，仁也；羞恶之心，义也；恭敬之心，礼也；是非之心，智也。仁义礼智，非由外铄我也，我固有之也，弗思耳矣。"

上述引文的注释为：

---

① 杨伯峻译注：《孟子译注》，中华书局1984年版，第112页。

公都子说:"告子说:'本性没有什么善良,也没有什么不善良的。'也有人说:'本性可以使它善良,也可以使它不善良;所以周文王武王在上,百姓便趋向善良;周幽王厉王在上,百姓便趋向横暴。'也有人说:'有些人本性善良,有些人本性不善良;所以以尧这样的圣人为君,却有象这样不好的百姓;以瞽瞍这样坏的父亲,却有舜这样好的儿子;以纣这样恶的侄儿,而且为君王,却有微子启、王子比干这样的仁人。'如今老师说本性善良,那么,他们都错了吗?"

孟子说:"从天生的资质看,可以使它善良,这便是我所谓的人心善良。至于有些人不善良,不能归罪于他的资质。同情心,每个人都有;羞耻心,每个人都有;恭敬心,每个人都有;是非心,每个人都有。同情心属于仁,羞耻心属于义,恭敬心属于礼,是非心属于智。这仁义礼智,不是由外人给予我的,是我本来就具有的,不过不曾探索它罢了。"①

与上述引文几乎同样的文字,同样意思的论述还出现在《公孙丑上》中。孟子曰:

> 所以谓人皆有不忍人之心者,今人乍见孺子将入于井,皆有怵惕恻隐之心——非所以内交于孺子之父母也,非所以要誉于乡党朋友也,非恶其声而然也。由是观之,无恻隐之心,非人也;无羞恶之心,非人也;无辞让之心,非人也;无是非之心,非人也。恻隐之心,仁之端也;羞恶之心,义之端也;辞让之心,礼之端也;是非之心,智之端也。人之有是四端也,犹其有四体也。有是四端而自谓不能者,自贼者也;谓其君不能者,贼其君者也。凡有四端于我者,知皆

---

① 以上引文和译文见杨伯峻译注《孟子译注》,第258—259页。

扩而充之矣，若火之始然，泉之始达。苟能充之，足以保四海；苟不充之，不足以事父母。

这段引文的译文为：

> 孟子说："我所以说每个人都有怜悯别人的心情，道理就在于：譬如现在有人突然看到一个小孩子要跌到井里去了，任何人都会有惊骇同情的心情。这种心情的产生不是为着要来和这个小孩的爹娘攀结交情，不是为了在乡里朋友间博取名誉，也不是厌恶那小孩的哭声才如此的。从这里看来，一个人，如果没有同情之心，简直不是个人；如果没有羞耻心，简直不是个人；如果没有推让之心，简直不是个人；如果没有是非之心，简直不是个人。同情之心是仁的萌芽，羞耻之心是义的萌芽，推让之心是礼的萌芽，是非之心是智的萌芽。人有这四种萌芽，正好比他有手足四肢一样（是自然而然的）。有这四种萌芽，却认为自己不行的人，是自暴自弃的人；认为他的君王不行的人，便是暴弃他君主的人。所有具有这四种萌芽的人，如果晓得把它们扩充起来，就会像刚刚燃烧的火（终必不可扑灭）；就会像刚刚流出的泉水（终必汇为江河）。假如能够扩充，便足以安定天下；假如不扩充（让他消灭），便连赡养爹娘都不行。"[①]

上述两段重要引文，涉及了三个方面的关键问题。第一个问题是孟子为什么提倡性善论？即孟子讲性善论的依据是什么？第二个问题是孟子为什么主张扩充"善端"？第三个问题是怎样扩充"善端"？

---

① 杨伯峻译注：《孟子译注》，第79—81页。

分析第一个问题，孟子提倡性善论的依据。孟子主张性善论的依据主要有三点。

依据一，"乃若其情，可以为善"。孟子所处时代，有关人性问题的讨论观点，主要有四种。这就是上述第一段引文中，公都子所讲的四种人性论，即：告子主张的"性无善无不善"论，这是第一种人性论；第二种人性论为"性可以为善，可以为不善"说；第三种人性论是"有性善，有性不善"说；第四种人性论即孟子主张的性善说。

上述前三种人性论，孟子都持反对态度。其中第二种人性论观点主要强调了外部环境对人性善、恶的影响。如文中举例说周文王、武王之时，由于实行"仁政"，故民好善，则性"善"；周幽王、厉王之时，由于实行"暴政"，故民好暴，则性不善（即性"恶"）。其中第三种人性论观点则否定外部环境对人性善恶的影响。如文中讲到的尧这样的圣君，却有象这样性恶的百姓；瞽瞍这样不善的父亲，却有圣人舜这样的儿子；有纣这样的暴君，却有微子启、王子比干这样性善的叔叔。在孟子看来，这两种观点都没有说清人性究竟是"善"还是"恶"的问题，所以他是不赞成的。

孟子主张性善论，他的主要辩论对象是持"性无善无不善"论的告子。《孟子》书中有《告子上》《告子下》两卷重点谈论了这个问题。

告子说："人的本性好比柜柳树，义理好比杯盘；把人的本性纳于义理，正好比用柜柳树来制成杯盘。"这里，告子将人性比作柜柳树，即材质，而仁义好比柜柳树制成的成品。

对于告子的这一观点，孟子反辩说："您是顺着柜柳树的本性来制成杯盘呢，还是毁伤柜柳树的本性制成杯盘呢？如果要毁伤柜柳树的本性然后制成杯盘，那也要毁伤人的本性然后纳之于仁义吗？率领天下的人损害仁义的，一定是您这种学说吧！"① 孟子针锋相对地指出，如果伤了树而制成成品，那就等于毁伤了人性来成就仁义。这是行不通的。

告子又说："人性好比急流水，从东边开了口便向东流，从西边开了口便向西流。人没有善不善的定性，正同水的流向，没有东流、西流的定向一样。"② 告子认为人性如流水，亦可东流亦可西流。所以，人性无所谓"善"与"无善"（"恶"）。

针对告子这一观点，孟子反驳说："水诚然没有东流西流的定向，难道也没有向上或向下流的定向吗？人性的善良，正好像水性向下流一样。当然，拍水可使它跳起来，高过额头。戽水使它倒流，可以引上高山。但这难道是水的本性吗？形式使它如此的。人也可以使他做坏事，本性的改变也正像这样。"③ 孟子尖锐地指出，人性如同水性是有定向的。人性之善如同水性必定向下流一样。水不向下流，是外力使然；人性不善，是形势使然。所以，人性是"善"的。

  告子又说："生之谓性。天生资质就叫作性。"
  孟子反问说："天生资质叫作性，那一切东西的白色都叫作白吗？"
  告子回答说："是的。"
  孟子又问道："白羽毛的白犹如白雪的白，白雪的白犹如白玉的白吗？"
  告子答道："正是。"
  孟子再问："那么，狗性犹如牛性，牛性犹如人性吗？"④

---

① 杨伯峻译注：《孟子译注》，第253页。
② 杨伯峻译注：《孟子译注》，第254页。
③ 杨伯峻译注：《孟子译注》，第254页。
④ 杨伯峻译注：《孟子译注》，第255页。

关于什么是"生之谓性",告子没有详细论述,而孟子抓住这一观点,推导出如果天生资质是性,那一切东西的白就都叫作白,那人性与狗性、与牛性也一样了。告子没有再回答。最后,告子又说:"食色,性也。"① 孟子对告子的这一观点未进行反驳。

从哲学观点来分析上述孟子与告子的论辩,可以看到他们论辩的关键点是关于人性的道德属性即道德价值问题,也就是"善"与"不善"("恶")的问题。所以,"我们可以在理论上推测,有关人性善恶的问题,应是在战国前中期由孟子学派最先提出'性善'说的命题,而后引起各种不同的反应,因为这些人性论都是性善论的对反。这些观点约与孟子同时,故所谓'而后'并非指经过一个很长的时间,可能在一代人的时间内,各种不同的人性善恶说都被提出来了。孟子思想是正题,其他各说都是反题,此后儒家的性说就完全在善恶论的框架中变化发展,故孟子可谓提出了一个新的典范"②。孟子为什么坚持性善说?上述第一段文中孟子回答公都子的问题时作了明确说明:"乃若其情,则可以为善矣,乃所谓善也。"这个"情"字,怎么解释?有人解释为情实,即实际情况,情形;有人解释成资质、素质;有人解释成情感。有人认为,在先秦文献中,"情"字作为情感的用法并不多,倒是作为情实解释的用法很多,特别是在《孟子》一书中,"情"字并不多见,以至于将"四端"之情说成"四端"之心,而不用"情"字;因此,此处所说的"情"字,应作情实讲。③ 这里的情实可理解为本然的意思,即本来就是那样,原本就是那样。用孟子的话来说明就是上述他与告子论辩人性善时所说的:人性之善如同水性向下流一样,是有定向的,是自然而然的,是一种本然。而人性的"不善",不能归罪于他的材质,而是外部环境造成的。

---

① 杨伯峻译注:《孟子译注》,第255页。
② 陈来:《孔子·孟子·荀子——先秦儒学讲稿》,第154—155页。
③ 参见蒙培元《蒙培元讲孟子》,北京大学出版社2006年版,第157—158页。

对此，孟子举例说："丰收年成，少年子弟多懒惰；灾荒年成，少年子弟多强暴，不是天生的资质不同，是由于环境使他们内心变坏的缘故。"[1] 所以，人性是"善"的，因为本然的样态就是那样的。

依据二，"四端"说。在中国儒学史上，"四端"说是孟子的原创。孟子第一个提出了"四端"说。"四端"说不仅成为孟子提倡性善论的重要理论依据，并丰富、发展了中国儒学，而且对韩国（朝鲜半岛）的儒学发展起到了超出对中国儒学影响的重大作用。

朝鲜半岛的朝鲜朝具有五百年的历史。在这五百年中，朝鲜儒学集中探讨的问题就是"四端"与"七情"之间的关系，史称"四端七情"之辩（又称"四七"之辩）。此论辩从高丽朝末期开始，一直延续到朝鲜朝末期，时间近五百年之久。在这五百年中，几乎每一位朝鲜儒者都直接或间接地参加了这一场著名辩论。"四端七情"之辩的结果一方面丰富、深化了中国儒学的一些理论问题，另一方面形成了独具特色的韩国（朝鲜半岛）儒学。[2]

孟子"四端"说的具体内容在上述《告子上》和《公孙丑上》中作了详细阐述。从孟子的阐述中可以看到他赋予了"四端"说两大属性。一是道德性，二是固有性。

所谓道德性是说"恻隐之心"（仁之端）、"羞恶之心"（义之端）、"辞让之心"（礼之端）、"是非之心"（智之端）就是四种道德情感。

"恻隐"是悲痛之意，多指对遭难的人表示同情。"恻隐之心"也就是"不忍人之心"。"不忍人之心"意为同情、爱怜之

---

[1] 杨伯峻译注：《孟子译注》，第 261 页。
[2] 关于"四端七情"论辩的详情，可参见李甦平《韩国儒学史》，人民出版社 2009 年版，第 16—19 页；李甦平《三国儒学本论》，中国社会科学出版社 2016 年版，第 130—148 页；洪军《四端七情之辨》，人民出版社 2018 年版。

心。所以,"恻隐之心"是"四端"中首要的,也是最重要的一端,具有根本性意义。之所以讲它具有根本性意义,还因为它是"仁"之端。这也是孟子对孔子仁学思想的发展。为此,孟子将"恻隐之心,仁之端也"放在"四端"之首。"羞恶之心"就是羞耻之心,这是"义"之端。"辞让之心"即辞谢推让之心,是"礼"之端。"是非之心"是指分辨是非的能力,这个"是非"主要指道德判断中的是非,是"智"之端。所以,这"四端"都具有道德意义、道德价值。①

所谓固有性,是讲"四端"是人生而具有的,不是外部因素强加于人的。孟子用生活中的例子论证了"四端"("四德")是人生而具有的。他说:"如果看见小孩要掉进井里,人人都会有恐惧伤痛之心,同情怜爱之心去救他。这样做,不是和小孩的父母讨交情,也不是为了在乡里朋友间博取名誉,更不是由于厌恶小孩的哭声才这样做。这仅仅是出于人的同情心本身而这样做。这就是由于人的'恻隐之心',才会不假思索地、本能地去救那个小孩。如果看见小孩要掉入井中却没去救,就会有'羞恶之心'。'辞让之心'与'恻隐之心'互为表里。但有一种例外,即'当仁不让',如果看见小孩要掉进井里,便立刻冲上去救,不能'让'别人去救。但是,在与别人相处时,就会出于对别人的尊重而推让。'是非之心'是说什么事该做,什么事不该做,要有一个标准,这些标准就是恻隐、羞恶、辞让等。'是非之心'表现为一种判断,这个判断是客观的、普遍的,却又在每个人心中。小孩要掉入井中,人人都会作出正确判断:救者为'是',不救者为'非'。"② 为此,孟子讲:没有恻隐之心就不是人,没有羞恶之心就不是人,没有辞让之心就不是人,没有是非之心就不是人。因为仁义礼智四种道德情感是人本身固有的,就像人具有四肢一样,

---

① 蒙培元:《蒙培元讲孟子》,第143页。
② 蒙培元:《蒙培元讲孟子》,第144—145页。

是与生俱有的，而不是外来的。

依据三，"乃所学，则学孔子也"。作为中国儒学史上的一位重要儒者，孟子把学习孔子、继承孔子作为自己一生的理想而追求。他在《公孙丑上》中说："自生民以来，未有盛于孔子也。""乃所愿，则学孔子也。"[①] 在学习孔子的道路上，孟子继承了孔子的仁学思想，并进一步发展了"仁"的思想。"性善"论的提出就是一个明证。所以孟子"道性善"是儒家仁学思想发展的必然逻辑。

分析第二个问题，孟子为什么主张扩充"善端"？所谓"善端"，即指"仁"端（恻隐之心）、"义"端（羞恶之心）、"礼"端（辞让之心）、"智"端（是非之心），这就是常说的"四端"之心。

孟子的"四端"之心理论阐述了一个很重要的问题。孟子认为每个人生下来，在其本性里面，都自然有"善"的因素，或者说原则。这些因素或原则，他称为"端"，即为萌芽或苗头的意思。[②] 将"四端""扩而充之"，发展到最完全的程度，就像不能扑灭的火焰，就像汇入江河的泉水一样。这样的"四端"才能成为"仁""义""礼""智"这四德。所以，四德是"四端"发展的必然结果。一个人具备了"仁""义""礼""智"四德，才是圣人。具备了四德的圣人可以安邦治国（足以保四海），否则连爹娘都养不起（不足以事父母）。

可见，孟子主张必须"扩充善端"，这也是孔子仁学思想的逻辑使然。只有将"善端"扩充为"善德"，才能对家、对国做善事，施仁政。主体的"性善"也才能以客体的善事显现出来。这可以看作儒家"内圣外王"思想的滥觞。

分析第三个问题，怎样扩充善端。关于怎样扩充"善端"的

---

① 杨伯峻译注：《孟子译注》，第64、63页。
② 参见冯友兰《中国哲学史新编》，人民出版社1984年版，第2册，第78页。

问题，孟子没有直接的论述，但可以从他的"养浩然之气"的论述中窥见。

孟子在《尽心上》中说："尽其心者，知其性也。知其性，则知天矣。存其心，养其性，所以事天也。"[1] 这段引文可以用图示表示如下：

尽心→知性→知天

存心→养性→事天

"尽心"和"存心"中的"心"，就是孟子所说的人人都具有的"恻隐之心""羞恶之心""辞让之心""是非之心"这"四端"。"尽心"就是把这"四端"尽量扩充，扩充以后，人的本性就会显现出来，发挥作用，这就是"知性"。孟子认为"性"是"天之所与我者"[2]。所以，天的本质有"仁""义""礼""智"四德。孟子这里所说的"天"是道德之天，也就是"知天"。而"存心""养性"与"尽心""知性"意思差不多，也是讲扩充"四端"，发挥"仁""义""礼""智"四德的作用。其作用就是"事天"。所谓"事天"，就是人对"天"尽其应尽的义务。这里的"心""性""天"为一体。所以，孟子在《尽心上》中又说道："万物皆备于我矣。反身而诚，乐莫大焉。"[3] "万物皆备于我"即我与万物为一体。人如果能够"反求诸己"，确实达到这种精神境界（"诚"），就是莫大的快乐。具有了这种精神境界的人就可以"仰不愧于天，俯不怍于人"[4]。要达到这种精神境界，用孟子的话说就必须"养浩然之气"。

---

[1] 杨伯峻译注：《孟子译注》，第301页。
[2] 杨伯峻译注：《孟子译注》，第270页。
[3] 杨伯峻译注：《孟子译注》，第302页。
[4] 杨伯峻译注：《孟子译注》，第309页。

何为"浩然之气"？在《公孙丑上》中，孟子在回答公孙丑问"何为浩然之气"时说：

> 难言也。其为气也，至大至刚，以直养而无害，则塞于天地之间。其为气也，配义与道；无是，馁也。是集义所生者，非义袭而取之也。行有不慊于心，则馁矣。我故曰：告子未尝知义，以其外之也。必有事焉而勿正，心勿忘，勿助长也。无若宋人然：宋人有闵其苗之不长而揠之者，芒芒然归，谓其人曰："今日病矣！予助苗长矣！"其子趋而往视之，苗则槁矣。天下之不助苗长者寡矣。以为无益而舍之者，不耘苗者也；助之长者，揠苗者也——非徒无益，而又害之。①

在中国儒学史上，"气"这一概念具有两种意义。一种指客观存在的物质，如稷下黄老学派所谓的"气"。《管子·内业》讲："精存自生，其外安荣。内藏以为泉原，浩然和平，以为气渊。"这里说的是"精气"。"气"的另一种意义指一种精神或心理状态。这就是孟子所谓的"浩然之气"。这种意义的"气"在《左传》中已有记载。如在鲁国和齐国的长勺之战中，曹刿说："夫战，勇气也。一鼓作气，再而衰，三而竭，彼竭我盈，故克之。"（《庄公十年》）《孙子兵法》中也有这样的论述："是故三军可夺气，将军可夺心。是故朝气锐，昼气惰，暮气归。"（《军事篇》）上述《左传》和《孙子兵法》中的"气"，说的是像"勇气""气概"的"气"，都是指一种精神或心理状态。孟子说的"浩然之气"就是讲这样的一种精神状态。

孟子认为这种"气"是最伟大、最刚强的，必须用正义去培养，就会充满上下四方、天地之间而无所不在。关键是如何用正

---

① 杨伯峻译注：《孟子译注》，第62页。

义去培养它？孟子指出"配义与道"。

这里的"道"是指明理，即对宇宙事物的正确认识，故又可称为"明道"。"明道"的一个重要方法就是孟子所说的"知言"。何谓"知言"？孟子说：

> 诐辞知其所蔽，淫辞知其所陷，邪辞知其所离，遁辞知其所穷。——生于其心，害于其政；发于其政，害于其事。圣人复起，必从吾言矣。

其意是说，不全面的言辞，我知道它的片面性之所在；过分的言辞，我知道它的失足之所在；不合正道的言辞，我知道它与正道分歧之所在；躲闪的言辞，我知道它理屈之所在。这四种言辞，从思想中产生出来，必然会在政治上产生危害；如果把它体现于政治设施，一定会危害社会的各种具体工作。如果圣人再出现，一定会承认我的话是对的。① 用哲学语言解释孟子的"知言"，就是对客观事物要有正确、透彻的认识，由此才能对社会做有益的事情。

"养浩然之气"的工夫，除了"道"（"知言"）外，还有一个重要工夫，就是"义"。什么是"义"？冯友兰先生说："此所谓义，大概包括吾人性中所有善'端'。"② "仁""义""礼""智"四端就是所有善端，也就是"义"。因此，这个"义"就在人的内心之中，人也由此会做他认为应该做的善事、好事，这就是"集义"。明道之后，集义既久，浩然之气便不待勉强，自然而然生出。这就是孟子所说的"是集义所生者"的意思。同时孟子指出告子不懂得"义"是内在的，认为"义"是外在的。所以，孟子认为告子是从外面拿一个"义"来强制其心，使之不动，这

---

① 以上引文和译文见杨伯峻译注《孟子译注》，第62、66页。
② 冯友兰：《中国哲学史》（上），华东师范大学出版社2011年版，第79页。

就是"义袭而取之"。实际上行"义"应是心的自然的发展，行义既久，浩然之气便自然由中而出。归纳以上内容为"养浩然之气"的工夫有两方面：一方面是对于宇宙有正确的认知，此即"知言"，明道；另一方面是力行人在宇宙间应有的义务，此义务为道德义务，这就是"义"，集义。集义的过程也是"善端"扩充的过程。可见，"养浩然之气"的过程也就是扩充"四端"的过程。

关于"养浩然之气"，孟子还特别提出两点注意事项，这就是"勿忘""勿助"。孟子认为"浩然之气"靠"养"，是"养"出来的。"养"的过程中，既要时时刻刻记住它（勿忘），又不能违背规律帮它生长，就像宋国那个揠苗助长的人一样，揠苗助长是非常有害的（勿助）。

"养浩然之气"是孟子性善论思想中的重要部分。因为它讲的是一种圣人的精神境界。达到这种精神境界，便可以"居天下之广居，立天下之正位，行天下之大道；得志，与民由之；不得志，独行其道。富贵不能淫，贫贱不能移，威武不能屈，此之谓大丈夫"（《滕文公下》）。[1] 这样的"大丈夫"可以"顶天立地"，可以"上下与天地同流"，可以"与宇宙万物同体"。所以，冯友兰先生说："浩然之气"这四个字到现在还是一个常用的词语，懂得这个词语，才可以懂得中国文化和中华民族的精神。[2]

（二）分析"施仁政"

如果说"道性善"是孟子"内圣"思想的集中体现，那么"施仁政"则是孟子"外王"思想的具体表现。关于孟子"施仁政"的思想，分三个方面进行论述。

---

[1] 杨伯峻译注：《孟子译注》，第141页。
[2] 以上参见冯友兰《中国哲学史新编》，第2册，第12章第8节。

1. "仁政"的哲学基础

支持孟子"仁政"主张的哲学基础就是他的"性善"理论。在战国时代，孟子提出的"性善"理念是少数派，主流的人性论观点是"性有善有恶"[①]。可见，当时大部分儒者都主张"性有善有恶"的观点。那么，孟子为什么要独树性善论的旗帜并为其成立作详细的理论论证呢？因为性善论是其"仁政"主张的前提和基础。这用孟子的话来说就是：

> 人皆有不忍人之心。先王有不忍人之心，斯有不忍人之政矣。以不忍人之心，行不忍人之政，治天下可运之掌上。(《公孙丑上》)[②]

孟子认为，每个人都有怜恤别人的心情，也就是他所谓的"性善"。先王因有怜恤别人的心，所以才会施怜恤别人的政，即仁政。先王凭着"性善"实施"仁政"，那么治理天下就像运转小物件于手掌之上那样容易。孟子在与齐宣王的对话中，就用"以不忍人之心"施"仁政"来治理国家的道理开导他。

> 齐宣王问孟子："像我这样的人，能够使百姓的生活安定吗？"
> 孟子回答说："能够。"
> 宣王说："凭什么知道我能够呢？"
> 孟子说："我曾听到胡龁告诉我一件事情。王坐在大殿之上，有人牵着牛从殿下走过。王看到了便问：'牵着牛往哪去？'那人答道：'准备宰了祭钟。'王说：'放了它吧！看它那哆嗦可怜的样子，毫无罪过，却被送进屠坊，我实在不

[①] 参见陈来《孔子·孟子·荀子——先秦儒学讲稿》，第153页。
[②] 杨伯峻译注：《孟子译注》，第79页。

忍。'不晓得果真有这一回事吗？"

宣王说："有的。"

孟子说："凭这种好心就可以统一天下了。老百姓都以为王是吝啬，我早就知道王是不忍。"

孟子接着又说："现在王如果能改革政治，施行仁政，便会使天下的士大夫都想到齐国来做官，农夫都想到齐国来耕地，行商坐贾都想到齐国来做生意，来往的旅客也都想取道齐国，各国痛恨本国君主的人们也都想到您这里来控诉。果然做到这样，又有谁能够抵挡得住呢？"

宣王说："希望您辅助我达到目的，明明白白地教导我。我虽然不行，也无妨试它一试。"（《梁惠王上》）[1]

从上述孟子与齐宣王的对话中可以看到，孟子的治国理念是实行"仁政"，而想行"仁政"，统治者必须有"仁心"即"不忍人之心"也就是"性善"。可见，性善论是能否实行"仁政"、能否治理好国家的关键。

2. "仁政"的核心理念

孔子"仁学"的核心价值是"爱人"，孟子"仁政"的核心理念是"爱民"。孟子的"爱民"理念用他自己的话说表现为三个方面。

第一个方面，民事不可缓。孟子认为关心人民是最急迫的任务。作为统治者应当"为民父母"，使百姓过上好日子。他在回答滕文公问治理国事时说："民事不可缓也。为民父母，使民盻盻然，将终岁勤动，不得以养其父母，又称贷而益之，使老稚转乎沟壑，恶在其为民父母也？"（《滕文公上》）文中的"盻盻然"为勤苦不休息的状态。这是说一国的君主号称是百姓的父母，却使

---

[1] 杨伯峻译注：《孟子译注》，第18、21页。

百姓整年地辛苦劳作，而结果连爹娘都养活不起，还要借高利贷交税，终于使一家老小抛尸露骨于山沟之中。国君作为百姓父母的作用又在哪里呢？① 这既是孟子对滕文公问治国之事的教导，也是对那些不做民之父母的统治者的尖锐批评。这种批评还出现在他对梁惠王的教导之中。当梁惠王表示愿听孟子指教时，孟子对梁惠王说："现在您的厨房里有皮薄膘肥的肉，您的马栏里有健壮的马，可是您的百姓面带饥色，野外有饿死的尸体。这等于是在上位的人率领着禽兽来吃人。做老百姓父母官的，却不免率领禽兽来吃人，那又如何能做老百姓的父母官呢？"（"恶在其为民父母也？"）② 孟子指出，统治者不做百姓的父母官，就是不爱惜百姓，实质上就等于率禽兽食人，是非常残忍的。孟子又用"为民父母"这一道理开导齐宣王。当齐宣王向孟子问政时，孟子对齐宣王说："老吾老，以及人之老；幼吾幼，以及人之幼。天下可运于掌。"这是说：尊重我家里的长辈，从而推广到尊敬别人家的长辈；爱护我家里的儿女，从而推广到爱护别人家的儿女。如果一切政治措施都从这一原则出发，那么要统一天下就像在手里转动东西那么容易了。③ 如果统治者能够甘做百姓的父母官，就会以广阔的胸怀视天下老人为自己家的老人，视天下的儿女为自己的儿女。如此，天下百姓拥护、服从统治者，统治者也能安然治理好国家。可见，为民父母的实质是"爱民"。"爱民"是统治者一切政治措施的第一原则。遵循这一原则，便会国泰民安。

第二个方面，乐民之乐，忧民之忧。孟子的"爱民"思想不仅仅指"为民父母"，还主张统治者要"乐民之乐，忧民之忧"。在《孟子·梁惠王上》中，孟子给梁惠王讲了两个历史故事，告诫他只有"乐民之乐""忧民之忧"才能治理好国家。

---

① 参见杨伯峻译注《孟子译注》，第118、120页。
② 杨伯峻译注：《孟子译注》，第9页。
③ 参见杨伯峻译注《孟子译注》，第16、20页。

孟子谒见梁惠王。王站在池塘旁边，一面顾盼着鸟兽，一面问孟子："有道德的人也高兴享受这种快乐吗？"孟子答道："怎么说呢？我举周文王和夏桀的史实来说明吧。周文王虽然动用百姓力量兴建了高台和深池，可是百姓非常高兴，把那高台叫作'灵台'；把那池沼叫作'灵沼'，还高兴他有许多种类的禽兽和鱼龟。这是因为文王肯和老百姓一同快乐，所以他也能够得到真正的快乐。至于夏桀则与此相反。百姓怨恨他，他却自比为太阳，说：'太阳什么时候消亡，我才什么时候死亡。'《汤誓》中记载着老百姓的怨歌：'太阳啊，你什么时候消灭呢？我宁肯跟你一道死去！'作为国家的帝王，竟使百姓怨恨到不想再活下去的程度，他纵然有高台深池、奇珍异兽，难道他快乐吗？"①

孟子讲述这两个截然相反的历史故事的政治目的是要告诫统治者，只有乐民之所乐，忧民之所忧，才能得到百姓的拥护，才可以巩固自己的统治地位。否则，就会失去民心，失去统治权。孟子很重视这一思想，亦反复向统治者宣讲。他在向齐宣王宣讲这一统治理念时，对"乐民之乐""忧民之忧"作了更具体的说明。

齐宣王在他的别墅雪宫里接见孟子，并问道："有道德的贤人也有这种快乐吗？"孟子对曰："乐民之乐者，民亦乐其乐；忧民之忧者，民亦忧其忧。乐以天下，忧以天下，然而不王者，未之有也。"译文为孟子回答说："如果国王以百姓的快乐为自己的快乐，百姓也会以国王的快乐为自己的快乐。如果国王以百姓的忧愁为自己的忧愁，百姓也会以国王的忧愁为自己的忧愁。如果国王和天下之人同乐同忧，这样还不能使天下归服于他的，是从来不曾有过的事。"② 上述引文中孟子所说的"民"和"天下"具有同等意义，都是指普天之下的百姓。可见，孟子十分重视"民"

---

① 杨伯峻译注：《孟子译注》，第3、4页。
② 杨伯峻译注：《孟子译注》，第34页。

的问题。"民"的情感即快乐与忧愁若与统治者相符合,则国家便能治理好,这一观点可视为儒家的王道统治术。

第三个方面,民为贵,君为轻。孟子的"爱民"思想从统治者的角度思考,他主张:

> 民为贵,社稷次之,君为轻,是故得乎丘民,而为天子。①

上文中的"民为贵""君为轻",这一"贵"一"轻"模式,凸显了孟子对"民"的重视。孟子认为"民"之所以"贵",是因为统治者只有得到"民",才可以成为天子。所以,"民"成了统治者能否拥有统治权的一个重要因素。孟子引用历史人物的教训证明这一观点的正确性。他说桀和纣之所以失去天下,就是因为失去了民。因此,得天下之道就在于得到民。② 得到民即百姓的拥护,才能使统治者的地位稳固,其统治权才具有合理性。这是因为孟子认为"民意"即"天意"。他在《万章上》中讲:"《太誓》曰:'天视自我民视,天听自我民听。'此之谓也。"③ 百姓的眼睛就是天的眼睛。百姓的耳朵就是天的耳朵,百姓的意愿即天的意愿。

综上所述,孟子认为在政治生活中,老百姓是最重要的因素。为此,他提出了"爱民""忧民""民贵""民即天下"等一系列主张。这些主张似乎都以《书经》所说的"民为邦本,本固邦宁"(《五子之歌》)两句话为根据。但孟子在这里不是简单地重复这两句话,而是给这两句话提出了理论的依据。之后,人们常

---

① 杨伯峻译注:《孟子译注》,第328页。
② 参见杨伯峻译注《孟子译注》,第171页。
③ 杨伯峻译注:《孟子译注》,第219页。

说的"国以民为本"便是孟子这一思想的发展演变。①

孟子"仁政"思想的核心理念——"爱民",其实质还是一个"仁"字。不过,孟子的"爱民"比孔子的"爱人"有了重要发展。孟子讲"爱民"的终极目的是使统治的地位合理化、稳定化。这也就是孟子的"外王"主张。"内圣"的目的是"外王"。

3. "仁政"的基本内容

"仁政"是孟子的理想政治,他提出的实施"仁政"的诸多措施构成了他"仁政"理想的一幅幅美丽画面。这一幅幅的美丽画面是在他与齐宣王、梁惠王、滕文公等诸多统治者的说教中展现出来的。综合孟子的这些"仁政"说教内容,可以概括为三点。

(1) 制民之产

一天,滕文公问孟子关于治国的事情。孟子认为治国的根本在于"民"。而"民之为道也,有恒产者有恒心,无恒产者无恒心。苟无恒心,放辟邪侈,无不为己"。其意是说,人民有一个基本情况:有一定产业收入的人,才有一定的道德观念和行为准则;没有一定产业收入的人,便不会有一定的道德观念和行为准则。假如没有一定的道德观念和行为准则,就会胡作非为、违法乱纪,什么事都干得出来。② 孟子这一思想用现代观点来阐释,就是一个人的经济基础决定他的政治观点。为了使"民"即老百姓有"恒产"即固定的收入,孟子提出了"制民之产"的主张。他十分重视自己的这一主张。据《孟子》一书记载,他在与梁惠王和齐宣王的交谈中,反复强调这一主张。"制民之产"的具体内容如下:

> 五亩之宅,树之以桑,五十者可以衣帛矣。鸡豚狗彘之畜,无失其时,七十者可以食肉矣。百亩之田,勿夺其时,数口之家可以无饥矣。谨庠序之教,申之以孝悌之义,颁白

---

① 参见冯友兰《中国哲学史新编》,第 2 册,第 66—67 页。
② 参见杨伯峻译注《孟子译注》,第 117、119 页。

> 者不负戴于道路矣。七十者衣帛食肉，黎民不饥不寒，然而不王者，未之有也。①

在五亩大的宅院中，种植桑树，那么，50岁以上的人都可以穿上丝绸衣了。鸡狗猪等家畜家家都有饲料和工夫去饲养，那么，70岁以上的人都可以有肉吃了。一家百亩的耕地，不要去妨碍他们的生产，那么，几口人的家庭可以吃得饱饱的了。好好地办些学校，用孝顺父母、敬爱兄长的道理训导他们，那么，毛发花白的人也就不会头顶着、背负着重物件在路上行走了。70岁以上的人有丝绸衣穿、有肉吃，一般百姓饿不着、冻不着，这样还不能使天下归服，是从来不曾有过的事。② 在这里，孟子为人们描绘了一幅幅安逸的田园风光式的小康之家画面。与其说这是一种乌托邦式的理想，不如说这是孟子对"仁政"的一种憧憬。

（2）井田制

孟子认为，实行"仁政"，必须从划分土地界线开始。故他说："仁政，必自经界始。"③ 这里的"经界"，即指土地之间的界线。为了使农民有大致相同的土地，以发展经济，解决农民的生活问题，孟子提出了"井田制"土地分配方案。其方案具体内容如下：

> 方里而井，井九百亩，其中为公田。八家皆私百亩，同养公田；公事毕，然后敢治私事，所以别野人也。④

将一方里的土地按"井"字划分成九块，每块约一百亩，中间一

---

① 杨伯峻译注：《孟子译注》，第5页。
② 参见杨伯峻译注《孟子译注》，第6、22页。
③ 杨伯峻译注：《孟子译注》，第118页。
④ 杨伯峻译注：《孟子译注》，第119页。

块属于公田，周围八块属于私田，每块一家，共有八家。八家农民合力耕种"公田"。根据孟子的论述，"公田"似乎属于诸侯国，"私田"则属于农民个体所有。"公田"任务完成后，农民再各自耕种自家的"私田"。"公田"所收，归于公家；"私田"所收，则归农民自家所有。

按照孟子的设想，"井田制"可以将农民固定在土地上，祖祖辈辈在这生活下去。"乡田同井，出入相友，守望相助，疾病相扶持，则百姓亲睦。"① 同乡之人都靠"井田"联系在一起，用不着到外乡去谋生活。而同井田的人，出入相望，互相帮助，有了疾病，相互照顾，形成了一个和谐亲密的社区。这是一幅美好理想的生活图景。

（3）庠序之教

对百姓进行伦理道德教育也是孟子"仁政"主张的一个重要方面。孟子认为人在解决了温饱之后，如果不接受教育，那与禽兽就没有什么区别了。孟子说：

> 人之有道也，饱食、暖衣、逸居而无教，则近于禽兽。圣人有忧之，使契为司徒，教以人伦——父子有亲，君臣有义，夫妇有别，长幼有叙，朋友有信。放勋曰："劳之来之，匡之直之，辅之翼之，使自得之，又从而振德之。"②

其意为：人之所以为人，吃饱了，穿暖和了，住得安逸了，如果没有教育，也与禽兽差不多。圣人为此忧虑，便使契做司徒的官，主管教育。用关于人与人关系的大道理以及行为准则来教育人民——父子之间有骨肉之亲，君臣之间有礼义之道，夫妻之间挚爱而有内外之别，老少之间有尊卑之序，朋友之间有诚信之德。

---

① 杨伯峻译注：《孟子译注》，第119页。
② 杨伯峻译注：《孟子译注》，第125页。

尧说道："督促他们，纠正他们，帮助他们，使他们各得其所，然后加以提醒和教诲。"①

关于教育的具体内容，孟子曾对滕文公说："设为庠序学校以教之。庠者，养也；校者，教也；序者，射也。夏曰校，殷曰序，周曰庠；学则三代共之，皆所以明人伦也。人伦明于上，小民亲于下。"②

当人民生活有着落时，便要兴办"庠""序""学""校"来教育他们。"庠"是教养的意思，"校"是教导的意思，"序"是陈列的意思即陈列实物以便实施实物教育。地方学校，夏代叫"校"，商代叫"序"，周代叫"庠"；至于大学，三代都叫"学"。其目的都是阐明并教导人们人与人之间的各种必然关系以及相关的各种行为准则。人与人的关系及行为准则，诸侯卿大夫都明白了，小百姓自然会亲密地团结在一起。③

孟子对孔子仁学思想的发展主要体现在两个方面，一方面是使"仁"内在化，另一方面是将"仁"具体化，即外化。所谓"内在化"，即他首倡的性善论、"四端四心"说。孟子认为仁心"非由外铄我也，我固有之也"。善性、善端是人心中固有的、本有的。这就是说"仁"是天生自然的，它是人之本性的体现。孟子举生活中的实例进一步说明"仁"的内在性。小孩没有不知道要亲爱他的至亲之人，当他长大亦没有不知道要尊敬他的长辈之人，这种先天内在的道德情感，孟子称之为"良知"。"人之所不学而能者，其良知也。孩提之童无不知爱其亲者，及其长也，无不知敬其兄也。"这里的"良"即是"善"的意思，"良知"就是善的意识或知识。要想使这种善的意识或知识显现出来，只能求

---

① 杨伯峻译注：《孟子译注》，第 128 页。
② 杨伯峻译注：《孟子译注》，第 118 页。
③ 参见杨伯峻译注《孟子译注》，第 120 页。

诸于内心，而不是向外追求。这用孟子的话说，就是"反求诸己"①。孟子说：

> 万物皆备于我。反身而诚，乐莫大焉。强恕而行，求仁莫近焉。②

一切我都具备了。反躬自问，自己是忠诚踏实的，便是最大的快乐。不懈地以推己及人的恕道去做，达到仁德的道路没有比这更直接的了。

可见，孟子求"仁"的方法也就是孔子讲的"恕道"。不过，孟子所理解的"恕道"，不仅仅是"推己及人"，更是"推己及物"，这与他的"仁民而爱物"之说是完全吻合的。孟子的"推己及物"就是讲统治者内在的"仁"显现出来就是他推行的"仁政"。故他自信地说："仁者无敌"③，"不仁而得天下者，未之有也"④。而这也就是"仁"的具体化、外化。

可见，孟子的"道性善"→"施仁政"思想就是一条"内圣"→"外王"的路线。这条思维路线开启了儒家的"内圣外王"之学。而孟子首倡的"性善"说、"四端"说和"良知"说在理论上支持了孔子关于"仁"的思想。

北宋理学的开启者程颢以倡孟学为己任即以接续孟子道统为己任。他在孟子"道性善，施仁政"的思想基础上提出了"万物一体为仁""生生不息为仁"的学说，为中国儒学的仁学本体论作出了重要的理论贡献。

王阳明则将孟子提出的"良知"说发挥到了极致，提出了著

---

① 蒙培元：《蒙培元讲孟子》，第172页。
② 杨伯峻译注：《孟子译注》，第302页。
③ 杨伯峻译注：《孟子译注》，第10页。
④ 杨伯峻译注：《孟子译注》，第328页。

名的"致良知"说,并以此为人类的终极关怀。

第三节 洛闽儒学的"仁本体"建构

这里的"洛",指"洛学",即二程及其弟子的儒学;"闽"即朱子学。"洛闽儒学"是中国儒学发展史上的重要阶段,亦是宋代儒学的基本内容。宋代儒学又称为"理学",这是因为宋代儒者大都以"理""天理"为重要范畴,并围绕"理"展开一系列辩论、研究,如理气、心性、格物、致知等,这是学术界的常识。而本书要探讨的重点在于洛闽儒学对待孔孟仁学思想的态度。这种态度亦决定了仁学在中国儒学中的地位和价值。下面,分别对程颢(1032—1085)、程颐(1033—1107),以及二程弟子谢良佐(上蔡)、吕大林(字与叔)、游酢(字定夫)、杨时(字龟山),朱熹(1130—1200)儒学思想中的仁学观加以分析。

一 程颢的仁学思想

程颢在北宋儒学史上具有重要的学术地位。这从《明道先生墓表》中就可以看出来。"周公没,圣人之道不行;孟轲死,圣人之学不传。道不行,百世无善治;学不传,千载无真儒。……先生生千四百之后,得不传之学于遗经,志将以斯道觉斯民。……先生出,倡圣学以示人,辨异端,辟邪说,开历古之沉迷,圣人之道得先生而后明,为功大矣。"[①]可见,程颢是继承孔孟儒学的一位重要儒者。

之所以说程颢是孔孟儒学的继承者,是因为他开启了对"理""天理"问题的讨论。关于"天理",程颢的名言是:

---

① 《文集》卷十一,《二程集》,中华书局1981年版,第640页。

吾学虽有所受，天理二字却是自家体贴出来的。①

文中的"自家体贴出来"六字表明程颢对"天理"有自己独到的理解。下面通过程颢对"理""天理"的有关语录分析程颢的"理""天理"的独特性及与仁学的关联性。

程颢"理""天理"的第一个特征是主张理之自然。这方面的语录主要有四条。

1. 天地万物之理，无独必有对，皆自然而然，非有安排也。②

其意是说，无独必有对，这是万物之理。而这一"理"是自然而然的，不是特意的安排。

2. 万物皆有理，顺之则易，逆之则难，各循其理，何劳于己力哉？③

其意是说，万物都有自己的"理"。顺"理"则易，逆"理"则难。循理而做，还要费力吗？

3. 三代之治，顺理者也。④

其意是说，夏商周三代的治理，是按"理"进行。

---

① 《外书》卷十二，《二程集》，第424页。
② 《遗书》卷十一，《二程集》，第121页。
③ 《遗书》卷十一，《二程集》，第123页。
④ 《遗书》卷十一，《二程集》，第127页。

4. 服牛乘马，皆因其性而为之。胡不乘牛服马乎？理之所不可。①

其意是说，服牛乘马是由牛马的"理"所决定的。乘牛服马，是不行的。因为与"理"不符。

上述四条语录表明程颢认为"理"是万事万物的一种自然而然而不是人为的特意安排。程颢的这一思想被他的弟子谢佐良（上蔡）进行了精辟的总结。上蔡说：

　　所谓天理者，自然的道理，无毫发杜撰。今人乍见孺子将入于井，皆有怵惕恻隐之心。方乍见时，其心怵惕，即所谓天理也。……学者直须明天理是自然的道理，移易不得。不然，诸子百家便人人自生出一般见解，欺诳众生。识得天理，然后能为天之所为。圣门学者为天之所为，故敢以天自处。佛氏却不敢恁地做大。明道尝曰："吾学虽有所受，'天理'二字却是自家拈出来。"②

上蔡认为程颢的"理""天理"是一种自然的道理，如人乍见小孩入井，会立刻不由自主地产生惊恐、恻隐之心。这种自然产生的怵惕恻隐之心就是"理""天理"。所以，"理""天理"不是人为杜撰的，而是移易不得的。冯友兰先生将程颢的这种"理""天理"界定为"似指一种自然的趋势。一物之理即一物之自然趋势，天地万物之理即天地万物之自然趋势"③。主张理之自然，是程颢"理""天理"的第一个特征。这一特征与程颢的仁学思

---

① 《遗书》卷十一，《二程集》，第127页。
② （清）黄宗羲：《上蔡学案》，《宋元学案》卷二十四，中华书局2007年版，第918—919页。
③ 冯友兰：《中国哲学史新编》，人民出版社1988年版，第5册，第104页。

想一脉相合。如冯友兰先生说，程颢的这一理学特点，"与《识仁篇》和《定性书》意亦相合"①。

程颢"理""天理"的第二个特征是主张理之圆融。程颢关于这方面的语录，主要有五条。

> 1. 《系辞》曰："立天之道，曰阴与阳；立地之道，曰柔与刚；立人之道，曰仁与义。"又曰："一阴一阳之谓道。"阴阳亦形而下者也，而曰道者，惟此语截得上下最分明。元来只此是道，要在人默而识之也。②

程颢认为"阴阳"为"气"，属"形而下者也"，却说是"道"。这样的"道"，是要"人默而识之也"。所以，冯友兰先生解释这段话时说："阴阳是有盛衰消长之气，故亦为形而下者。而云：'原来只此是道。'"③

> 2. "忠信所以进德"，"终日乾乾"，君子当终日对越在天也。盖上天之载，无声无臭，其体则谓之易，其理则谓之道，其用则谓之神，其命于人则谓之性，率性则谓之道，修道则谓之教。孟子去其中又发挥出浩然之气，可谓尽矣。故说神"如在其上，如在其左右"，大小大事而只曰"诚之不可掩如此夫"。彻上彻下，不过如此。形而上为道，形而下为器，须著如此说。器亦道，道亦器，但得道在，不系今与后，己与人。④

---

① 冯友兰：《中国哲学史新编》，第 5 册，第 104 页。
② 《遗书》卷十一，《二程集》，第 118 页。
③ 冯友兰：《中国哲学史新编》，第 5 册，第 106 页。
④ 《遗书》卷一，《二程集》，第 4 页。

这条语录未注明是程颢所说，但冯友兰先生指出"可视为程颢所说"①。牟宗三先生也认为此条语录出自程颢无疑。"此条虽未注明谁语，确系明道语则无疑。此条虽亦就天复引出种种名，然整段文字表示一特殊颜色，即'彻上彻下'之圆顿表示，此即明道之特有智慧也。"② 在这里，程颢指出：讲"形而上为道，形而下为器"，只是这么说说而已，因为实际上是"器亦道，道亦器"。"道"与"器"圆融一起，无形而上形而下之分。这就是程颢所说的"但得道在，不系今与后，己与人"的意思。

3. 观天理，亦须放开意思，开阔得心胸，便可见。打撲了习心两漏三漏子。今如此混然说做一体，犹二本，那堪更二本三本？……除了身，只是理。便说"天人合一"，合天人已是为不知者引而致之。天人无间。夫不充塞则不能赞化育，言"赞化育"，已是离人而言之。③

4. 天人本无二，不必言合。④

5. 若不一本，则安得"先天而天弗违，后天而奉天时？"⑤

这三条语录的意思是说，天人本无二，天人无间，为"一本"。所谓"合天人""赞化育"都是不明晰"天人一本"的圆融性而导致的一种说法。

以上五条语录表明了程颢的"理""天理"具有一种圆融性。

---

① 冯友兰：《中国哲学史新编》，第5册，第106页。
② 牟宗三：《心体与性体》（中），上海古籍出版社1999年版，第19页。
③ 《遗书》卷二上，《二程集》，第33页。
④ 《遗书》卷六，《二程集》，第81页。未注明谁语。此条在（清）黄宗羲《明道学案上》卷十三，《宋元学案》，第563页。
⑤ 《遗书》卷二上，《二程集》，第43页。未注明谁语。此条在（清）黄宗羲《明道学案上》卷十三，《宋元学案》，第563页。

他又称之为"一本"。他强调"一本",反对"二本""三本"。基于"理""天理"的圆融性,他提倡"万物一体"说。这是他哲学思想的一个基调。这种哲学思想浸润在他的仁学观中。

程颢"理""天理"的第三个特征是主张理为本根。这方面的语录主要有:

> 1. "万物皆备于我",不独人尔,物皆然。都自这里出去,只是物不能推,人则能推之。虽能推之,几时添得一分?不能推之,几时减得一分?百理具在,平铺放着。①

这条语录在《遗书》卷二上有记载,但未注明是程颢所说。在《明道学案上》中也有记载,故应视为程颢所说。在这条语录中,程颢以孟子的"万物皆备于我"为根据,指出无论是人还是物,都自"理"这里出去。点明了理的本根性。

> 2. "寂然不动,感而遂通"者,天理具备,元无欠少,不为尧存,不为桀亡,父子君臣,常理不易,何曾动来!因不动,故言寂然。惟不动,感便感,非自外也。②

这条语录与上述语录一样,虽在《遗书》卷二中有记载,但未注明是程颢还是程颐所说。但它又出现在了《明道学案上》中,故可看作程颢所说。在这条语录中,程颢指出"天理"虽然"寂而不动",但它又是"感而遂通"的。意为像父子君臣等常理在"寂然不动"状态时不是不存在,而是潜隐具在。这就是"天理具备,元无欠少"。当有感应时,便显现为各种"感",即成为各种事实。如父对子显现为慈,子对父显现为孝,君对臣显现为威,

---

① (清)黄宗羲:《明道学案上》卷十三,《宋元学案》,第562页。
② (清)黄宗羲:《明道学案上》卷十三,《宋元学案》,第565页。

臣对君显现为忠。而这些"非自外也",不是因外部因素引起发生的,而是与上条语录中所说的"都自这里出去"一个意思。由此表明了理的本根性。

以上两条语录说明程颢从孟子的"万物皆备于我"推出"理""天理"是万物的本根。关于"本根"的意谓,张岱年先生认为"本根"包含三项意谓即:"始义、究竟所待义和统摄义。中国哲学家都认为本根不离事物。如程明道说:'道之外无物,物之外无道。'"① 在程颢哲学中,"理"既有本源义,又有本体义。程颢的这一理学思想反映在他的仁学观上,表现为他最早提出了"仁体"的观点。②

从上述程颢关于"理""天理"的三个特征及其与仁学的关联来看,其理学与仁学的关系呈现这样一种逻辑形态,即当他论述理气、道器等哲学关系时,他的哲学思想可称为"理学";当他讨论仁义道德等哲学问题时,他的哲学思维可称为"仁学"。这就如同一面镜子,一面是"理",另一面是"仁",而其实只是镜子一个。用牟宗三先生的话说就是:"学者须先识仁","识得此理,以诚敬存之而已",此是说仁为理,故可曰"仁理"。③

那么,程颢仁学思想的基本内容是什么呢?陈来先生在《新原仁——仁学本体论》一书中将程颢的仁学归纳为三点。他说:"程颢的仁说主要思想有三:以一体论仁;以知觉论仁;以生意论仁。"④ 这样的归纳很全面、很明晰。笔者以为"知觉论"可以归于"生意论",故程颢的"仁学"思想可以简约为两点,即第一点是仁为万物一体,第二点是仁为生生不息。下面分别对这两点进行论述。

---

① 张岱年:《中国哲学大纲》,江苏教育出版社2005年版,第39、43页。
② 参见陈来《新原仁——仁学本体论》,第169—170页。
③ 牟宗三:《心体与性体》(中),第179页。
④ 陈来:《新原仁——仁学本体论》,第260页。

第一点，仁为万物一体。程颢的《识仁篇》和《定性书》集中体现了他的"仁为万物一体"思想。现将《识仁篇》和《定性书》的原文抄录如下：

《识仁篇》

学者须先识仁。仁者，浑然与物同体，义、礼、智、信皆仁也。识得此理，以诚敬存之而已，不须防检，不须穷索。若心懈，则有防；心苟不懈，何防之有！理有未得，故须穷索；存久自明，安待穷索！此道与物无对，"大"不足以明之。天地之用，皆我之用。孟子言"万物皆备于我"，须"反身而诚"，乃为大乐。若反身未诚，则犹是二物有对，以己合彼，终未有之，又安得乐！《订顽》意思，乃备言此体，以此意存之，更有何事。"必有事焉而勿正，心勿忘，勿助长"，未尝致纤毫之力，此其存之之道。若存得，便合有得。盖良知良能，元不丧失。以昔日习心未除，却须存习此心，久则可夺旧习。此理至约，惟患不能守。既能体之而乐，亦不患不能守也。①

《定性书》

百家谨案：横渠张子问于先生曰："定性未能不动，犹累于外物，何如？"先生因作是篇。

所谓定者，动亦定，静亦定，无将迎，无内外。苟以外物为外，牵己而从之，是以己性为有内外也。且以己性为随物于外，则当其在外时，何者为在内？是有意于绝外诱，而不知性之无内外也。既以内外为二本，则又乌可遽语定哉！

---

① （清）黄宗羲：《明道学案上》卷十三，《宋元学案》，第540—541页。

夫天地之常，以其心普万物而无心；圣人之常，以其情顺万物而无情。故君子之学，莫若廓然而大公，物来而顺应。《易》曰："贞吉，悔亡。憧憧往来，朋从尔思。"苟规规于外诱之除，将见灭于东而生于西也，非惟日之不足，顾其端无穷，不可得而除也。人之情各有所蔽，故不能适道，大率患在于自私而用智。自私，则不能以有为为应迹；用智，则不能以明觉为自然。今以恶外物之心，而求照无物之地，是反鉴而索照也。《易》曰："艮其背，不获其身。行其庭，不见其人。"孟氏亦曰："所恶于智者，为其凿也。"与其非外而是内，不若内外之两忘也。两忘，则澄然无事矣。无事则定，定则明，明则尚何应物之为累哉！圣人之喜，以物之当喜；圣人之怒，以物之当怒。是圣人之喜怒，不系于心而系于物也。是则圣人岂不应于物哉？乌得以从外者为非，而更求在内者为是也？今以自私用智之喜怒，而视圣人喜怒之正，为何如哉？夫人之情易发而难制者，唯怒为甚。第能于怒时遽忘其怒，而观理之是非，亦可见外诱之不足恶，而于道亦思过半矣。①

程颢在上述两篇短文中主要讨论了三个方面的问题。

第一个方面，"与物同体"的意蕴——"一本"和"仁体"——仁体的本体义。

程颢在《识仁篇》开篇就点出："仁者，浑然与物同体。"其意是说只有真正觉悟到万物是一个不可分割的有机整体时，才能明白"仁"的真谛。"万物一体为仁"是程颢对于宇宙和人生的一个基本认识。他认为宇宙中的万物之间有着一种自然而然的内在联系，形成一个有机的整体。只有当人真实地感觉到自己与万

---

① （清）黄宗羲：《明道学案上》卷十三，《宋元学案》，第546—547页。

物同体时，才能切实地了解什么是"仁"。只有进入这种境界的人，才可称为"仁者"。用程颢的话说就是："仁者，以天地万物为一体，莫非己也。"① 这也就是上述《识仁篇》所说的"天地之用，皆我之用"。程颢认为最能表达他这种"与物同体"思想的文章非《订顽》莫属。"《订顽》意思乃备言此体。"《订顽》即张载的《西铭》篇。张载在《西铭》中开篇即说：

乾称父，坤称母。予兹藐焉，乃浑然中处。故天地之塞，吾其体；天地之帅，吾其性。民吾同胞，物吾与也。②

其意是说，乾吾父，坤吾母。吾乃乾坤之子，与人物浑然处于中间者也。吾之体不止吾形骸，塞天地间如人、如物、如山川、如草木、如禽兽昆虫，皆吾体也。吾之性不止于视听言貌，凡天地之间若动作、若流峙、若生植飞翔潜泳，必有造之者，皆吾之性也。既为天地生成，则凡与我同生于天地者，皆同胞也。既同处于天地间，则凡林林而生，蠢蠢而植者，皆吾党与也。③

上述张载在《订顽》中用形象思维的语言描绘出的"万物同体"的画面，正符合程颢的"万物一体"思维模式。用哲学语言来解读程颢的"万物一体"思维模式，就是泯灭了主观和客观的界线，主张"一本"。"一本"思想在程颢的《定性书》中得到了充分体现。《定性书》是程颢回答张载关于如何"定性"（心）问题而写的一篇哲学文章。

程颢认为所谓"定"，就是动也是"定"，静也是"定"。无送迎，无内外。如果认为有内外之分，以自己心为内，以外界事

---

① 《遗书》卷二上，《二程集》，第15页。
② （清）黄宗羲：《横渠学案上》卷十七，《宋元学案》，第665页。
③ （清）黄宗羲：《横渠学案上》卷十七，《宋元学案》，第666页。

物为外，由此设法企图使自己的心免于受外物的引诱，这个出发点就错了。因为这是将己性分为内与外，而不知性无内外之分的缘故。如果认为己性有内外之分，那就会发生以"己性"为内，以外物为外，"己性"被外物诱惑而不能"定"的问题。这就是以内外为"二本"。所以，要解决这个问题，就必须认识到在"己性"中本无内外之分，即合内外的"一本"。具体说，就是圣人没有自己的心，万物之心就是他的心；圣人没有自己的情，万物之情就是他的情。"圣人"的精神境界与天地同样地"廓然而大公"，所以他能顺应万物。进入这样一种思维模式，才能够消除主观与客观的对立，才能变二本为一本。也只有懂得内外一本的道理，才能体悟到"动亦定、静亦定"的真谛。

程颢的弟子吕大临（字与叔）用"物我兼体"说继承了程颢的"与物同体"说。吕大临说：

> 仁者以天下为一体，天秩天叙，莫不具存。人之所以不仁，己自己，物自物，不以为同体。胜一己之私，以反乎天秩天叙，则物我兼体，虽天下之大，皆归于吾仁术之中。一日有是心，则一日有是德。有己，则丧其为仁，天下非吾体；忘己，则反得吾仁，天下为一人。故克己复礼，昔之所丧，今复得之，非天下归仁者欤？[①]

吕大临认为仁者应是以天下为一体，但人之所以不仁的缘故就是"己自己""物自物"，己物两分、两本。只有"物我兼体"，即物我一体、一本时，虽天下广大，但都归于"仁"。下面，又从反面强调，当"有己"时，天下非吾体，人物两体、两本，则丧其仁。当"忘己"时，则人物一体、一本，反得仁。所以，"克己复礼"

[①] 《论语解·颜渊第十二》，《蓝田吕氏遗著辑校》，中华书局1993年版，第454页。转引自陈来《新原仁——仁学本体论》，第280页注54。

可以天下归仁。故吕大临强调"克己复礼"。他的"物我兼体"说是对程颢"与物同体"思想的深化。

程颢的另一位高足游酢（字定夫）亦强调万物一体为仁。他说：

> 恻隐，痛伤也。伤在彼而我伤之，痛在彼而我痛之，伤痛非自外也，因心则然，此恻隐所以为仁之端也。至于充其心体之本然，则万物一体矣，无物我之间也，故天下归仁矣。①

游酢从"恻隐"出发，明确指出"万物一体"，"无物我之间"就是"心体之本然"。这就是说心的本来状态就是"万物一体"，就是"仁"。可以说游酢的这一思想是对程颢"与物同体"思想的发展。

以上主要论述了"与物同体"的"一本"内容。"一本"就是"万物一体"。从哲学本体论分析"万物一本为仁"，可以得出"一本（一体）"就是"仁体"的结论。"仁者以天地万物为一体，是因为天地万物本来是一体，仁体即是天地万物浑然的整体。"②关于"仁体"概念的提出，最早始于程颢。他说：

> 学者识得仁体，实有诸己，只要义理栽培。③

又说：

> 仁者以天地万物为一体，莫非己也。认得为己，何所不

---

① 《游酢文集》卷三，《孟子杂解》，延边大学出版社1998年版，第118页。
② 陈来：《新原仁——仁学本体论》，第173页。
③ （清）黄宗羲：《明道学案上》卷十三，《宋元学案》，第561页。

至。若不有诸己，自与己不相干，如手足不仁，气已不贯，皆不属己。故博施济众，乃圣人之功用。仁至难言，故曰："己欲立而立人，己欲达而达人。能近取譬，可谓仁之方也已。"欲立如是观仁，可以得仁之体。①

上述两条语录是程颢对"仁体"的基本论述。在第一条语录中，程颢首先提出了"仁体"这个概念，并且指出只有"诸己"时，才可以认识到"仁体"。何谓"诸己"？第二条语录对此进行了详细的说明。"诸己"就是"与天地万物为一体"，比如当气不能贯通手足时，则手足就不能像是自己身上的一部分了，这就是"手足不仁"，所以圣人的功用就是"博施济众"。用孔子的话解释就是"己欲立而立人，己欲达而达人"。从这个角度观仁，可以懂得"仁体"。

就哲学层面分析程颢的这两条语录，字面上他主要是讲"识仁体""得仁体"的方法，即侧重于方法论的论述。但透过这种方法论，凸显出来的是己与天地万物为一体，己立而立人，己达而达人的"万物一体"的仁学本体论。因为天地万物原本就是一个浑然的整体。这种整体性（一体性）的实质就是仁体。天地的大用就是仁体的发用，天地的作用就是仁体的显现。

程颢的"仁体"思想被他的弟子加以继承。在这方面论述较多的是杨龟山和游酢。杨龟山在回答他弟子问"仁"时对"仁体"作了解释。

李似祖、曹令德，皆龟山弟子。尝问何以知仁，龟山曰："孟子以恻隐之心为仁之端。平居但以此体究，久久自见。"因问二子寻常如何说隐，似祖曰："'如有隐忧'，'勤恤民

---

① （清）黄宗羲：《明道学案上》卷十三，《宋元学案》，第552页。

隐'，皆疾痛之谓也。"曰："孺子将入于井，而人见之者必有恻隐之心。疾痛非在己也，而为之疾痛，何也？"似祖曰："出于自然，不可已也。"曰："安得自然如此。若体究此理，知其所从来，则仁之道不远矣。"二子退，或从容问曰："万物与我为一，其仁之体乎？"曰："然。"①

龟山的弟子问"何以知仁"，龟山回答说："孟子以恻隐之心为仁之端，久久自见后自然能知仁。"于是问弟子如何理解"隐"。弟子回答说"隐忧"，如"民隐"，总之都是指"疾痛"。龟山接着说："像小孩子掉入井中，见者必有恻隐之心。而疾痛并不在自己处，但自己却有痛之感，为什么？"弟子回答说："是出于自然。"龟山说："要体究己痛的根源，这样离仁也就不远了。"龟山弟子走后，一位听龟山与弟子讨论的人说："万物与我为一，为仁体吗？"龟山回答说："是的。"

上述引文的哲学意义在于孟子讲恻隐之心是仁之端。龟山认为能知恻隐之心的源头，才能真正了解仁之道。在龟山思想的深处，他认为"万物与我为一"就是"仁之体"。可见，他的仁体观与程颢的"仁者与天地万物一体"的仁学思想是一脉相承的。他们的仁体观就是"指万物存在的不可分的整体就是仁体"②。

再看游酢有关"仁体"的论述。游酢说：

恻者，心之感于物也；隐者，心之痛于中也。物之体伤于彼，而吾之心感应于此，仁之体显矣。③

上述引文表明游酢认为本心便是仁体。仁体的显现、发用，便是

---

① （清）黄宗羲：《龟山学案》卷二十五，《宋元学案》，第973页。
② 陈来：《新原仁——仁学本体论》，第175页。
③ 《游酢文集》卷三，《孟子杂解》，第118页。

恻隐。这与程颢的"仁体"思想亦是相通的。

总之,"仁者,浑然与物同体","仁者与天地万物一体"这些经典名句反映了在程颢思想中,他视天地万物为一不可分割的整体,这个整体是无对的,这是他的"一本"。与此同时,这个整体也是天地大用的根本、天地大化的本源,这是他的"仁体"。而这也正是程颢仁体思想的本体义。

第二个方面,"与物同体"的修养——勿"防检",勿"穷索"——仁体的工夫义。

刘蕺山在评论《识仁篇》时说:"程子首言识仁,不是教人悬空参悟,正就学者随事精察力行之中,先与识个大头脑所在,便好容易下工夫也。"[①] 这表明程颢在说明仁是"浑然与物同体"之后,《识仁篇》的后一部分内容的主题就是教人如何"识"仁?即修养"浑然与物同体"的工夫。

程颢在《识仁篇》中说如果识得"仁者,浑然与物同体"这一理后,只要以"诚敬存之"即可,不需要"防检",也不需要"穷索"。所谓"防检"就是拒绝外物的诱惑;所谓"穷索",就是受外物牵累,反复思索。因为如果"心懈则有防,心苟不懈,何防之有?"如果心松懈即被外物诱惑,那么则需要"防检";但心未懈,未被外物诱惑,又有什么要防的呢。同样的道理,"理有未得,故须穷索,存久自明,安待穷索?"如果还有事物之理未得,那么需要穷索思考;但如果久之事物之理俱明,就没有必要反复思索了。程颢提出勿"防检"、勿"穷索"这一工夫的中心意思是说只有体悟到"物己一体""万物一体"这一道理时,才能明白"此道与物无对,大不足以名之"。因此,还有何物需"防检",还有何理需"穷索"?程颢勿"防检"、勿"穷索"这一思想在《定性书》中也有充分体现。

---

① (清)黄宗羲:《明道学案上》卷十三,《宋元学案》,第541页。

如上所述，《定性书》是程颢为回答张载关于怎样做到不"动"即"定"这一问题而做的唯一的哲学文章。张载认为由于被外来事物牵累，不可能不"动"，所以，虽然他很希望达到"定性"，但不知如何做。

程颢以《周易》中的两卦卦爻辞进行说明。《易》曰："贞吉，悔亡。憧憧往来，朋从尔思。"这是第三十一卦咸卦的第九四爻的爻辞。其中，"憧憧"为怀"思虑"状，"憧憧往来"即反复思虑不定。在这里，程颢的意思是说由于受外部事物的诱惑，这样的人总是一副反反复复思虑不定的样子。这就是《识仁篇》所说的"防检""穷索"。之所以思虑不定，程颢认为"患在于自私而用智"。所谓"自私"是讲如果一个人的思想行为以个人利益为出发点，出于自私的动机，他的思想行为就是有所为而为，而不是对于事物的自发的反应。所以程颢说，自私就"不能以有为为应迹"。所谓"用智"是说一个人要用许多理由来为自己的有所为的行为进行辩解。其实哪些事情应该做，哪些事情不应该做，人心本来有明觉，是能够自发地作出反应的。而"用智"的结果就把这种自然的"明觉"歪曲了、掩盖了。所以程颢说"用智则不能以明觉为自然"。

针对张载认为要"定性"必须与外物隔绝的观点，程颢又用艮卦加以说明。《易》曰："艮其背，不获其身，行其庭，不见其人。"这是第五十二卦艮卦的卦辞。其意是说见其背，而不获其全身；到其家，而不见其人。在这里，程颢的意思是说如果认为有内外之分，那么只能获取其部分，而不能得其全部。这也就是说如果以自己心为内，以外界事物为外，由此使自己的心免于受外界事物的诱惑，这个出发点就是错误的。因此，"与其非外而是内，不若内外之两忘也。两忘，则澄然无事矣。无事则定，定则明，明则尚何应物之为累哉！"程颢认为与其非外而是内，不若内外两忘。内外两忘则澄然无事，无事则心定，心定则明觉，明觉则做事不会有错。程颢的这一思想从哲学方法论分析，他主张"内外两忘"就是强调"不须防检，不须穷索"。"内外两忘"的前提是以"内外为一本"。既然无所谓"内"，无所谓"外"，从"一本"出发，也就没必要"防检"，不必要"穷索"了。

第三个方面，"与物同体"的气象——"孔颜乐处"——仁体的境界义。

在中国儒学中，"气象"是属于境界范畴的一个重要概念。"气象"是一种精神、一种受用、一种气质、一种气氛。"气象"是人的内心世界、精神境界所表现于外部的，可意会不可言说的。程颢认为没有见过孔子、颜子、孟子，但他认为通过《论语》《孟子》可以观其气象。"仲尼，元气也；颜子，春生也；孟子，并秋杀尽见。仲尼，无所不包；颜子示'不违如愚'之学于后世，有自然之和气，不言而化者也；孟子则露其才，盖亦时然而已。仲尼，天地也；颜子，和风庆云也；孟子，泰山岩岩之气象也。观其言，皆可以见之矣。仲尼无迹，颜子微有迹，孟子其迹著。"[1] 这段引言将孔子、颜子、孟子的"气象"充分体现出来。中国儒学认为具有"气象"的圣人，自有感觉就是一种"乐"。为此，周敦颐首先教程颢"寻孔颜乐处，所乐何处？"

《明道学案上》记载：

> 昔受学于周茂叔，每令寻仲尼、颜子乐处，所乐何事。[2]

这里说的"孔颜乐处"出自《论语》的《述而》和《雍也》篇。

子曰："饭疏食饮水，曲肱而枕之，乐亦在其中矣。不义

---

[1] 《遗书》卷五，《二程集》，第76页。未注明二程中何人所说。牟宗三先生认为是程颢语，见《心体与性体》（中），第202页。
[2] （清）黄宗羲：《明道学案上》卷十三，《宋元学案》，第559页。

而富且贵，于我如浮云。"

孔子说："吃粗粮，喝冷水，弯着胳膊做枕头，也有着乐趣。干不正当的事而得来的富贵，我看来好像浮云。"（《述而》）①

子曰："贤哉，回也！一箪食，一瓢饮，在陋巷，人不堪其忧，回也不改其乐。贤哉，回也！"

孔子说："颜回多么有修养啊！一竹筐饭，一瓜瓢水，住在小巷子里，别人都受不了那穷苦的忧愁，颜回却不改变他自有的快乐。颜回多么有修养啊！"（《雍也》）②

孔子之乐、颜回之乐，"乐"在何处？这是宋明理学的一个十分重要的问题。这既是一个理论问题，也是一个实践问题。若能从理论上回答这个问题，就是懂得了宋明理学的真谛；若能从实际上践行这个问题，就是进入了宋明理学的境界。程颢不仅从理论上，也从实践上圆满地回答了这个问题。程颢在解释颜回之乐时说："箪瓢陋巷非可乐，盖自有其乐尔。'其'字当玩味，自有深意。"③ 程颢在《识仁篇》和《定性书》中回答了"自有深意"的"其"的内容。

程颢在《识仁篇》中说："孟子言'万物皆备于我'，须'反身而诚'，乃为大乐。""大乐"的基础是"万物皆备于我"，而要进入"万物皆备于我"的境界，又必须经过"不妄"即没有虚假的"诚"的修养方可。因为"若反身未诚，则犹是二物有对，以己合彼，终未有之，又安得乐！"这也就是说，将人与物视为二本时，人与物是相互隔离的，无联系、无感应，因此何乐而有？这表明"乐"不是来自外部。只有"浑然与物同体"，体悟到仁时，

---

① 杨伯峻译注：《论语译注》，第71页。
② 杨伯峻译注：《论语译注》，第59页。
③ 《遗书》卷十二，《二程集》，第135页。

才会感悟到"乐"。这说明"乐"出自内部。程颢在《定性书》中对这一点也作了说明:"圣人之喜,以物之当喜;圣人之怒,以物之当怒。是圣人之喜怒,不系于心而系于物也。"当人真正进入与万物即宇宙为一体的境界时,就会以万物之喜怒为喜怒,而这也就是最大的"乐"。可见,"浑然与物同体"就是程颢上文中所说的那个"其"字的意思。只有当人觉悟到己与万物浑然为一体,进入"仁"的境界时,才能享受到真正的"乐"。

程颢在实际中也回答了"孔颜之乐"的所"乐"何以由来的问题。例如程颢的"气象"就说明了这一点。"程颢先生每与门人讲论,有不合者,则曰:'更有商量。'"① 程颢与门人弟子研讨问题遇见不同见解时,总是和蔼地说:"再商量商量。""明道先生终日坐,如泥塑人,然接人浑是一团和气,所谓'望之严然,即之也温'。"② 程颢待人接物非常和气。"视其(指程颢)色,其接物也,如春阳之温;听其言,其入人也,如时雨之润。胸怀洞然,彻视无间。测其蕴,则浩乎若沧溟之无际;极其德,美言盖不足以形容。"③ 看程颢脸色,像春天的阳光一样有温度;听程颢讲话,像时雨般湿润。程颢心胸博大深蕴,就像大海一样无边无际;程颢品德极佳,任何美言都不足以形容。从上述三条引文中可以看到程颢之乐——平易近人,与人随和。其乐是因为程颢内心感悟到"己与人同"。此外,从程颢的诗文中也可以看到他的乐。例如:

《秋日偶成二首》
寥寥天气已高秋,更倚凌虚百尺楼。
世上利名群蚁蠓,古来兴废几浮沤。

---

① 《外书》卷十一,《二程集》,第416页。
② (清)黄宗羲:《明道学案下》卷十四,《宋元学案》,第575页。
③ 《文集》卷十一,《二程集》,第637页。

> 退安陋巷颜回乐，不见长安李白愁。
> 两事到头须有得，我心处处自优游。
> 　　　　※　　※　　※
> 闲来无事不从容，睡觉东窗日已红。
> 万物静观皆自得，四时佳兴与人同。
> 道通天地有形外，思入风云变态中。
> 富贵不淫贫贱乐，男儿到此是豪雄。①

从上述两首诗中，程颢表达了对"世上名利"的不屑，对"长安李白之愁"的无视，由此衬托出了他对"陋巷颜回之乐"，对"富贵不淫贫贱之乐"的赞誉："我心处处自优游"，"男儿到此是豪雄"。程颢之所以能以此为"乐"，因为"万物静观皆自得"（能够与万物同）；因为"四时佳兴与人同"（能够与人同）；因为"道通天地有形外"（能够与天地同）；因为"思入风云变态中"（能够与自然同）。总之，就是他在《识仁篇》中所说的"仁者，浑然与物同体"。"与物同体"的境界就是"孔颜之乐"，而这正是程颢的"气象"。②

第二点：仁为生生不息。"仁"在宇宙的体现便是"生生"。所以，生生是宇宙之仁，而宇宙之仁又是人世之仁的根源和本源，换言之就是本体。③ 宋代儒学重视对"仁"与"生生"关系的研究。程颢在这方面作了重要的探索性研究。

程颢关于"仁"与"生生"关系的论述主要有：

1. 医书言手足痿痹为不仁，此言最善名状。④

---

① 《文集》卷三，《二程集》，第482页。
② 参见冯友兰《中国哲学史新编》，第5册，第123页。
③ 参见陈来《新原仁——仁学本体论》，第37页。
④ （清）黄宗羲：《明道学案上》卷十三，《宋元学案》，第552页。

2. 切脉最可体仁。①

3. 天地之大德曰生。天地絪缊，万物化醇。生之谓性。万物之生意最可观，此元者善之长也，斯所谓仁也。②

4. 观鸡雏，此可观仁。③

5. 仁便是一个木气象，恻隐之心便是一个生物春底的气象。④

6. 观天地生物气象。⑤

7. 静后，见万物自然皆有春意。⑥

8. 天地日月一般。月受日光而日不为之亏，然月之光乃日之光也。地气不上腾，则天气不下降。天气降而至于地，地中生物者，皆天气也。⑦

9. 乾，阳也，不动则不刚；坤，阴也，不静则不柔。其静也翕，翕聚；其动也辟，发散。不翕聚则不能发散。⑧

10. 手足不仁，气已不贯，皆不属己。⑨

上述十条语录中的前七条语录主要从"生意"讲"仁"。所谓"生意"就是"生理"，即万物之所以生生不息的根源。程颢从中医原理、从动物生长、从植物气象等诸多方面对这一问题进行了探讨。

---

① （清）黄宗羲：《明道学案上》卷十三，《宋元学案》，第552页。
② （清）黄宗羲：《明道学案上》卷十三，《宋元学案》，第555页。
③ 《遗书》卷三，《二程集》，第59页。
④ 《遗书》卷二下，《二程集》，第54页。陈来先生认为此条为程颢语。见《新原仁——仁学本体论》，第264页。
⑤ 《遗书》卷六，《二程集》，第83页。
⑥ 《遗书》卷六，《二程集》，第84页。牟宗三先生认为此条与上一条语录均为程明道语。见《心体与性体》（中），第189页。
⑦ 《遗书》卷十一，《二程集》，第129页。
⑧ 《遗书》卷十一，《二程集》，第129页。
⑨ （清）黄宗羲：《明道学案上》卷十三，《宋元学案》，第552页。

程颢指出，中医认为一个鲜活的生命是生生不已、生生不息的，所以通过切脉可以感知生的力量、生的强度，这就是"仁"。如果手足不能活动，气不贯通，生的力度减弱，这就是"不仁"。所以程颢讲观察幼鸡、小鸡，看它从小长大、从幼长壮，就会看到生的生长，这就是对"仁"的观察、体悟。"天地之大德曰生"和"天地絪缊，万物化醇"这两句出自《易·系辞下传》。其意是说天地创生为德。阴（地）与阳（天）二气交感以生出万物。程颢据此阐述了他的"仁为生生"的宇宙本体论思想。程颢认为"万物之生意最可观"。为什么？因为万物之生、之长便是"始"，"始"者"元"也。这里的"元"非时间义，而是一个价值义。此价值指向"善"。生意呈现之所在即是"元"之所在，即是"善"之所长。由此可见，万物的生生不息便是"仁"。① 进而，程颢指出"仁是木气象"，"恻隐之心（善）是春底的气象"，"万物自然皆有春意"。木意味着幼木健生，春象征着万物勃生，这里的"木气象"和"生气象"实指"生的气象"即"生意"，也就是"生理"。所以，"观天地生物气象"终归于一个"仁"、一个"恻隐之心"（善）。这就表明了"仁"是万物生机勃勃的本根。

上述语录中的后三条语录主要讲"气"与"生生"，"气"与"仁"的关系。第八条和第九条语录讲自然界中万物的"生"皆是天地阴阳二气相交、相感、相聚、相散的结果。地气不腾，则天气不降，天气降于地，地才能够生出万物。所以，"地中生物者，皆天气也"。物在地中能够"生生"，这是天气的结果。这就是说因为地气与天气相互作用，所以万物才能生、才能长。关于天地之气如何作用，第九条语录作了解释。乾（天）为阳为动为刚，坤（地）为阴为静为柔。地气静为翕，即聚合，天气动为辟，即发散，"不翕聚则不能发散"，物之生生正是在天地之气的翕聚、

---

① 参见牟宗三《心性与性体》（中），第118页。

发散的相互作用之中发生的。万物之"生生"即为宇宙之"仁"。可见,在"气"的作用即运动中,宇宙万物之"仁"才能呈现出来。关于"气"与"仁"的关系,上述第十条语录作了更通俗的说明。程颢明确指出不仁的原因在于"气"不通(即不贯、不动),只有当"气"流行贯通时,"仁"才能呈现出来。可以看出,在程颢的思想中,正是通过生气流行即气的贯通、翕辟、运动,宇宙万物才能生生,才能将生生之万物连成一个不能分割的有机整体。"这个万物存在的不可分的整体就是仁体。"① 而这个仁体,也就是宇宙本体。程颢虽然没有明确点明这一点,但他这一思想对宋明儒者产生了一定影响。

二 程颐的仁学思想

程颐与程颢的仁学思想有一定的分殊。冯友兰先生在评述他们兄弟两人的区别时说:若把道学和玄学相比,程颐所讨论的问题是王弼的问题,程颢所讲的问题是郭象的问题。王弼说:"无物妄然,必有其理。"理是一类事物之所以为一类事物者。郭象在《逍遥游》注中说,大鹏居于溟海,一飞九万里,小鸟住在树枝上,一飞也不过从这棵树到那棵树。它们并非有意作这样的差别,只是因为它们的身体大小不同,所以自然如此,这是理之自然。他又在《马蹄》注中说,马的本性就是好跑,人骑着马跑遍世界也是顺从马的本性,这也是天理,不是人为。这样的比较,程颢就同于郭象,程颐同于王弼。② 这表明程颐更加强调"理"的本体,强调形而上与形而下的区别。他的这种哲学思维也深刻地影响了他的仁学思想。程颐的仁学思想可以概括为两点。

---

① 陈来:《新原仁——仁学本体论》,第36页。
② 参见冯友兰《中国哲学史新编》,第5册,第106—107页。

（一）仁是理，是性

程颐说：

> 仁，理也。人，物也。以仁合在人身言之，乃是人之道也。①

这条语录被注明为程颐所说。在程颐哲学思想中，"理"属于形而上范畴，具有本体的意蕴。如程颐讲："天下物皆可以理照，有物必有则，一物须有一理。"②"则"是标准的意思，就是"理"。有物必有理，物物都有理。这个理就决定了此物为此物，非彼物。所以，理也是此物之所以为此物的本体。在上述语录中，程颐认为"仁"是与"理"同等程度的概念，所以，仁是理，是人之道，即仁是人的本体。关于"仁"与"理"的关系，程颐还有三条论述。

> 诚者，真实无妄之理也。克复工夫真积力久，则私欲净尽，彻表里一于诚，纯是天理之流行而无非仁矣。③
> 邪者物欲之私，诚者天理之实。闲外邪不使之入，则所存于心者，彻表里一于诚，纯是天理之流行而仁矣。④
> 习惯如自然，则莫非天理之流行而仁熟矣。⑤

上述三条语录的内容基本一致，都是讲"诚"是天理之实，人只要克除私欲，彻里彻表达到诚。当人修养到这种程度时，用程颐

---

① 《外书》卷六，《二程集》，第391页。
② 《遗书》卷十八，《二程集》，第193页。
③ （清）黄宗羲：《伊川学案上》卷十六，《宋元学案》，第638页。
④ （清）黄宗羲：《伊川学案上》卷十六，《宋元学案》，第639页。
⑤ （清）黄宗羲：《伊川学案上》卷十六，《宋元学案》，第642页。

的话即是："纯是天理之流行而仁矣。"可见,"仁"就是"理","仁理"就是"人之道"。

按照程颐的"性即理也,所谓理,性是也"① 的哲学思维,他主张"仁"是"性"。如当有人问"仁"时,程颐说:

> 此在诸公自思之,将圣贤所言仁处,类聚观之,体认出来。孟子曰:"恻隐之心,仁也。"后人遂以爱为仁。恻隐固是爱也,爱自是情,仁自是性,岂可专以爱为仁。孟子言恻隐为仁,盖为前已言"恻隐之心,仁之端也"。既曰"仁之端",则不可便谓之仁。退之言"博爱之谓仁",非也。仁者固博爱,然便以博爱为仁,则不可。②

在这段话中,程颐明确提出了两个观点,一个是"仁是性",另一个是不能说"仁是爱",因为"爱是情"。程颐的逻辑推理是孟子讲"恻隐之心,仁也",后人便以"爱"为"仁",但孟子讲"恻隐为仁"是有前提的,这个前提就是"恻隐之心,仁之端也",既然是"端",就不是"全体",所以,不能说爱便是仁。为了论证"仁"是"性"的观点,程颐又对"孝悌为仁之本"的说法进行了解释。

> 问:"孝悌为仁之本,此是由孝悌可以至仁否?"曰:"非也。谓行仁自孝悌始。盖孝悌是仁之一事,谓之行仁之本则可,谓之是仁之本则不可。盖仁是性也,孝悌是用也。性中只有仁义礼智四者,几曾有孝悌来?仁主于爱,爱莫大于爱亲。故曰:'孝悌也者,其为仁之本欤!'"③

---

① 《遗书》卷二十二上,《二程集》,第292页。
② (清)黄宗羲:《伊川学案上》卷十五,《宋元学案》,第620页。
③ 《遗书》卷十八,《二程集》,第183页。

在这里，程颐指出孝悌只是行仁之一事，所以说行仁自孝悌始。若说孝悌是仁之本则不可，因为仁是性、是本，而孝悌是仁之用，两者不可混为一谈。又由于仁主爱，最大的爱则是爱亲，故曰"孝悌也者，其为仁之本欤"。程颐上述两段论述的中心思想是要说明"仁是性"。程颐很重视这一观点，在他的多条语录中可以看出他很强调仁是性，不是爱这一说法。例如程颐在与谢收的对话中也强调了"爱是仁之端，非仁"的思想。

> 谢收问学于伊川，答曰："学之大无如仁。汝谓仁是如何？"谢久之无入处，一日再问曰："爱人是仁否？"伊川曰："爱人乃仁之端，非仁也。"①

谢收向程颐请教问题。程颐问他："仁是最大的学问，什么是仁？"谢回答不出，一日说："爱人是仁吧？"程颐说："爱人是仁之端，非仁。"为什么"爱"不是"仁"呢？程颐解释说：

> 爱出于情，仁则性也，仁者无偏照，是必爱之。②

这说明程颐认为爱是情，仁是性。"情"与"性"在程颐的思想中是两个不同层次的概念。"情"为形而下，"性"为形而上。虽然仁者无偏照，必爱之，但"仁"是形而上，是理，是本体；而"爱"是"情"，是形而下。故此，不能说"仁"是"爱"，"仁"只能是"性"。又如：

---

① 《外书》卷十二，《二程集》，第433页。
② 《粹言》卷一，《二程集》，第1180页。

> 仁者必爱，指爱为仁则不可。①
>
> 信不足以尽诚，犹爱不足以尽仁也。②

这两条语录表明程颐将"仁"与"爱"作了明确区分，"爱"是情，属于形而下，是具体的；"仁"是性，属于形而上，是本体的。

（二）以公释仁

以"公"释"仁"，以"公"解"仁"是程颐仁学思想的一个特点。程颐以公释仁的有关论述主要有五条。

> 1. 问："爱人是仁否？"伊川曰："爱人乃仁之端，非仁也。"某谓："仁者，公而已矣。"伊川曰："何谓也？"曰："仁者能爱人，能恶人。"伊川曰："善涵养！"③
>
> 2. "唯仁者能好人，能恶人。"仁者用心以公，故能好恶人。公最近仁。④
>
> 3. 仁道难名，惟公近之，非以公便为仁。⑤
>
> 4. 仁之道，要之只消道一公字。公只是仁之理，不可将公便唤做仁。公而以人体之，故为仁。只为公，则物我兼照，故仁，所以能恕，所以能爱，恕则仁之施，爱则仁之用也。⑥

---

① 《粹言》卷一，《二程集》，第1173页。
② 《粹言》卷一，《二程集》，第1178页。
③ （清）黄宗羲：《伊川学案上》卷十五，《宋元学案》，第621页。这条语录在《外书》卷十二，《二程集》，第433页上记载为："谢收去，先生曰：'某谓仁者公而已。'伊川曰：'何谓也？'先生曰：'能好人，能恶人。'伊川曰：'善涵养。'"陈来先生在《新原仁——仁学本体论》第269页中引此文并解释："此条为祁宽记尹和靖语，其中'先生'即和靖。"
④ 《外书》卷四，《二程集》，第372页。
⑤ 《遗书》卷三，《二程集》，第63页。
⑥ 《遗书》卷十五，《二程集》，第153页。

5. 又问："如何是仁？"曰："只是一个公字。学者问仁，则常教他将公字思量。"①

上述五条语录中的第一和第二条语录主要是讲为什么要以"公"释"仁"。关于程颐以"公"释"仁"的理由，笔者看到两种解释。一种解释是陈来先生在《新原仁——仁学本体论》一书中的说明。他说："以公解人，看来是对《论语》'唯仁者能好人能恶人'的解释。因为在《论语》的这一章里，只有以'用心以公'解释'仁者'才能便当地说明能好人，能恶人的根由。"② 另一种解释是彭耀光先生在《二程道学异同研究》一书中的说明。他在引用第一条语录注中《外书》卷十二第433页上记载的那段引文后，说："在程颐不满意谢收以爱言仁的情况下，尹和靖提出'仁者公而已'，这和前面程颐说的'仁之道，要之只消道一公字'是一个意思，说明程颐以公论仁最初是受尹和靖的影响。"③ 对于以上两种解释，笔者更倾向于陈来先生的解释。《论语·里仁》篇记有："子曰：'唯仁者能好人，能恶人。'"程颐作为宋代理学的领军学者，他的理论出处多是以孔孟思想为依据而不会轻易受到别人思想的左右。

后三条语录主要是说明"唯公近仁"，但不能"以公为仁"。程颐的意思是讲可以以"公"解释"仁"，但不能"唤公为仁"。"公"有严肃、严明、严正的理性意义。④ 所以，程颐解释说："公只是仁之理"，只能用"公"来解释"仁"，但它却不是"仁"，因为它不是仁之"体"。如上所述，"仁"是"理"，是"性"。程颐以"公"释"仁"，也是他人格气象的一种反映。《外

---

① 《遗书》卷二十二上，《二程集》，第285页。
② 参见陈来《新原仁——仁学本体论》，第266页。
③ 彭耀光：《二程道学异同研究》，山东人民出版社2016年版，第87页。
④ 参见陈来《新原仁——仁学本体论》，第266页。

书》记载程颢与程颐两兄弟的不同人格气象说："明道先生每与门人讲论，有不合者，则曰'更有商量'，伊川则直曰不然。"① 程颢与学生探讨问题，学生有不同意见时，他会说："再商量商量。"而程颐遇到有不同意见时，直截了当地反驳说："不然，不行。""大程温然，小程刚毅。"②

程颐从他的基本哲学理念即理为形而上、为体、为性出发，必然得出仁为理、为性、为本的结论。在这种哲学思维逻辑的指示下，程颐提出了"仁是理"说、"仁性爱情"说、"以公释仁"说、"爱非仁"说等思想，这些思想构成了程颐仁本体论的基本内容。

三 朱熹的仁学思想

朱熹的仁学思想主要体现在《仁说》《克斋记》《朱子语类》及朱熹与张敬夫有关"仁"说的十八封书信之中。下面，就以这些资料为基本内容分析朱熹的仁学思想。

由于《仁说》是朱熹仁学思想的代表作，故将这篇文章抄录如下：

《仁说》

1. 天地以生物为心者也。而人物之生，又各得夫天地之心以为心者也。故语心之德，虽其总摄贯通，无所不备，然一言以蔽之，则曰仁而已矣。请试详之。盖天地之心，其德有四，曰元亨利贞，而元无不统。其运行焉，则为春夏秋冬之序，而春生之气无所不通。故人之为心，其德亦有四，曰仁义礼智，而仁无不包。其发用焉，则为爱、恭、宜、别之

---

① 《外书》卷十一，《二程集》，第416页。
② 陈来：《新原仁——仁学本体论》，第266页。

情,而恻隐之心无所不贯。故论天地之心者,则曰"乾元""坤元",则四德之体用不待悉数而足。论人心之妙者,则曰"仁,人心也",则四德之体用亦不待遍举而该。盖仁之为道,乃天地生物之心即物而在。情之未发,而此体已具,情之既发,而其用不穷。诚能体而存之,则众善之源,百行之本,莫不在是。此孔门之教所以必使学者汲汲于求仁也。

2. 其言有曰:"克己复礼为仁。"言能克去己私,复乎天理,则此心之体无不在,而此心之用无不行也。又曰:"居处恭,执事敬,与人忠。"则亦所以存此心也。又曰:"事亲孝,事兄弟,乃物恕。"则亦所以存此心也。又曰:"求仁得仁",则以让国而逃,谏伐而饿,为能不失乎此心也。又曰:"杀身成仁",则以欲甚于生,恶甚于死,为能不害乎此心也。此心何心也?在天地,则块然生物之心;在人,则温然爱人利物之心,包四德而贯四端者也。

3. 或曰:"若子之言,则程子所谓爱情、仁性,不可以爱为仁者,非欤?"曰:"不然。程子之所谓,以爱之发而名仁者也。吾之所论,以爱之理而名仁者也。盖所谓情性者,虽其分域之不同,然其脉络之通,各有攸属者,则曷尝判然离绝而不相管哉?吾方病夫学者诵程子之言而不求其意,遂至于判然离爱而言仁,故特论此以发明其遗意,而子顾以为异乎程子之说,不亦误哉?"或曰:"程氏之徒,言仁多矣。盖有谓爱非仁,而以'万物与我为一'为仁之体者矣。亦有谓爱非仁,而以'心有知觉'释仁之名者矣。今子之言若是,然则彼皆非欤?"曰:"彼谓'物我为一'者,可以见仁之无不爱矣,而非仁之所以为体之真也。彼谓'心有知觉'者,可以见仁之包乎智矣,而非仁之所以得名之实也。观孔子答子贡博施济众之问,与程子所谓'觉不可以训仁'者,则可见矣。子尚安得复以此而论仁哉?抑泛言'同体'者,使人含糊昏缓，而无警切之功，其弊或至于认物为己者有之矣。专言'知觉'者，使人张皇迫躁，而无沉潜之味，其弊或至于认欲为理者有之矣。一忘一助，二者盖胥失之。而知觉之云者，于圣门所示'乐山''能守'之气象，尤不相似。子尚安得以此而论仁哉？"因并记其语，作《仁说》。①

笔者认为朱熹的《仁说》由三部分内容组成。第一段为第一部分内容。这一部分是讲"仁之体"，即仁之本体的内容。这一部分内容也是朱熹仁学思想的精要。因为这一部分出现的关键术语构成了朱熹仁学思想的基本内容及逻辑推演。例如：天地之心、人之为心、天地生物之心、天地以生物为心、春生之气等。以上这些术语的基本意义及其逻辑关联，下面详述。

第二段为第二部分内容。这一部分是讲"仁之方"，即求仁的工夫。朱熹根据孔子的"克己复礼为仁"的思想，主张克去己私，以达心之体无不在，心之用无不行。由此，进一步指出这心在天是生物之心，在人是爱人利物之心。这里，又将仁的本体义和工夫义相结合。由于这部分内容与朱熹的另一篇代表作《克斋记》相似，故文中将这两篇文章结合起来论述。

第三段为第三部分内容。这一部分主要是对程颐的"爱情仁性"说，对龟山的"以万物与我为一为仁之体"说，对上蔡的"以心有知觉释仁"说的批评。朱熹在批评这三种观点的基础上，尖锐地指出"吾之所论，以爱之理而名仁者也"（对程颐观点），对上蔡的"知觉释仁"说指出为"忘"，对龟山的"一体言仁"说指出为"助"。② 朱熹认为这三种仁说都欠全面性，故在批评

---

① （清）黄宗羲：《晦翁学案上》卷四十八，《宋元学案》，第1510—1511页。文中段落为笔者划分。
② 本文说的"忘"和"助"，参见陈来的《新原仁——仁学本体论》第322页观点。牟宗三在《心体与性体》（下）第230页中将"同体"者视为"忘"，将"知觉"者视为"助"。

这些观点的同时,又吸取了中国历代学者有关仁说的观点,最终形成了他的《仁说》第一部分的仁学内容。笔者认为,正是在这种意义上陈来先生认为"朱子的《仁说》是南宋仁论的代表"①。

下面,就按照《仁说》的上述三部分内容阐释朱熹的仁学思想。

(一) 朱熹的仁学哲学

"天地之心""人之为心""天地以生物为心""天地生物之心""生""气"等概念构成了朱熹仁学哲学的基础。在这基础上,进一步演绎出"生意"和"生气"。其中,"生意"为仁体,为理;"生气"为仁用,为气。在万物生化的过程中,仁之体与仁之用集中于"仁",使"仁"成为体用兼备的实体。由此,彰显出"仁"作为宇宙本体和宇宙功用的重要价值。这就是朱熹仁学哲学的基本内容。下面,详细论述之。

1. "天地之心""天地生物之心""天地以生物为心""人心"

"天地之心"的说法最早见于《周易》复卦象辞:"复,其见天地之心乎。"复卦的卦象是冬至一阳来复,复卦作者认为冬至一阳生,由此可见天地之心。② 一阳来复意味着春意来临,春代表了生、生机、生命,故称这是"天地之心"。自《周易》复卦提出"天地之心"后,它成为中国古代文献中常见的一个术语。

"天地生物之心"的提法见于程颐的《易传》,《伊川易传》注复卦象辞曰:"一阳复于下,乃天地生物之心也。"复卦初爻为阳,上面五爻皆为阴。一阳就是指复卦最下面的阳爻,在卦气说中代表冬至后阳气刚刚发动。复卦卦象图如下:

---

① 陈来:《新原仁——仁学本体论》,第237页。
② 参见陈来《新原仁——仁学本体论》,第313页。

　　　　　　　　五爻为阴
　　　　　　　　初爻为阳

"天地以生物为心"的提法也见于二程对复卦的解释："复其见天地之心，一言以蔽之，天地以生物为心。"①

从上述的论述中，可见自"天地之心"这一术语出现后，经中国历代学者的解释、演绎，至宋代学者更加自觉地意识到"天地之心"与"生"的关联性。故此，二程明确提出了"天地生物之心"和"天地以生物为心"的提法。

朱熹在"天地之心""天地生物之心"和"天地以生物为心"的问题上，一方面接着宋儒及二程的思想讲，另一方面在接着讲的过程中凸显了朱熹自己的特色。

特色之一，朱熹指出"人心"来源于"天心"。"天地生物之心""天地以生物为心"说明了"天地之心"的主要功能是"生"，生出一切物。按这一逻辑推理，"人物之生，又各得夫天地之心以为心"，这表明了人心来自天心。天心和人心二者有着直接的继受关系。②

特色之二，朱熹将天之四德与人之四德相对应、相契合。"元亨利贞"本指乾（天）之四德。"四德"统称源出《周易》文言传，所谓"君子行此四德者，故曰乾元亨利贞"。在《仁说》中，朱熹将"元亨利贞"四德定义为天地之心之德。他认为：天地之心有四德，即元亨利贞，而元无不统。相对应，人之为心也有四德，即仁义礼智，而仁无不包。从儒家天人合一的逻辑哲学来看，天心之四德与人心之四德相对应、相契合。尤其是天心四德之

---

① 陈来：《新原仁——仁学本体论》，第314页。
② 参见陈来《新原仁——仁学本体论》，第238页。

"元",与人心四德"仁"在体用上更是互相印合。所以朱熹说:"'乾元''坤元',则四德之体用不待悉数而足。……'仁,人心也',则四德之体用亦不待遍举而该。""元"之体用与"仁"之体用无所不在。

特色之三,朱熹用"理"定义"天地之心"。《朱子语类》记载:

> 问:"天地之心,天地之理。理是道理,心是主宰底意否?"曰:"心固是主宰底意,然所谓主宰者,即是理也,不是心外别有个理,理外别有个心。"①

朱熹秉承二程的理学思想,以"理"为本,以"理"为体。就他以"理"来定义"天地之心",表明他视"天地之心"为本、为体。这就为他进一步将"仁"视为宇宙之本、宇宙之体的思想打下了理论基础。

特色之四,朱熹将"仁"与"天地生物之心"相连通,使仁具有了"仁体"的意义。

《仁说》第一段最后几句话具有总结性的价值。仁之道即天地生物之心,"即物而在"存在于每一事物之中。情未发时,仁体已具;情已发时,仁用无穷。仁是众善之源,仁也是百行之本。所以孔门之教,汲汲于求仁。

在这里朱熹将"仁"与"天地生物之心"相连通。"天地生物之心"作为"理"存在于每一事物之中,就寓意"仁"存在于每一事物之中,这是"仁理",也是"仁体"。所以,情未发时,仁体已具;情已发时,仁之用又其用不穷。从伦理道德讲,仁是众善之源。从客观存在讲,仁是百行之本。正是在这重意义上,

---

① 《朱子语类》卷一,中华书局1986年版,第1册,第4页。

陈来先生认为"此亦可谓仁体现于每一个事物而无所不在、贯通一切。朱子的仁体思想在这里得到了相当的表述"①。至于"天地之心"如何生出"物"来？这就涉及了"仁"与"生","仁"与"气"的关系。

2. "生意"与"生气"

如上所述，程颢在仁学方面十分重视仁与生，仁与气的关系。朱熹的仁学思想接着程颢这一思想讲，提出了"生意"说和"生气"说。其"生意"说主要强调了"生"的价值和意义，"生气"说凸显了"气"的重要性。朱熹对"气"的重视更加充实了中国的气学思想。朱熹关于"生意"和"生气"的论述，大多集中于《朱子语类》中。

朱熹的"生意"说。朱熹关于"生意"的语录主要有：

（1）生底意思是仁。②
（2）仁本生意，乃恻隐之心。③
（3）仁，浑沦言，则浑沦都是一个生意。④
（4）得此生意以有生，然后有礼智义信。以先后言之，则仁为先；以大小言之，则仁为大。⑤
（5）蜚卿问："仁恐是生生不已之意。"……曰："'仁'字恐只是生意，故其发而为恻隐，为羞恶，为辞让，为是非。"……又曰："'仁'字如人酿酒：酒方微发时，带些温气，便是仁；到发得极热时，便是礼；到得熟时，便是义；到得成酒后，却只与水一般，便是智。又如一日之间，早间天气清明，便是仁；午间极热时，便是礼；晚下渐凉，便是

---

① 陈来：《新原仁——仁学本体论》，第239页。
② 《朱子语类》卷六，第1册，第107页。
③ 《朱子语类》卷六十八，第5册，第1691页。
④ 《朱子语类》卷六，第1册，第107页。
⑤ 《朱子语类》卷六，第1册，第105页。

义；到后半夜全然收敛，无些形迹时，便是智。只如此看，甚分明。"①

（6）曰："固然。只如四时，春为仁，有个生意。在夏，则见其有个亨通意；在秋，则见其有个诚实意；在冬，则见其有个贞固意。在夏秋冬，生意何尝息！本虽凋零，生意则常存。大抵天地间只一理，随其到处，分许多名字出来。"②

（7）曾兄亦问此。答曰："元者，乃天地生物之端。乾言：'大哉乾元！万物资始。至哉坤元！万物资生。'乃知元者，天地生物之端倪也。元者生意，在亨则生意之长，在利则生意之遂，在贞则生意之成。若言仁，便是这意思。仁本生意，乃恻隐之心也。苟伤着这生意，则恻隐之心便发。若羞恶，也是仁去那义上发；若辞让，也是仁去那礼上发；若是非，也是仁去那智上发。若不仁之人，安得更有义礼智！"③

（8）仁流行到那田地时，义处便成义，礼、智处便成礼、智。且如万物收藏，何尝休了，都有生意在里面。如谷种、桃仁、杏仁之类，种著便生，不是死物，所以名之曰"仁"，见得都是生意。④

上述八条语录的前三条是朱熹关于"何为生意"的论述。

朱熹的意思很明确，所谓"生意"就是"仁"。"生意"就是生生不息的意思，"生意"就是生命之生生不已的状态。从细里讲，"生意"就是恻隐之心；从广里讲，义礼智与仁一样，浑沦都是"生意"。这表明朱熹认为"仁"具有"生"的功能。

朱熹的后五条语录主要讲"仁为什么具有生意"。朱熹认为

---

① 《朱子语类》卷六，第1册，第110—111页。
② 《朱子语类》卷六，第1册，第105页。
③ 《朱子语类》卷六十八，第5册，第1691页。
④ 《朱子语类》卷六，第1册，第113页。

"仁"具有"生""发""流行"的功能。如在第四条语录中，朱熹说："得此生意以有生，然后有礼智义信。"仁为先，然后生出礼智义信。所以，仁又为大。这段语录中的"生"字是个关键词。它表明了"仁"所具有的"生"之功能。又如在第五条语录中，朱熹讲"故其［仁］发而为恻隐，为羞恶，为辞让，为是非"。这里的"发"与第四条语录中的"生"具有同样的意思，都是动词，都具有"生""长"的意思。恻隐是仁"发"，羞恶是仁"发"，辞让是仁"发"，是非是仁"发"。所以还是先有"仁"，再由仁发出、生出恻隐、羞恶、辞让、是非。在这一条中，朱熹还以人酿酒为例讲述"仁"发而为恻隐、羞恶、辞让、是非。他说"酒方微发时……是仁；到发得极热时，便是礼；发得熟时，便是义；到得成酒后……便是智"。酿酒师以酒酿为原料，通过加温，让酒酿自身生发，经过不同阶段的生发，最终酿出酒来。这说明酒是从做酒的原料自身中生发出来的。"仁"的生、发功能就如同酿酒一样，也是从"仁"自身中生出、发出的。所以，朱熹在第七条语录中又谈到了仁的"发"。如他说"羞恶是仁在义上发，辞让是仁在礼上发，是非是仁在智上发"。这是说，羞恶、辞让、是非都是由"仁"内在的"生""发"功能所导致的。仁除了具有"生""发"功能外，还具有"流行"的功能。朱熹在第八条语录中就谈到了"流行"。他说：当"仁流行到那田地时，义处便成义，礼处便成礼，智处便成智。这就如同种田地，都有生意在里面"。这"生意"就是"仁"。"仁"具有"流行"的功能，当仁流行到义处时，由仁生出了义；当仁流行到礼处时，由仁生出了礼；当仁流行到智处时，由仁生出了智。可见，所谓"流行"，其实还是"生"之意。在第八条语录中，朱熹还通俗地将"仁"比喻成"谷种""桃仁""杏仁"之类的种子。从谷种中能生出米，从桃仁中能生出桃，从杏仁中能生出杏。同样的道理，从"仁"中可以生出义、礼、智来。谷种、桃仁、杏仁是米、桃、杏的本根、本源，"仁"同样是义、礼、智的本根、本源。"仁"本身固有的"生""发""流行"的功能决定了"仁"具有"生意"。而"仁"的这种生意又标志着"仁"的本根性、本源性。

还应注意的一个问题是仁的本根性、本源性还是客观、普遍的。上述第四、五、七、八条语录主要谈了由"仁"生出义礼智，这是从人伦道德角度讲述了"仁"为人伦道德的本根、本源。而上述第六条语录中重点谈了"仁"还是宇宙自然的本根、本源。如朱熹讲："如四时，春为仁，有个生意。在夏秋冬，生意没有消失，虽然有凋零，但生意则常存。"春为仁，有生意内在，所以才有夏、秋、冬四季，所以才有春生、夏长、秋收、冬藏之别。从一年四季的转换中可见"仁"之生意，从一日四时的变化中亦可见"仁"之生意。如第五条语录中，朱熹讲："又如一日之中，早晨天气清明为仁，午间极热为礼，晚下较凉为义，后半夜收敛为智。"早、午、晚、夜四时亦是"仁"之生意。可见宇宙自然界的四季、四时之本根、本源亦是"仁"。

上述语录表明，在朱熹的仁学思想中，他不仅认为"仁"是人伦道德和宇宙自然的本根、本源，而且还认为"仁"的这种本根、本源性还是普遍的，时时、处处都存在的。具有这种性质的"仁"，在朱熹的理学思想中应当属于"理"范畴。《朱子语类》记载赵致道云："李先生云：'仁是天理之统体。'先生曰：'是。'"①"理"具有本根性、本体性。朱熹仁学思想中的"仁"与其理学思想中的"理"是相通的，所以，朱熹的"生意"说归根结底是"仁体"说。"仁"是宇宙万事万物之本、之体。

这里便产生了一个问题，在朱熹的理学思想中，"理"作为本体是不动的。如《朱子语类》记载，问："太极者本然之妙，动

---

① 《朱子语类》卷六，第1册，第112页。

静者所乘之机，太极只是理，理不可以动静言。……"先生曰："然。"① 学生问"理不可以动静"，朱熹回答："是的。"朱熹认为"理"是不能动的，所谓的理有动静，是指理是作为形而下的气的动静的根据。又如《朱子语类》记载："太极理也，动静气也。气行则理亦行，二者常相依而未尝相离也。太极犹人，动静犹马，马所以载人，人所以乘马，马之一出一入，人亦与之一出一入，盖一动一静，而太极之妙未尝不在焉。"② 太极是理，理是无动无静的。而气是有动静的，气之所以能动静是理之动静的功能决定的。这犹如人骑马，人骑在马上是不动的，马之所以载人，之所以一出一入，都由不动的人所决定。

这个问题就是作为仁体的"仁"是无动的，那么它是怎样"生"出义礼智，怎样"生"出夏、秋、冬呢？这就涉及了"气"的问题，即"仁"与"气"的关系，也就是朱熹的"生气"说。

朱熹的"生气"说。朱熹关于"生气"的语录主要有：

（1）问："仁是天地之生气，义礼智又于其中分别。然其初只是生气，故为全体。"曰："然。"③

（2）要识仁之意思，是一个浑然温和之气，其气则天地阳春之气，其理则天地生物之心。④

（3）郑问："仁是生底意，义礼智则如何？"曰："天只是一元之气。春生时，全见是生；到夏长时，也只是这底；到秋来成遂，也只是这底；到冬天藏敛，也只是这底。仁义礼智割做四段，一个便是一个；浑沦看，只是一个。"⑤

（4）气无始无终，且从元处说起，元之前又是贞了。如

---

① 《朱子语类》卷九十四，第 6 册，第 2370 页。
② 《朱子语类》卷九十四，第 6 册，第 2376 页。
③ 《朱子语类》卷六，第 1 册，第 107 页。
④ 《朱子语类》卷六，第 1 册，第 111 页。
⑤ 《朱子语类》卷六，第 1 册，第 107 页。

子时是今日,子之前又是昨日之亥,无空缺时。①

(5) 仁之体本静,而其用则流行不穷。②

(6) 或问《论语》言仁处。曰:"理难见,气易见。但就气上看便见,如看元亨利贞是也。元亨利贞也难看,且看春夏秋冬。春时尽是温厚之气,仁便是这般气象。夏秋冬虽不同,皆是阳春生育之气行乎其中。"③

(7) "元亨利贞",理也;有这四段,气也。有这四段,理便在气中,两个不曾相离。若是说时,则有那未涉于气底的四德,要就气上看也得。所以伊川说:"元者,物之始;亨者,物之遂;利者,物之实;贞者,物之成。"这虽是就气上说,然理便在其中。伊川这说话改不得,谓是有气则理便具。④

上述七条语录,可分三层意思加以解读。

第一条语录是第一层意思,主要讲"仁"与"气"的关系。当有人问:"仁就是生气。义礼智也在其中,然而最初只是生气,故称为全体。"朱熹回答说:"是的。"这说明在朱熹的仁学思想中,他认为"仁"不仅是"生意",而且还是"生气"。

第二、三、四、五条语录是第二层意思,主要讲"生气"的性质。透过上述四条语录,可以看到在朱熹仁学思想中的"生气"具有三个主要性质。

"生气"的第一个性质为"浑然温和"。上述第二条语录说得很清楚。朱熹认为所谓"仁"就是一个"浑然温和之气",具体讲"其气则天地阳春之气"。"生气"就像春天一样浑厚、温暖。

---

① 《朱子语类》卷六十八,第 5 册,第 1689 页。
② 《朱子语类》卷六,第 1 册,第 121 页。
③ 《朱子语类》卷六,第 1 册,第 112 页。
④ 《朱子语类》卷六十八,第 5 册,第 1689 页。

在《朱子语类》中，朱熹多次将春天之阳气称为"生气"，称为"仁"。生气为什么是"浑然温和之气"呢？朱熹认为："仁是个温和柔软的事物。老子说：'柔弱者，生之徒；坚强者，死之徒。'见得自是。看石头上如何种物事出！'蔼乎若春阳之温，泛乎若醴酒之醇。'此是形容仁的意思。"① 朱熹认为"仁"是生意，怎么"生"出、"长"出物来呢？硬的石头上生长不出物来，只有凭借温和柔软之"生气"才能生长出物来。

上述第三、四条语录主要讲"生气"的第二个性质，即"生气"是"无始无终"的。在第三条语录中，朱熹讲天就是一元之气。自然界中的春生、夏长、秋遂、冬藏都是一元之气的作用。而仁义礼智分割为四段，仁是仁，义是义，礼是礼，智是智，其实浑沦看，只是一个仁，亦只是一气。第四条语录明确指出，这个气是无始无终的。如元处说起，元之前又是贞了。元亨利贞之气既无始，也无终。这就如同一天的子时是今日，子之前又是昨日之亥。"生气"的无始无终，表明了"生气"在时间上是时时存在的，"无空缺时"。

"生气"的第三个性质是上述第五条语录。朱熹认为"仁之体本静，而其用则流行不穷"。这里的"流行不穷"就是"生气"的第三个性质。这个性质标志着在朱熹的仁学思想中。"生气"即仁之用即气是"流行无穷"的，即它可以流行到任何地方、任何空间，这就是朱熹的"生气流行"思想。上文中所述的"仁"之所以能"生生不已"，能发而为恻隐、为羞恶、为辞让；之所以能流行到那田地，义处便成义，礼处便成礼，智处便成智，其根本原因在于"生气"的无始无终和其用流行不穷。这就是说，由于仁即"生气"的无始无终和其用流行不穷，才使得仁即"生意"可以生、可以发、可以流行。由此可以逻辑地推导出，在朱熹仁

---

① 《朱子语类》卷六，第 1 册，第 115 页。

学思想中，"生意"即仁之体，即为理；"生气"即仁之用，即为气。"仁"是理气一元，也是体用兼备的。具有这种丰富内容的"仁"，"仁已经成为实体意义上的仁体了"。①

第三层意思即上数第六、七条语录主要是讲从"理气一元""体用兼备"的角度来看"仁"的价值。其中第六条语录讲"理"难看到，那就从"气"上看吧。如元亨利贞，也不太好看，就看春夏秋冬吧。春天是温厚之气，仁就是这气象，春暖花开种植。夏天花儿繁盛，庄稼茂盛。秋天清凉，庄稼成熟。冬天寒冷，收藏庄稼。其实一年四季之中，都是阳春生育之气行乎其中的结果。而第七条语录内容与第六条语录内容相似。不过在第七条语录中，朱熹将元亨利贞视为"理"，而将四季植物的"生长遂成"这四段视为"气"。他讲有"生长遂成"这四段，理便在气中。所以，理与气两个不曾相离。他特别强调程颐所说的"元者，物之始；亨者，物之遂；利者，物之实；贞者，物之成"这句话，认为这句话体现了理在气中，有气则理便具的意思。朱熹还特别指出这话改不得。其实，这也正是朱熹仁学"理气一元""体用兼备"思想的要义。从第六条和第七条的语录中可以看到，在朱熹的仁学思想中，"仁"是"理"（物中生之理），"仁"也是"气"（温厚之气）；"仁"是"体"（物中之生意即本、即体），"仁"也是"用"（阳春生育之气之流行）。"理"寓于"气"中，所以当"无始无终"的阳春之气流行时，理（生意）便显现出来，于是有了天之四德——元亨利贞，有了人之四德——仁义礼智，有了自然四季——春夏秋冬，有了万物成长——生长遂成等。在仁之用的流行不穷的作用中，仁之体成了实实在在的宇宙之本体。这个宇宙本体也是上述第二条语录中所说的"其［仁］理则天地生物之心"，这就又回到了《仁说》第一部分的内容。

---

① 陈来：《新原仁——仁学本体论》，第347页。

陈来先生在《新原仁——仁学本体论》中说："朱子的哲学思想体系可以看作从两个基本方面来体现、呈现，一个是理学，一个是仁学。……如果说理气是二元分疏的，则仁在广义上是包括理气的一元总体。在这一点上，说朱子学总体上是仁学，比说朱子学是理学的习惯说法，也许更能突显其儒学体系的整体面貌。"① 笔者认为朱熹哲学的实质就是"仁学"。如上所述，"生意"论表达的是"生意"即"理"即"体"，也就是"仁体"；"生气"论所阐述的是"生气"即"气"即"用"，也就是"仁气"。"仁体"和"仁气"以理气一元、体用兼备的形态呈现出来，在朱熹思想中得到了高度的统一。由此，可以说"仁体"论和"仁气"论构成了朱熹仁学哲学的基本内容。

（二）朱熹仁学的道德实践法

朱熹《仁说》的第二部分内容主要讲实行"仁"的方法即工夫，这种工夫即"克己复礼"。"克己复礼"是儒家实践"仁"的一种基本方法，因此被每一位儒学者提倡。在"仁"的道德实践方面，朱熹亦主张"克己复礼"，但他所说的"克己复礼"有个重要特点，即"仁"的工夫义最终回归于本体义，也可以理解为"仁"的工夫义与本体义的结合。

如上文所说，朱熹为友人石子重写的《克斋记》主要讲的也是"克己复礼"问题。陈来教授认为朱熹先作《克斋记》，不久又写《仁说》。② 因此，《克斋记》的文字和内容与《仁说》第二部分内容极其相似。现将《克斋记》主要内容抄录如下：

---

① 陈来：《新原仁——仁学本体论》，第357页。
② 参见陈来《新原仁——仁学本体论》，第310页。

《克斋记》

性情之德，无所不备，而一言足以尽其妙，曰仁而已。所以求仁者盖亦多术，而一言足以举其要，曰克己复礼而已。

盖仁也者，天地所以生物之心，而人物之所得以为心者也。惟其得夫天地生物之心以为心，是以未发之前四德具焉，曰仁义礼智，而仁无不统。已发之际四端著焉，曰恻隐、羞恶、辞让、是非，而恻隐之心无所不通。此仁之体用所以涵育浑全，周流贯彻，专一心之妙，而为众善之长也。

然人有是身，则有耳目鼻口四肢之欲，而或不能无害夫仁。人既不仁，则其所以灭天理而穷人欲者，将益无所不至。此君子之学所以汲汲于求仁，而求仁之要亦曰去其所以害仁者而已。盖非礼而视，人欲之害仁也。非礼而听，人欲之害仁也。非礼而言且动焉，人欲之害仁也。知人欲之所以害仁者在是，于是乎有以拔其本塞其源，克之克之，而又克之，以至于一旦豁然欲尽而理纯，则其胸中之所存者，岂不粹然天地生物之心，而蔼然其若春阳之温哉？默而成之，固无一理之不具，而无一物之不该也。感而通焉，则无事之不得于理、而无物之不被其爱矣。呜呼！此仁之为德所以一言可以尽性情之妙，而其所以求之之要，则夫子之所以告颜渊者亦可谓一言而举也与？①

《克斋记》第一段主要讲求仁的方法很多，但"一言足以举其要"的方法就是"克己复礼"。《仁说》第二部分第一句话便一针见血地指出"克己复礼为仁"。这种行文更加突出了朱熹对"克己复礼"工夫的重视。

---

① 《朱文公文集》卷七十七，四部丛刊本，第1422页。文中段落是笔者划分的。

《克斋记》的第二段是对"仁"之体用价值的评判。文中讲天地所以生物之心为仁，而人以天地生物之心为心时，仁义礼智四德具备，"仁"统四德，这是指未发。这也是在说仁之体的"涵育浑全"。当已发时，恻隐、羞恶、辞让、是非四端显现，恻隐之心无所不通。这是在讲仁之体的"周流贯彻"。正是由于仁之体用能够涵育浑全、周流贯彻，所以"仁"为"一心之妙"，为"众善之长"。在《仁说》中，朱熹将上述意思浓缩为一句话。即：当克去己私，恢复天理时，则此心（仁）之体无不在，而此心（仁）之用无不行。

　　《克斋记》的第三段主要讲"克己"的具体内容。因为人有身，则有耳目口鼻四肢之欲。如果目非礼而视，人欲则害仁；如果耳非礼而听，人欲则害仁；如果口非礼而言、四肢非礼而动，人欲则害仁。为了不使人欲害仁，则要拔其本、塞其源，克之克之，再克之。这样，才能欲尽而理纯。所谓"欲尽而理纯"，就是灭掉私欲，穷尽天理。《朱子语类》记载：

> 孔子所谓"克己复礼"，《中庸》所谓"致中和""尊德性""道问学"，《大学》所谓"明明德"，《书》曰"人心惟危，道心惟微，惟精惟一，允执厥中"，圣贤千言万语，只是教人明天理，灭人欲。……人性本明，如宝珠沉溷水中，明不可见；去了溷水，则宝珠依旧自明。自家若得知是人欲蔽了，便是明处。只是这上便紧紧着力主定，一面格物。今日格一物，明日格一物，正如游兵攻围拔守，人欲自消铄去。……夫子曰："为仁由己，而由人乎哉！"紧要处正在这里。①

　　上面朱熹的这段话表明两个意思。一是孔子说的"克己复礼"就

---

① 《朱子语类》卷十二，第1册，第207页。

是教导人要"灭人欲,明天理"。因为人欲灭掉,天理必明。这就是"复礼",也就是为"仁"了。二是说明灭人欲的一个重要工夫是"格物"。"格,至也;物,犹事也。穷至事物之理,欲其极处无不到也。"(《大学章句》)此朱子"格物"之说。① 朱熹认为人性本明,但如同宝珠掉入污水之中,明不可见,必须去掉污水,宝珠可复明,这去污水就是"格物","格物"就是去人欲。今日格一物,明日格一物,直至人欲消去,复明天理。这一"灭人欲,明天理"的过程,也就是求"仁"的过程。所以,孔子说:"为仁由己","紧要处正在这里"。故《朱子语类》又记载:

  问求仁。曰:"看来[仁]字只是个浑沦的道理。如《大学》致知、格物,所以求仁也。"②

"格物"和"致知"是《大学》提出的两个重要的实践观念。笔者认为朱熹这里讲的"格物""致知"主要是通过"格物"以"致知"天理,达至"仁"之最终目的。所以,"格物""致知"主要是一种道德修养、道德工夫。关于通过"格物"和"致知"以达"穷理"求"仁"的修养工夫,朱熹的解释是:

  所谓致知在格物者,言欲致吾之知,在即物而穷其理也。盖人心之灵莫不有知,而天下之物莫不有理,惟于理有未穷,故其知有不尽也。是以《大学》始教,必使学者即凡天下之物,莫不因其已知之理而益穷之,以求至乎其极。至于用力之久,而一旦豁然贯通焉,则众物之表里精粗无不到,而吾心之全体大用无不明矣。③

---

① 参见冯友兰《中国哲学史》(下),华东师范大学出版社2011年版,第208页。
② 《朱子语类》卷六,第1册,第113页。
③ 《四书集注》(铜版),大达图书供应社刊行,第5—6页。

致知在于格物，如上文所述，格物就是即物穷理，就是去人欲，明天理。根据《大学》的教导，今日穷一物中之理，明日穷一物中之理，穷之既多，则有豁然顿悟之时。至此时，则见万物之理，皆在吾性中。达此境界，"则众物之表里精粗无不到，而吾心之全体大用无不明矣"。这种境界就是"仁"的境界。为此，冯友兰先生特作一注解，说明朱熹的"格物"说实为求仁的一修养方法。冯友兰说："朱子所说格物，实为修养方法。其目的在于明吾心之全体大用。即陆王一派之道学家批评朱子此说，亦视之为一修养方法而批评之。若以此为朱子之科学精神，以为此乃专为求知识者，则诬朱子矣。"①

可见，不论是"格物"求"仁"，还是"克己"求"仁"，"一旦豁然欲尽而理纯，则其胸中之所存者，岂不粹然天地生物之心"。这就回到了《仁说》的第一部分内容。"天地生物之心"即仁心，也是"仁之体"。《克斋记》的第三段由求"仁"的工夫义又回归到了"仁"的本体义。朱熹这一思想在《仁说》第二段文字的最后几句话中，得到了更明显的表示。

在《仁说》第二部分中，朱熹讲"克去己私"的具体方法为：居处要恭，执事要敬，为人要忠，由此可存此心也；事亲以孝，事兄以弟，乃物以恕，由此可行此心也。"此心何心也？在天地则块然生物之心，在人则温然爱人利物之心。"这就是朱熹《仁说》第一部分内容讲的仁心，仁之体。这是朱熹道德实践义即仁之工夫向其仁之本体的回归。同时，这也表明了朱熹将其"仁的本体义与功夫义结合起来"②。

---

① 冯友兰：《中国哲学史》（下），第208页。
② 陈来：《新原仁——仁学本体论》，第307页。

（三）朱熹的纠"偏"明"体"

上述小标题中的纠"偏"明"体",意指朱熹认为程伊川、杨龟山、谢上蔡的仁说都有偏颇之处,因此他要纠"偏"以明仁之"体"。

《仁说》第三部分内容集中批评了程颐的"爱情仁性"说、龟山的"万物与我为一为仁之体"说、上蔡的"知觉言仁"说等观点,阐明他作《仁说》的目的。

《仁说》第三部分一开始,朱熹就指出程颐(伊川)所谓的"爱情仁性,不以爱为仁"是不对的。

如上文所述,程颐从"理气"二分的思维定势出发,逻辑地推衍出爱为情为形而下,仁为性为形而上。所以,爱是情,仁是性,不可以爱为仁。

针对程颐这一思想,朱熹在《仁说》中指出情性虽然分域不同,然其脉络相通,不能判然离绝而不相管。所以,朱熹说:"吾之所论,以爱之理而名仁者也。"爱之理即为性为仁。朱熹认为"判然离爱而言仁"是不对的。朱熹在《答张敬夫》一书中也谈到了这一问题。朱熹说:

> 大抵二先生(程颢、程颐)以前,学者全不知有仁字,凡圣贤说仁处,不过只作爱字看了。自二先生以来,学者始知理会仁字,不敢只作爱说。然其流复不免有弊者,盖专务说仁,而于操存涵养之功,不免有所忽略,故无复优柔厌饫之味、克己复礼之实,不但"其蔽也愚"而已。而又一向离了爱字悬空揣摸,既无真实见处,故其为说,恍惚惊怪,弊病百端,反不若全不知有仁字,而只作爱字看却之为愈也。[①]

---

① 《朱文公文集》卷三十一,《答张敬夫》第十六书,四部丛刊本,第482页。

朱熹指出，二程以前的学者讲仁，只作爱字来说，不了解仁的本体意义。但自二程以后的学者却只知讲仁，而不敢讲爱，不敢以爱说。其结果"离了爱字"而流于"悬空揣摸"，既忽略了操存涵养之功，又无克己复礼之实。朱熹批评将"仁"与"爱"相分离的观点，其目的是强调仁之体与仁之用的结合。

《仁说》第三部分内容在批评完程颐的"爱为情，性为仁"的观点之后，接着说："程氏之徒，言仁多矣。盖有谓爱非仁，而以'万物与我为一'为仁之体者矣。亦有谓爱非仁，而以'心有知觉'释仁之名者矣。"朱熹指出，程氏弟子谈仁者很多，但他们不以爱论仁，而以"万物与我为一"释仁，以"心有知觉"释仁。这些说法都是片面的。

以"知觉"释仁者是谢上蔡。上蔡关于这方面的语录有：

1. 心者何也？仁是已。仁者何也？活者为仁，死者为不仁。今人身体麻痹不知疼痒谓之不仁。①
2. 有知觉，识疼痒便唤作仁。②

以"知觉言仁"是上蔡论仁的主要观点。上述两条语录表明上蔡将"觉""知觉"认为就是"仁"。他解释说，活人的四肢有知觉，识疼痒，就是"仁"；死人的四肢无知觉，不识疼痒，就是不仁。所以，心有所"觉"，谓之"仁"。为此，朱熹批评上蔡这一思想说：

仁固有知觉，唤知觉做仁，却不得。③

---

① （清）黄宗羲：《上蔡学案》卷二十四，《宋元学案》，第917页。
② （清）黄宗羲：《上蔡学案》卷二十四，《宋元学案》，第935页。
③ 《朱子语类》卷六，第1册，第118页。

朱熹在《仁说》中作了与上述语录相似的分析。他认为所谓"心有知觉"者，可以看到"仁"包仁、义、理、智，但不能因此就以"知觉"命名"仁"。在《仁说》中，朱熹批评上蔡还说专言"知觉"者，使人张皇迫躁，无沉潜之味，其弊病会认欲为理。所以，朱熹说："缘上蔡说得'觉'字太重，便相似说禅。"① 太看重"知觉"，则与禅相类。

全祖望在《龟山学案序录》中说："明道喜龟山，伊川喜上蔡，盖其气象相似也。"② 在仁学思想方面，杨龟山也与程颢相似，亦主"万物与我为一"说。关于杨龟山"仁之体"的观点，如上文所述（见本节程颢的仁学思想部分）。对于龟山的这种主张以"万物与我为一"为"仁之体"的观点，朱熹在《仁说》中指出：所谓"物我为一"，泛言"同体"者，是使人含糊昏缓，无警切之功，甚至于认物为己，而非仁之体。"万物与我为一"有两种意义：一种是境界的意义，指"万物一体的精神境界"；另一个是本体的意义，指万物存在的不可分的整体就是仁体。③ 朱熹批评龟山的"物我为一"是为了强调"仁"的本体义。他指出"物我为一"论容易使人只见"仁之无不爱"，而忽略了"仁之所以为仁之体"的意义。

总之，朱熹指出"知觉"者和"同体"者"一忘一助，二者盖胥失之"。意为这两种观点都是不全面的，有失偏颇的。

传统的学术观点认为朱熹的儒学思想主要体现于理学。笔者通过对朱熹仁学思想的探究，认为朱熹的仁学思想庞大而精细。从庞大方面来说，他的仁学思想涉及了生意、生气、理、气、心、性、情、格物、致知、穷理等儒学的本体义和工夫义诸方面。从精细方面来说，他的仁学思想触及了"心"的多样性和实质性、

---

① 《朱子语类》卷六，第1册，第118页。
② （清）黄宗羲：《龟山学案》卷二十五，《宋元学案》，第944页。
③ 参见陈来《新原仁——仁学本体论》，第175页。

"气"的流动性和功能性、"仁"的本根性和功用性等。朱熹的仁学思想在对中国历代儒家学者的仁学思想接着讲的基础上，又提出了新的观点并形成了他的仁学本体论哲学即视"仁理"为体为理为仁，"仁气"为用为气为仁。"仁理"和"仁气"以理气一元、体用兼备的形态呈现出来，在朱熹思想中得到了高度统一。朱熹的仁本体论思想进一步丰富和完善了中国的仁学内容。由此可以说，中国儒学的基本特征就是仁学本体论。

第四节　阳明儒学的"仁本体"建构

明代著名学者王阳明生于明宪宗成化八年（1472），卒于明世宗嘉靖七年（1528）。王阳明是继陆九渊之后，心学的发展者和完成者。同时，他也是为仁学思想找到经典理论依据的重要学者。王阳明的最后一部著作《大学问》就是以儒学经典《大学》为理论依据阐释仁学的作品。关于这部重要著作，王阳明的大弟子钱德洪说：

> 《大学问》者，师门之教典也。学者初及门，必先以此意授。……门人有请录成书者。曰："此须诸君口口相传，若笔之于书，使人作一文字看过，无益矣。"嘉靖丁亥八月，师起征思、田，将发，门人复请。师许之。①

《大学问》这篇著作是王守仁哲学体系的纲领，是他教学生的入门，也是他最后的著作，代表他在哲学上的最后见解。②
　　《大学问》的基本内容如下：

---

① 《大学问·德洪曰》卷二十六续编一，《王阳明全集》（中），上海古籍出版社2012年版，第803页。
② 参见冯友兰《中国哲学史新编》，第5册，第209页。

《大学》者，昔儒以为大人之学矣。敢问大人之学何以在于"明明德"乎？

阳明子曰："大人者，以天地万物为一体者也，其视天下犹一家，中国犹一人焉。若夫间形骸而分尔我者，小人矣。大人之能以天地万物为一体也，非意之也，其心之仁本若是，其与天地万物而为一也。岂惟大人，虽小人之心亦莫不然，彼顾自小之耳。是故见孺子之入井，而必有怵惕恻隐之心焉，是其仁之与孺子而为一体也。孺子犹同类者也。见鸟兽之哀鸣觳觫，而必有不忍之心焉，是其仁之与鸟兽而为一体也，鸟兽犹有知觉者也。见草木之摧折而必有悯恤之心焉，是其仁之与草木而为一体也，草木犹有生意者也。见瓦石之毁坏而必有顾惜之心焉，是其仁之与瓦石而为一体也。是其一体之仁也，虽小人之心亦必有之。是乃根于天命之性，而自然灵昭不昧者也，是故谓之'明德'。……是故苟无私欲之蔽，则虽小人之心，而其一体之仁犹大人也；一有私欲之蔽，则虽大人之心，而其分隔隘陋犹小人矣。故夫为大人之学者，亦惟去其私欲之蔽，以自明其明德，复其天地万物一体之本然而已耳，非能于本体之外而有所增益之也。"

曰："然则何以在'亲民'乎？"

曰："明明德者，立其天地万物一体之体也。亲民者，达其天地万物一体之用也。故明明德必在于亲民，而亲民乃所以明其明德也。是故亲吾之父，以及人之父，以及天下人之父，而后吾之仁实与吾之父、人之父与天下人之父而为一体矣；实与之为一体，而后孝之明德始明矣！亲吾之兄，以及人之兄，以及天下人之兄，而后吾之仁实与吾之兄、人之兄与天下人之兄而为一体矣；实与之为一体，而后悌之明德始明矣！君臣也，夫妇也，朋友也，以至于山川鬼神鸟兽草木也，莫不实有以亲之，以达吾一体之仁，然后吾之明德始无不明，而真能以天地万物为一体矣。夫是之谓明明德于天下，是之谓家齐国治而天下平，是之谓尽性。"

曰："然则又乌在其为'止至善'乎？"

曰："至善者，明德、亲民之极则也。天命之性，粹然至善，其灵昭不昧者，以其至善之发见，是乃明德之本体，而即所谓良知也。至善之发见，是而是焉，非而非焉，轻重厚薄，随感随应，变动不居，而亦莫不自有天然之中，是乃民彝物则之极，而不容少有议拟增损于其间也。少有拟议增损于其间，则是私意小智，而非至善之谓矣。"①

以上是《大学问》的前半部分内容。

《大学问》开篇所说的"大人以天地万物为一体"为"仁"的思想与程颢《识仁篇》开头所说的"学者须先识仁。仁者，浑然与物同体，义、礼、智、信皆仁也"几乎完全一致。对于这一现象，冯友兰先生解释说："这并不是说王守仁抄程颢，这只是说有那么一个客观的道理，二人对于这个道理都有所见。程颢是道学中心学的开创者，王守仁是心学的完成者，他们所见到的这个道理，是心学的一贯的中心思想。不过，程颢没有把这个中心思想和《大学》的三纲领结合起来。王守仁这样做了，这就使这个中心思想更加有了一个在经典上的理论依据。"②

儒家经典《大学》的三纲领即为：

大学之道，在明明德，在亲民，在止于至善。

《大学问》第一问就是关于"明明德"。对此，王阳明开篇就

---

① 《大学问》卷二十六续编一，《王阳明全集》（中），第798页—800页。
② 冯友兰：《中国哲学史新编》，第5册，第211页。

提出了"以天地万物为一体"即"视天下犹一家,中国犹一人"。为什么大人①能以天地万物为一体?其根据是什么?王阳明一针见血地指出,这是由于"其心之仁本若是"。人心之"仁"决定了必然要以天地万物为一体。进而,王阳明作了通俗的解释。如见孺子入井,必有恻隐之心,这是由于其心之仁与孺子为一体的结果;见鸟兽哀鸣,必有不忍之心,这是由于其心之仁与鸟兽为一体的结果;见草木摧毁,必有悯恤之心,这是由于其心之仁与草木为一体的结果;见瓦石毁坏,必有顾惜之心,这是由于其心之仁与瓦石为一体的结果,总之,是一体之仁的缘故。而这一体之"仁"是根于天命之性,是自然灵昭不昧的,这就是"明德"。可见,心之仁体就是明德。王阳明认为只要明德不被私欲遮蔽,就能"以天地万物为一体",也就是说只要一体之仁不亡,就是视万物一体为仁。

关于"明德",王阳明特别强调两点。第一点是"明德"只有在不被私欲遮蔽的前提下,才能视"万物一体为仁"。如果"明德"被"动于欲""蔽于私",那就要做"明其明德"的工夫,以"复天地万物一体之本然",这就是"明明德"。关于"明明德",结合下文的"致良知"再一起论述。第二点是王阳明很关注"大人"之心的"明德"与"小人"之心的"明德"的同然性。他认为如果小人之心已分隔隘陋,但其未动于欲,未弊于私时,其一体之仁不昧,犹大人之心的"明德"。这就是说,当人心不被私欲遮蔽时,其心之明德同然,其一体之仁不昧,正是基于这一点,王阳明提出了"满街都是圣人"的思想。王阳明思想中的"圣人"标准是什么?他在《拔本塞源》一文中说:

夫圣人之心,以天地万物为一体,其视天下之人,无外

---

① 所谓"大人"就是指完全的人,能完全实现人之理的人,即为"完人",亦即所谓"圣人"。参见冯友兰《中国哲学史新编》,第5册,第212页。

> 内远近，凡有血气，皆其昆弟赤子之亲，莫不欲安全而教养之，以遂其万物一体之念。天下之人心，其始亦非有异于圣人也，特其间于有我之私，隔于物欲之蔽，大者以小，通者以塞，人各有心，至有视其父子兄弟如仇雠者。圣人有忧之，是以推其天地万物一体之仁以教天下，使之皆有以克其私，去其蔽，以复其心体之同然。①

文中"圣人之心，以天地万物为一体"表明王阳明将"视天地万物一体之仁"作为"圣人"的重要标准。这一圣人标准标识着王阳明将"仁学"与"圣人"直接联系在一起。用简明的语言说即为："视天地万物一体之仁是谓圣。"这与王阳明常说的"心之良知是谓圣"② 是同一意思。

上文中王阳明还指出，天下人之心，其始之时与圣人之心无异，即都视天地万物一体为仁。后由于我私和物欲之弊，人各有心，大者以小，通者以塞。于是圣人忧之，以天地万物一体之仁教天下之人，克私去蔽，以复其心体同然。这又是《大学问》中的"明明德"。

《大学问》的第二问是关于"亲民"。朱熹在《大学章句》中将《大学》中的"亲民"改为"新民"。王阳明作《大学问》又将"新民"改回"亲民"。这一否定之否定的过程显示了王阳明"以天地万物一体为仁"的仁学思想。他在回答徐爱关于"新"不能代替"亲"的问题时说："作'新民'之'新'是自新之民，与'在新民'之'新'不同，此岂足为据？……'亲民'犹孟子'亲亲仁民'之谓，亲之即仁之也。……又如孔子言'修己以安百姓'，'修己'便是'明明德'，'安百姓'便是'亲民'。说

---

① 《语录二》卷二，《王阳明全集》（上），第 47 页。
② 《文录五》卷八，《王阳明全集》（上），第 236 页。

'亲民'便是兼教养意，说'新民'便觉偏了。"① 王阳明认为"新民"与"亲民"有重要的区别。"亲民"就是孟子所说的"仁民"，也就是孔子所说的"修己"（明明德）以"安民"（亲民）。可见，"亲民"之"亲"关联到"明明德"与"亲民"的内在联系。这种内在联系用王阳明的话来说就是："明德、亲民，一也。古之人明明德以亲其民，亲民所以明其明德也。是故明明德，体也；亲民，用也。"② "明明德"与"亲民"是"体"与"用"的关系。"明明德"为"体"，"亲民"为"用"。这种"体用一源"的"一源"是什么？王阳明在《大学问》中回答说："明明德者，立其天地万物一体之体也。亲民者，达其天地万物一体之用也。""体"（明明德）为"天地万物一体之仁"之体，"用"（亲民）为"天地万物一体之仁"之用；即"体"为"仁体"之体，"用"为"仁体"之用。可见，"明明德"与"亲民"的内在联系凸显了王阳明在"亲民"中很重视"明明德"必须落实于"亲民"的实践中，而只有实践中的"亲民"才能显示已明其明德。这一方面表明王阳明在多年的从政经历中很重视实际效果；另一方面从哲学思维看，强调"明明德"必须落实到客观实践"亲民"中，也就是说"亲民"必须突出客观实际活动的效果，这表明王阳明思想中的"仁体"已有客观化的倾向。当然，从心学角度看，"仁体"又具有主观性。可见，阳明哲学的"仁学"既是主观的，但又具有客观化倾向。

王阳明在《大学问》中还指出，当真能以天地万物为一体之时，也就是明明德于天下之时，就是"家齐国治天下平"之际。这是怎样的一种社会呢？王阳明描绘了一幅齐家、治国、平天下的图画："当是之时，天下之人熙熙皞皞，皆相视为一家之亲。其才质之下者，则安其农、工、商、贾之分，各勤其业以相生相养，

---

① 《语录一》卷一，《王阳明全集》（上），第1—2页。
② 《文录五》卷八，《王阳明全集》（上），第237页。

而无有乎希高慕外之心,其才能之异若皋、夔、稷、契者,则出而各效其能,若一家之务,或营其衣食,或通其有无,或备其器用,集谋并力,以求遂其仰事俯育之愿,惟恐当其事者之或重己之累也。"① 这是王阳明在《拔本塞源》一文中描绘的三代之世的情景。天下之人互视为一家亲人,孝其亲、弟其长、信其友,农工商贾各安其业、相生相养,视才举德而任、同心一德、共安天下之民。在这样的社会中,无内外之别、人己之分,心体同然,全其万物一体之仁。这就是王阳明提倡的将主观的"明明德"之体落实到客观的"亲民"之用的仁的社会。

《大学问》的第三问是关于"止至善"。何谓"至善"?王阳明在《大学问》中回答说:"至善者,明德、亲民之极则也。""至善"是明德、亲民的最高准则,通过"至善"发见了明德本体,也就是所谓的"良知"。这说明了两个问题:一是"明德"就是"良知";二是"良知"从何而来。

"良知"概念出自《孟子》。《孟子·尽心上》说:"人之所不学而能者,其良能也。所不虑而知者,其良知也。"关于"良知"从何而来,王阳明在《大学问》中作了说明:"天命之性,粹然至善,其灵昭不昧者,以其至善之发见,是乃明德之本体,而即所谓良知也。"当修炼达到"至善"时,"明德"本体呈现,这就是"良知"。"良知"是阳明哲学中的一个核心概念。《年谱》记载:"自经宸濠、忠、泰之变,[阳明]益信良知真足以忘患难、出生死,所谓考三王,建天地,质鬼神,俟后圣,无弗同者。"② 正因如此,王阳明确信:"某于'良知'之说,从百死千难中得来,非是容易见得到此。"③ 又说:"我此'良知'二字,实千古

---

① 《语录二》卷二,《王阳明全集》(上),第48页。
② 《年谱二》卷三十四,《王阳明全集》(下),第1050页。
③ 《序说·序跋》卷四十一,《王阳明全集》(下),第1307页。

圣圣相传一点滴骨血也。"① 王阳明之所以高度评价"良知"的重要性，是源于他对"良知"与"圣人"关联的自觉性。如上所述，在王阳明的思想中，"明德"就是"良知"，"视天地万物一体之仁是谓圣"，这也就是"良知是谓圣"。关于"良知"与"圣人"的关系，《传习录下》录有一条阳明语录：

> 在虔，与于中、谦之同侍。先生曰："人胸中各有个圣人，只自信不及，都自埋倒了。"因顾于中曰："尔胸中原是圣人。"于中起："不敢当。"先生曰："此是尔自家有的，如何要推？"于中又曰："不敢。"先生曰："众人皆有之，况在于中！却何故谦起来，谦亦不得。"于中乃笑受。又论："良知在人，随你如何，不能泯灭，虽盗贼，亦自知不当为盗，唤他做贼，他还忸怩。"于中曰："只是物欲遮蔽，良心在内，自不会失。如云蔽日，日何尝失了！"先生曰："于中如此聪明，他人见不及此。"②

这条记录的主要意思是说，王阳明认为"人人胸中有圣人"，只是不自信，故被自埋了。于是对他的弟子于中说"你胸中原是圣人，众人胸中都有，因为良知在心中，不管怎样，都不能泯灭。比如盗贼，他自知不应偷盗，所以你唤他贼，他还会不好意思"。弟子于中领悟说："良知在心内自不会失。只是物欲将它遮蔽，就如同乌云遮住太阳一样，但太阳不会消失。"王阳明称赞于中聪明。这条记录表明王阳明认为人人心中自有良知（明德），这是人人皆可成圣的根据。当物欲遮盖良知时，它仍然存在但不会显现出来，它就需要去物欲的工夫。《大学》将这一工夫叫作"明明德"（明其明德），王阳明称为"致良知"（致其良知）。关于"致良知"，

---

① 《年谱二》卷三十四，《王阳明全集》（下），第 1050 页。
② 《语录三》卷三，《王阳明全集》（上），第 81 页。

王阳明评价说:"近来信得'致良知'三字,真圣门正眼法藏。往年尚疑未尽,今自多事以来,只此良知无不具足。譬之操舟得舵,平澜浅濑,无不如意,虽遇颠风逆浪,舵柄在手,可免没溺之患矣。"①"致良知"三字是王阳明从自己的挫折和磨砺中体悟到的。他感叹只要通过"致良知",使"良知具足",就能从磨难中解脱,化危为安。为此,王阳明认为:"圣人之学,惟是致此良知而已。……是故致良知之外无学矣。自孔孟既没,此学失传几千百年。赖天之灵,偶复有见,诚千古之一快,百世以俟圣人而不惑者也。"② 王阳明视"致良知"为圣门唯一之学,要想成为圣人,只要在"致良知"上下功夫即可。所以,"致良知"也成为阳明哲学的经典命题。他强调:"吾生平讲学,只是'致良知'三字。"③"致良知"三字中的"良知",如上所述是指"明德",是指"以天地万物一体之仁"。那么"致"字如何解释?

王阳明在《大学问》的后半部讲《大学》的"八条目"中的"知致"时释"致"说:"致者,至也,如云'丧致乎哀'之'致'。《易》言'知至至之','知至'者,知也;'至之'者,致也。'致知'云者,非若后儒所谓充广其知识之谓也,致吾心之良知焉耳。"④ 可见,王阳明对"致"的解释一是强调"致"为"至之"的意义,二是强调"致"专为"致吾心之良知"。

下面,根据王阳明的解释详述"致"之义。"致"的第一层意义为"至"即扩充、充拓、至极之义。"致良知"就是扩充自己发现于日常意识中的良知。那么,怎样才能扩充发现自己日常意识中的良知呢?王阳明说:"我辈致知,只是各随分限所及。今日良知现在如此,只随今日所知扩充到底;明日良知又有开悟,

---

① 《年谱二》卷三十四,《王阳明全集》(下),第1050页。
② 《文录五》卷八,《王阳明全集》(上),第236页。
③ 《续编一》卷二十六,《王阳明全集》(中),第818页。
④ 《续编一》卷二十六,《王阳明全集》(中),第802页。

便从明日所知扩充到底。如此方是精一功夫。"① 这种扩充良知的工夫，王阳明比喻像给小树浇水，今日浇点水，发芽；明日再浇点水，小芽长成叶；逐渐加水，小树长大变大树。逐日精进，使良知扩充到极致，也就是努力达到了"视天地万物一体为仁"的境界。进入这样的境界，就是使阻碍"良知"的"私意"全部去除，使"良知"全体得以充塞流行，毫无滞碍。如王阳明说："若良知之发，更无私意障碍。即所谓'充其恻隐之心，而仁不可胜用矣'。然在常人不能无私意障碍，所以须用致知格物之功。胜私复理，即心之良知更无障碍，得以充塞流行，便是致其知。知致则意诚。"② 这是说，如果能够剔除私欲障碍，使"良知"充拓至其极，那就达到了孟子所说的"扩充恻隐之至其极，则仁不可胜用"。但是普通人常有私欲私心遮蔽了"良知"，所以必须用功清除遮蔽，"良知"本体才能全体呈露，才能充塞流行，这就是"致良知"。可见，所谓"致良知"，从积极方面说就是充拓"良知"到极致，从消极方面说就是去除私欲障弊。总之，"致良知"就是把心之良知"扩充到底"，即"视天地万物一体为仁"。

"致"的另一层意思是"行"，即按照"良知"的准则去做、去行、去实践，也就是王阳明说的是"致吾心之良知"，而不是一般意义的扩充知识。这是王阳明更为强调的一面。他在《答顾东桥书》一文中说："良知良能，愚夫愚妇与圣人同。但惟圣人能致其良知，而愚夫愚妇不能致，此圣愚之所由分也。"③ 这段话的第一句话如上所述，是讲"良知"的普遍性。而第二句话则是说圣愚的区别便是这一"致"字。能依良知而行者为"圣"，不能依良知而行者为"愚"。可见，"圣"与"愚"的关键是"行"，也就是王阳明所说的"致"。"致是良知而行，则所谓'天下之达

---

① 《语录三》卷三，《王阳明全集》（上），第84页。
② 《语录一》卷一，《王阳明全集》（上），第6页。
③ 《语录二》卷二，《王阳明全集》（上），第43页。

道'也。"① 这句话表明了两个意思：一个意思是说在王阳明的语境中，"行"是指依良知而行；另一个意思是说王阳明视"行"为"致良知"的"致"，"行"是致良知的内在要求和规定。② 正是在强调"行"的这重意义上，后人又将阳明哲学称为力行哲学。王阳明自己也认为他的"致良知"说体现了他早年提出的"知行合一"说。"决而行之者，致知之谓也。此吾所谓知行合一者也。"③"良知"为"知"，"致"为"行"；"致良知"即"知行合一"。

"知行合一"也是阳明哲学的一个重要命题。《传习录》中记载了许多条王阳明与其弟子讨论"知行合一"的语录。从仁学理论解读"知行合一"说可以看到："知"是指"良知"即"明德"，"行"是"致良知"即"明其明德"，"知"与"行"在良知上合而为一，即努力克私去弊，使心之仁体全部呈现出来，以达"天地万物一体之仁"。这种"知行合一"的工夫，用王阳明的话说又叫作"事上磨炼"或"事上致其良知"。王阳明在回答弟子关于如何修炼时说："人须在事上磨，方立得住，方能'静亦定，动亦定'。"④ 在回答陈九川如何"事上省察"时，又说："人须在事上磨炼做功夫乃有益，若只好静，遇事便乱，终无长进。"⑤ 以上两条语录强调王阳明认为若只静坐冥想而不接触实际，不在事上磨炼的话，那么一遇事便会乱，不知如何应用、如何处理。所以，只有事上磨炼即依"良知"去"行"去"致"，才能不动心，才能立得住。他在回答聂文蔚关于如何"致良知"

---

① 《文录五》卷八，《王阳明全集》（上），第235页。
② 参见陈来《有无之境——王阳明哲学的精神》，人民出版社1991年版，第181页。
③ 《文录五》卷八，《王阳明全集》（上），第233页。
④ 《语录一》卷一，《王阳明全集》（上），第11页。
⑤ 《语录三》卷三，《王阳明全集》（上），第81页。

时说："故区区专说致良知，随时就事上致其良知。"① 就"事上致其良知"是讲只有通过具体事物的磨炼，才能逐渐将私欲杂念去除掉，最终使至善至诚的良知本体（明德）完全呈露出来，做一个"视天地万物一体"的人。《传习录》有两条记录，生动地说明了"就事上致良知"的意思。

一条记录说：有一属官因久听阳明讲学，说："此学真好！只是簿书讼狱繁难，不好学。"阳明听后对他说："我何尝教你离了簿书讼狱，悬空去学？你既有官司之事，便从官司的事上为学，才是真格物。比如断案不可因他应对无状，起了怒心；不可因他言语圆转，生了喜心；不可因厌其有所嘱托，加意惩治；不可因他有所请求，屈意服从；不可因自己事务烦冗，随意断案；不可因别人诽谤罗织，随人处置。这许多意思皆是私心，只有你知道。断案必须精细省察克治，不使此心有一毫偏差，枉人是非，这就是格物致知。簿书讼狱之间都是实学。若离了事上磨炼，就是着空。"② 王阳明教导属官，要想在簿书讼狱之事上磨炼，致良知，就要知道怒心、喜心、加意惩治、屈意断案、随人处置等都是私欲、私心。这些私欲、私心遮蔽了良知，只有自觉地将这些私欲、私心克除掉，使良知尽量充拓，才能客观、公允、准确地断案。这就是致良知。

另一条记录说：有人认为童子不能格物，只能教他洒扫应对之事。王阳明说："洒扫应对就是一件事，童子良知只到此，便教他去洒扫应对，就是致他这一点良知了。如童子知敬畏先生长者，这也是他的良知处。所以他在嬉戏时见了先生长者，便作揖恭敬，是他能够格物以致敬师长之良知了。"又说："自童子以至圣人，皆是此等工夫。"③ 这条记录所说童子经洒扫应对，经恭敬师长等

---

① 《语录二》卷二，《王阳明全集》（上），第73页。
② 《语录三》卷三，《王阳明全集》（上），第83页。
③ 《语录三》卷三，《王阳明全集》（上），第105—106页。

事的磨炼，能够致洒扫应对之良知和致恭敬师长之良知，表明通过不断的格物即磨炼，就会使良知不断扩充。童子年幼时，教他洒扫应对，他认真去做，便是致其洒扫应对这点良知。童子长大些，教他要尊敬师长，童子照着去做，见到自己的先生和长者，恭恭敬敬，便是致其敬师长之良知。童子成人后，若能视天下的先生都如同是自己的先生，视天下的长者都如同是自己的长者，对他们都恭恭敬敬，那就表明童子敬师长之良知又有了扩充。随着良知的不断扩充，最终扩充到极致，就达到了"视天下万物一体"的至仁境界。所以王阳明说"自童子以至圣人，皆是此等工夫"。

王阳明之所以强调"致良知"，是因为从哲学系统划分，阳明哲学属于心学，王阳明确信人经过事上磨炼的修炼，可以使良知（明德）充分显现，最终达到"天下万物一体"的"仁"的境界，也就是使心回复到"心之仁"的本来状态。"心之仁"的本来状态之所以能使"大人者，以天地万物为一体"，按着《大学问》的原话说是因为"其心之仁本若是，其与天地万物而为一也"。再进一步解释，就是《大学问》举例说的这是因为其心之仁与孺子为一体，其心之仁与鸟兽为一体，其心之仁与草木为一体，其心之仁与瓦石为一体等。那么，其心之仁为什么能与孺子、鸟兽、草木、瓦石为一体之仁呢？这是因为王阳明认为"人"与"天地万物""同此一气，故能相通耳"。[①] 这里便产生了一个问题：在中国哲学中，"气"是一个重要的哲学范畴。"气"具有聚散性、贯通性、流行性，它是动态的、活泼的，亦是生生不息的。正由此，在一气流行中，万物才能连成有机体。那么在阳明心学中，这个"气"应该如何理解？为什么王阳明亦强调"气"是贯通"物我一体""万物一体"的媒体？对此，张岱年先生说："明中

---

① 《语录三》卷三，《王阳明全集》（上），第94页。

叶以后，心学最盛。阳明、甘泉两派，说虽不同，然都认为宇宙即心。但主观唯心论的哲学家亦颇讲理气。更有一可注意的情形，即主观唯心论哲学家讲理气，多数都认为气是根本的，理是其次。宇宙在吾心中，而此宇宙乃一气之流行，气之条理是理，即在于心中。气不外心，理不外气。如舍心不论，专言理气，则气是比较根本的。心学的创始者陆象山本专讲理不讲气，然而传演到后来，心学家反而注重气了。"① 陈来教授说："从张载到王阳明，宋儒都没有放弃过'气'的观念。在心学传统中，存有论的气概念服从于人生论的需要，气的这种哲学的意义与西方哲学显然有极为不同的意义。但很明显的是，气的概念使万物一体之仁的实体化成为可能。"② 有心气合一的意思。③ 本人认为阳明哲学中的"气"概念兼含道德之气与物质之气的意蕴。由此，阳明思想中的"仁体"才能在理论上成为哲学本体。下面，举三段语录加以说明。

王阳明在回答陆原静关于"元神、元气、元精"问题时说：

> 夫良知，一也。以其妙用而言谓之神，以其流行而言谓之气，以其凝聚而言谓之精，安可以形象方所求哉？④

这条语录表明王阳明认为从妙用方面讲，良知可称为"神"，从流行方面讲，良知又可称为"气"，从凝聚方面讲，良知还可称为"精"。这里的"气"指良知之气。

王阳明在回答朱本思关于草木瓦石有无"良知"问题时说：

---

① 张岱年：《中国哲学史大纲》，江苏教育出版社2005年版，第96页。
② 陈来：《新原仁——仁学本体论》，第301页。
③ 陈来教授的这一思想，还可参见他的博士研究生朱雷的博士学位论文《明代心学气论研究》。
④ 《语录二》卷二，《王阳明全集》（上），第54页。

> 盖天地万物与人原是一体，其发窍之最精处，是人心一点灵明。风、雨、露、雷、日、月、星、辰、禽、兽、草、木、山、川、土、石，与人原只一体。故五谷禽兽之类，皆可以养人；药石之类，皆可以疗疾：只为同此一气，故能相通耳。①

这条语录说了两个意思：一是讲人心的灵明是最精处；二是讲人与自然界、与动物界、与天地万物原本就是一体。这种万物一体状不仅是主观的，也是客观实存的。其原因就在于"同此一气，故能相通"。在"气"的作用下，人与天地万物互联互通：五谷禽兽用于养人，药石用于给人治病等，整个宇宙就是一种互联互通的"一体"，这就是万物互通一体。"可见，这种'一体'不仅在境界上应然如此，在心体上本然如此，在存有的状态说是实然如此。"② 这种万物一体就是仁体。这个仁体具有二重性，"心体上本然如此"，从心学角度看它是主观性，但由于人与万物"同此一气"，"气"将人与万物连成了一个紧密的整体，所以"仁体"成为宇宙的本体。这是仁体的客观性。

王阳明在回答弟子问题时说：

> 问："人心与物同体，如吾身原是血气流通的，所以谓之同体。若于人便异体了，禽兽草木益远矣，而何谓之同体？"先生曰："你只在感应之几上看，岂但禽兽草木，虽天地也与我同体的，鬼神也与我同体的。"请问。先生曰："你看这个天地中间，甚么是天地的心？"对曰："尝闻人是天地的心。"曰："人又甚么教做心？"对曰："只是一个灵明。""可知充塞天地之间，只有这个灵明，人只为形体自间隔了。我的灵

---

① 《语录三》卷三，《王阳明全集》（上），第94页。
② 陈来：《新原仁——仁学本体论》，第301页。

明，便是天地鬼神的主宰。天没有我的灵明，谁去仰他高？地没有我的灵明，谁去俯他深？鬼神没有我的灵明，谁去辨他吉凶灾祥？天地鬼神万物离却我的灵明，便没有天地鬼神万物了。我的灵明离却天地鬼神万物，亦没有我的灵明。如此，便是一气流通的，如何与他间隔得？"①

在这段语录中，王阳明讲了三层意思。第一层意思是充塞天地间的只有我（人）的一点灵明。第二层意思是说人不仅与天地万物而且与鬼神都是无间隔的，"天地鬼神万物离却我的灵明，便没有天地鬼神万物了。我的灵明离却天地鬼神万物，亦没有我的灵明"。第三层意思是说，由于"气"的流通作用，所以人才能与天地鬼神万物紧密相连，没有间隔，"一气流通的，如何间隔得？"这三层意思表明了一个理论问题，即"仁体"为"本体"。作为"本体"的"仁体"在阳明哲学中具有两面性。一方面，由于灵明是天地鬼神万物的主宰，所以在心体上，人与天地鬼神万物本来就是紧密地连在一起的"一体"，这是心体所呈现的一种本然状态。心体的这种本然状态就是"仁体"。这是阳明哲学"仁体"的主观性一面。在阳明哲学中"仁体"更为重要的一面是王阳明认为人之所以能同禽兽草木、能同天地鬼神、能同宇宙万物相通相连成为同体的原因是由于"一气流通，如何与他间隔得"？在"气"的作用下，人与宇宙间的万物相通相连，构成一个息息相关的有机整体。这个整体就是作为宇宙本体的"仁体"。诚如陈来教授的分析："其中的'一气流通'不仅具有物质实体的意义，也同时包含着把宇宙看成一个有机系统的意义，无论哪一方面，都是强调万物与'我'的息息相关的不可分割性。这个不可分割的有机系统的总体即是仁体。从而人体可以超出心体而成为宇宙的

---

① 《语录三》卷三，《王阳明全集》（上），第109页。

本体。"①

  从上述分析可以得出这样一个结论，阳明哲学以儒学经典《大学》为理论依据，提出了"大人与天地万物一体"的仁学思想。这种仁学思想的核心是"致良知"，也就是"明明德"。当良知扩充到极致时即"致良知"，心之仁呈现出来，心之仁与天地万物连为一体，视天下犹一家，中国犹一人。这是心体的本然状态，即原本就是这样。心体即为仁体，也就是本体。而心之仁与天地万物能够连为一体，成为同体的关键是"一气流通"。在"气"的流行功能、作用中，宇宙中的天地万物与人相通为一体，这就是仁体。正是由于"气"的介入，使仁体具有了客观性、实体性。这样的仁体也就是宇宙的本体。所以，在阳明哲学中，作为本体的仁体有主观性和客观性两重哲学意义。这是阳明仁学本体的特点。

---

① 陈来：《新原仁——仁学本体论》，第301页。

第二章 "重情重实"的韩国儒学

第一节 韩国儒学的气质

关于"什么是韩国儒学"这个重要问题,韩国高丽大学的尹丝淳教授在他的两部重要著作中作了明确说明。他在《韩国儒学研究》中说:

> 所谓韩国儒学,指的正是作为在韩国文化中如此变化的儒学的特殊性即韩国的独立性。正是在所谓"韩国的独立性"的意义上,韩国儒学是存在的。韩国人以特殊的思想能力继承并予以独立发展的传统儒学,正是韩国儒学。①

他在近年出版的一部学术著作《韩国儒学史——韩国儒学的特殊性》中又说:

> 韩国儒学是指中国儒学传入朝鲜半岛后,经过韩国人的思维而产生的独特的、创新的或增减的部分。韩国人对源自中国的儒学根据自身的需要而进行了选择性的吸收、批判性

---

① [韩]尹丝淳:《韩国儒学研究》,新华出版社1998年版,第4页。

的继承或者重新诠释、创造性的增补等。总而言之，韩国儒学是"韩国化"的儒学。

其实，韩国儒学中如果没有本来之普遍性，那么也无从谈论其特殊性。因此，我们要重视普遍性的重要性。但是，韩国儒学之所以成为韩国儒学的重要原因是，在这种普遍性基础上经由韩国人而形成的特殊性。换言之，韩国儒学正体性的核心就在于其有别于中国儒学的特殊性。韩国儒学因为具有普遍性而属于儒学的范畴，因为具有特殊性而成为韩国儒学。①

可见，从中国输入的儒学在与韩国文化的结合中，凭借着韩国人细密的思维方式、精微的逻辑思辨、强烈的忧患意识，使儒学发生了重要变化。这种带着韩国印记的儒学就不再是中国儒学，而是具有韩国特殊性的"韩国儒学"。

要想明晰韩国儒学的特殊性，首先就要了解韩国儒学的发展和流派。按照韩国历史发展的顺序，韩国儒学的发展大致经历了四个阶段，即"三国"（高句丽、百济、新罗）及统一新罗时代的儒学（前57—935）、高丽儒学（918—1392）、朝鲜朝儒学（1392—1910）、近现代儒学（1876—1945）。

韩国学者认为中国儒学早在公元前4世纪左右就已传入古朝鲜社会。例如柳承国教授认为："与燕赵王（前311—前270）同时的古朝鲜社会已习得中国儒教思想，并活用于解决国际之难题。由此可见，孔孟思想于公元前4世纪左右，已经在韩国社会起了机能性的作用。"② 又如金忠烈教授认为："将中国儒教之传来时期，换言之，儒教普及朝鲜半岛的渊源视为公元前4世纪左右，

---

① ［韩］尹丝淳：《韩国儒学史——韩国儒学的特殊性》，人民出版社2017年版，第5—6页。
② ［韩］柳承国：《韩国儒学史》，台北：台湾商务印书馆1989年版，第13页。

而儒学的受容则以三韩时代为起点。""本人认为儒教传来期之后有儒学受容期。若是，儒教的传来至少可追溯到公元前4世纪左右，儒学的受容则在汉四郡时代，即公元前100年左右。"① 上述"三国"及统一新罗时代就是儒学的受容期。

公元前108年，汉武帝在朝鲜半岛设置了"汉四郡"，这对传播儒家典籍和儒学思想起了重要的促进作用。

高句丽（前37—668）于高句丽小兽林王二年（372）建立了儒学教育机构——"太学"，成为当时儒学教育的嚆矢。这可见《三国史记·高句丽本纪第六》小兽林王二年条"立太学，教育子弟"的记录。"太学"的教育内容和制度皆模仿中国，以教授儒家经典的经学、史学、文学为主，以培养精通儒学的人才为宗旨。另外，汉武帝时设立"五经博士"即《诗经》《书经》《周易》《礼记》《春秋》五经，产生了专门攻一经的学者。在高句丽的大学中也已有"博士"制度。在"太学"的受教育者基本上是贵族子弟，他们经过儒学的教养，成为中央政治的执政者、经济的管理者、边防的维护者。

在高句丽，与贵族子弟上的"太学"相反，还有庶民子弟上的私立学校——"扃堂"。《旧唐书·东夷列传》高句丽条记载："俗爱书籍，至于衡门厮养之家，各于街衢造大屋，谓之扃堂，子弟未婚之前，昼夜于此读书习射。""扃堂"的教育内容为经学、史学、文学。庶民子弟在"扃堂"中一边学习儒家经典，一边训练武艺。"扃堂"成了庶民下户习文练武的私立大学。由"扃堂"培训出来的庶民子弟既具有儒家的伦理思想，又有保护家园的武艺。

在高句丽，不论是公立的"太学"，还是私立的"扃堂"，均以教授儒家经典为主。由此，儒家思想成为高句丽社会的主流

---

① ［韩］金忠烈：《高丽儒学思想史》，台北：东大图书股份有限公司1992年版，第24页。

思想。

新罗（前57—668）人思想中的儒家思想很浓厚，如国号"新罗"就与儒学有关："新者德业日新，罗者网罗四方。"

百济（前18—663）的儒学，在《梁书·诸夷列传》百济条记载有："百济遣使臣往梁，献百济物产，并请求《涅槃经》及《毛诗》博士，另亦邀工匠、画家，王首诺。"[①] 这里的《毛诗》博士即指专研儒学五经诗经的博士。百济很早就有"博士"的称谓，在武宁王（501—522）和圣王（523—553）时期就有"五经博士"，指精通儒家经典的人，此外还有"医博士""历博士"等。百济之所以能将中国儒学传入日本，正是凭借百济的"五经博士"们。

新罗武烈王七年（660），新罗伐百济而灭之；新罗文武王八年（668），新罗又攻灭高句丽，进入统一新罗时代，约两百余年。统一新罗时代的重要代表学者首推崔致远（857—?），字孤云，死后被追封为文昌侯，从祀文庙。崔致远12岁时随海舶到唐朝。874年，18岁时中进士，调授宣州溧水（今江苏镇江地区）县尉，后因作《檄黄巢书》声名大振。崔致远著有《桂苑笔耕》12卷流传至今。在儒学思想方面，崔致远继承了儒家关于人"最为贵"和"人能弘道"的传统思想，积极肯定人在天地间的崇高地位。[②]

高丽时代的儒学可分为高丽前期儒学和高丽后期儒学。这是因为中国朱子学传入前的高丽儒学与朱子学传入后的高丽儒学，在内容和性质上都有质的区别。根据金忠烈教授的考证，中国朱子学传入高丽的时间应为忠烈王十六年即1290年。所以，高丽前期儒学以汉唐儒学为基本内容。后一百多年的儒学则以朱子学为主，又称性理学。在这一百多年的时间里，中国朱子学逐渐嬗变

---

① ［韩］柳承国：《韩国儒学史》，第36页。
② 参见徐远和《崔孤云的历史观》，《风流与和魂》，沈阳出版社1997年版，第27页。

为具有韩国特色的高丽性理学。这种性理学又成为朝鲜朝五百年间的官方哲学思想而深入韩国人的血液、细胞之中,并与韩国的历史发展息息相关。

朝鲜朝的历史,是韩国儒学最丰富多彩、光辉灿烂的历史。因为在这五百年中,传入韩国的中国儒学最终演变成具有自我特色的韩国儒学。韩国儒学包含韩国朱子学、韩国实学和韩国阳明学。其中韩国朱子学是朝鲜朝的官方哲学思想,内部主要分为以李退溪为代表的岭南学派和以李栗谷为代表的畿湖学派。韩国实学可分为经世致用派、利用厚生派和实事求是派。而韩国阳明学在朝鲜朝学术界则处于弱势地位。

在朝鲜朝儒学史上,先后出现了四次大论辩,即以李退溪和奇高峰为主的"四七论辩";畿湖学派内部关于"人物性同异"论争的"湖洛论辩";为了收拾经过"壬辰倭乱"(1592—1598)和"丙子战乱"(1636—1637)而混乱不堪的社会,为了强化实践法规的要求而日渐活跃的"礼学论辩";以对"心"概念的特别关心而形成了"心说论辩"。[1] 其中的"湖洛论辩"可以说是"四七论辩"的深入和发展。

所谓"四七论辩",其中的"四"是指《孟子·公孙丑上》所说:"恻隐之心,仁之端也;羞恶之心,义之端也;辞让之心,礼之端也;是非之心,智之端也"的"四端";而"七情"则指《礼记·礼运》中的"喜、怒、哀、惧、爱、恶、欲""七情"。"四七"论就是关于"四端"和"七情"关系、苗脉的论辩。

"四七"论是韩国儒学史上一场著名的论辩。这场论辩分为两个高峰期。第一个高峰期为李退溪与奇高峰之间的论辩,时间长达八年之久。第二个高峰期是李栗谷与成浩源之间的论辩。在此之后,几乎每一位儒学者都直接或间接地参与了这场著名论辩。

---

[1] [韩]安银洙、洪正根:《魏岩、南塘湖洛论辩的分歧及其意义》,载崔英辰主编《中译湖洛论争资料集》,首尔:韩国儒教学会2003年版,第1页。

可以说，朝鲜朝的儒学史就是关于"四端七情"论辩、研究、探讨的历史。

朝鲜朝的儒学者之所以重视"四端七情"的研究，这是由于朝鲜时代的社会、历史原因形成的。原因之一是朝鲜王国时期的"士祸"频繁。最著名的有戊午士祸（1498）、甲子士祸（1504）、己卯士祸（1519）、乙巳士祸（1545）等。一些坚守社会正义并具有批判精神的儒者在"士祸"中被害。由此，"士祸"的结果使朝鲜的"士"（读书人）必须思考这样一个问题，即人性善恶的问题，或者说如何使人性能够去恶从善，成为圣人。这就涉及了"性情"问题。按照儒家传统观点，"性"是善的，"情"发而中节，符合性的原则，便是"善"的表现，但当"情"发而不中节时，便为"恶"。所以关键是"情"如何发，才能中节，也就是说，"情"是人性善恶的核心所在。为此，"情"成了朝鲜儒学者们长论不衰的话题。原因之二是朝鲜朝儒学又称为性理学。所谓性理学基本上是在性善论的基础上，相信、尊重人的本性，同时也强调本性的自律能力。朝鲜朝时期的儒学者大多以做"圣人"为安身立命的最高境界，所以他们的儒学研究、儒学思想多集中于对"人性"的关怀。如何做人，如何做一个圣人，这是朝鲜朝儒学的一个重要主题。所以，朝鲜朝学者关于"四七论辩"的各种思想和结论，无一不是对儒学理论的创造性发展。这种创造性发展表现在两个方面。

第一，朝鲜朝儒学者第一次从理气观上对"情"作了系统的论述。中国大儒朱熹从"动静""体用""未发已发"等方面论述"性情"问题，但却很少从儒学的基本范畴"理气"角度对性情进行论述过。[1] 对此，朝鲜朝大儒李退溪明确地指出性情之辩，先儒们已经论说得很多了，但却没有发现从理气方面对"情"进行

---

[1] 朱熹关于从理气观释"情"的资料只有一条，其云："四端是理之发，七情是气之发。"（《朱子语类》卷五十三，第4册，第1297页）

分析的。正是在这一点上，李退溪提出了"四端，理发而气随之；七情，气发而理乘之"的经典结论。他的意思为："四端"之情为"理"发，"七情"之情为"气"发。理发的"四端"之情是"善"的，气发的"七情"之情有善、有不善之区别，因此要为善去恶。针对李退溪的这一思想，朝鲜朝另一位重要儒学大师李栗谷提出了不论是"四端"，还是"七情"，均是"气发理乘"。这就是栗谷总结出来的"气发理乘一途"说的著名论断。而与李退溪直接辩论的奇高峰则又提出"情兼理气"的说法。

不管是"四端理发气随，七情气发理乘"，还是"四端""七情"都是"气发理乘一途"说，以及"情兼理气"说等，都是从"理气"范畴出发对"情"的来源及性质进行分析。"理气"范畴是儒学最基本、最核心的范畴之一，它是关于宇宙本体及其构成的一对范畴。朝鲜朝儒学者以"理气"范畴分析"情"的来源（怎么发的？是理发还是气发？）及性质（善与恶是缘于理还是缘于气），这表明他们是从本原、从本质上对"情"进行分析研究。

第二，朝鲜朝儒学者第一次深入细致地探讨了"四端"与"七情"的关系。

"四端"之情为道德情感，"七情"之情为自然情感。道德情感与自然情感的关系即"四端"与"七情"的关系问题。韩国儒学者循着从"理气"范畴对"情"研究的思路走下去，必然涉及对"四端"与"七情"关系的探究。韩国儒学者关于"四端"与"七情"关系的研究，主要有以下内容，即"四端"与"七情"是同质还是异质？是"四端"包"七情"还是"七情"包"四端"？"四端"是纯善还是与"七情"一样亦有善有恶？

李退溪在理气观上的最大特色是强调理与气的相殊性，由此导致了他认为"四端"与"七情"的相异性，即"四端"与"七情"的异质性。而与他论辩的奇高峰从"理气混论"的理气观出发，认为"四端"与"七情"是同质的。由于"四端"与"七情"的同质性，"七情"有善有恶，所以"四端"亦应有善有恶。而李栗谷在理气观上提出"气包理"思想，沿着这一思路，他认为"七情"是"四端"之总会，即"七情包四端"。他的意思是说，"七情"涵盖了一切"情"，而"四端"之情是"七情"中善之一边。

以上论述和观点是韩国儒学者发中国儒学者之所未发，凸显了他们对"情"范畴研究的深入和细密。而这种深入和细密也标示着韩国儒学者对"情"的重视和关注。由此，"重情"构成了韩国儒学的一大特色。

在韩国儒学发展史上，自16世纪末叶到19世纪中叶是"实学"思潮产生、发展、成熟的时期。韩国实学的理论经典是儒学原典——六经和四书。韩国实学者认为16世纪的韩国性理学者大都没有遵循儒学原典的精神诠释儒家经典，因而也不能够按照儒学原典的精神发展儒学。韩国实学者认为儒学原典的基本精神就是主张在自我修养的基础上，以经邦弘化、治国理民为目的，也就是"修己治人，内圣外王"。这就是说儒学经典中包含着修身养性、经世致用、利用厚生的"下学"精神。儒学的这种"下学"精神在高丽儒学和朝鲜朝前期儒学中都有所体现。不过16世纪以后由于长期的"士祸"和"党争"，使朝鲜朝儒学走上了谈空说玄、脱离实际的歧路，只追求形而上，而放弃形而下，丧失了经世思想。韩国实学者就是针对当时学术界的这种状况，明确提出了回归原典儒学的"下学"精神，主张"穷经以致用"。于是，一种以经世致用、利用厚生、实行实践为标志的新学风蓬勃兴起。正是在这层意义上说韩国实学是一种"改新的儒学"。这种"改新的儒学"的基本性质有三个方面。

第一，复归原典儒学的经学品格。韩国儒学发展到朝鲜朝后期，由于它的官方化、正统化、经典化而导致了它的局限性、形而上性、滞后性。由此，实学派提出了回归原典儒学的主张。日本学者小川晴久在谈到"实学"与"原典儒学"的关系时,曾经分析道:"《书经·大禹谟》篇规定了'三事''六府'。'三事'为正德、利用、厚生。'六府'为水、火、金、木、土、谷。其中,'正德'就是修己,'利用厚生'就是'治人'。而水、火、金、木、土、谷六府则是利用厚生的质料。所以,实学的原型是'修己'的'正德'之学和'利用厚生'的'治人'之学的结合与统一。"① 可见,实学主张回归原典儒学,其实质是讲在自我修养的基础上,要经邦弘化、治国理民,为社稷、为人民造福谋利,如"经世致用"实学派主张穷经的目的就是改革社会,否则说经而不措于天下事,就是徒读经而已。他们的经世致用观奠定了以标榜原始儒学为精神的实学学问观。而"利用厚生"实学派在提倡"正德利用厚生"的口号下,鼓励发展工商业,以做到人尽其才,物尽其用。

第二,主张重"气"的哲学品格。在理气观上,重"气"是实学的哲学性格。从实学的滥觞李栗谷的"理气妙合"的主"气"思想到实学理论家崔汉绮的"气"学思想体系,无不贯彻着"气"哲学这一红线。尹丝淳教授曾经在《实学思想之哲学性格》一文中,对11位实学者的理气观进行了考察。考察结果表明在理气观上,主理的实学者与主气的实学者的比例为三比七。这就是说,主气是主理的两倍以上,具压倒性的倾向。由此可见,重"气"是实学派理气说的"代表性倾向"。基于重"气"的倾向,他们更关心的是形而下的、器的方面,即儒学的"下学"方面。②

第三,"指向近代"的时代品格。韩国实学是韩国儒学的一种转型,也是韩国儒学史上的一个重要发展阶段。韩国实学与韩国

---

① [日]小川晴久:《实学和哲学》,《第四回东洋国际学术会议论文集》,1998年,第340页。
② 参见[韩]尹丝淳《韩国儒学研究》,第299页。

儒学的一个本质区别在于尽管它是以扩充、强化性理学的实践思想的形式而表现出来，但其对性理学的社会实践思想加以扩充和强化的结果达到了最终摆脱性理学所具有的中世性格向着指向近代性格转变的结果。① 这就意味着韩国实学与韩国近代社会有着密不可分的关系。这种关系表现在韩国实学提出的"经世致用""利用厚生""实事求是"等进步主张是为韩国社会走向近代提供的一种指南。

韩国实学持续时间之长，对韩国社会影响之深，这在中国儒学和日本儒学史上是不曾有的。所以，可以说重"实"是韩国儒学的又一重要特色。

韩国阳明学比起韩国朱子学和韩国实学来讲，则处于劣势地位。关于中国阳明学传入朝鲜朝的时间，韩国学者具有三种观点。

第一种观点认为，中国阳明学传入朝鲜朝的时间应在朝鲜中宗十六年，即1521年左右。这一观点的根据是《十清轩集》中有"阳明文字东来，东儒莫知其为何等语，先生见其《传习录》，斥谓禅学"②。

第二种观点认为，中国阳明学传入朝鲜朝的时间是在明宗十三年，即1558年。按《西崖先生文集》的记载，柳成龙从沈通源丢弃的行囊中获得《王阳明文集》的时候是在1558年。③

第三种观点认为，中国阳明学传入朝鲜朝的时间为李退溪（1501—1570）当年时。其理由是退溪生前著有《传习录辨》一文，对阳明学作了批判。他的批判是韩国儒学史上对阳明学所作的最早的公开批判。④

---

① 参见［韩］千宽宇《韩国实学思想史》，《韩国文化史大系》VI，第1048页。
② 朱七星主编：《中国、朝鲜、日本传统哲学比较研究》，延边人民出版社1995年版，第370页。
③ 参见朱七星主编《中国、朝鲜、日本传统哲学比较研究》，第371页。
④ 参见［韩］李丙焘《韩国儒学史略》，首尔：亚细亚文化社1986年版，第266页。

韩国阳明学自16世纪中叶引入中国阳明学后，历经百年之久，到17世纪中叶才由郑霞谷（1649—1736）开创为一个学派。这一学派由于受到占统治地位的以李退溪为代表的朝鲜朱子学的打击，所以一直处于弱势地位。

在韩国儒学史上，1876—1910年属近代儒学。韩国的近代史是一部饱受日本帝国主义侵略、沾满血和泪的历史，也是朝鲜民族不屈不挠、英勇斗争的历史。从1860年开化期始，日本帝国主义入侵朝鲜半岛，到1910年所谓的韩日"合邦"，朝鲜半岛完全沦为日本帝国主义的殖民地。从1910年到1945年民族解放为止的这段时间，为日本帝国主义的统治时期。

日本帝国主义不仅从政治、经济上，而且还从文化、思想上，全方位侵略、奴役半岛人民。但朝鲜民族是勇敢的民族，面对日本帝国主义的殖民统治，他们坚挺起民族的脊梁，努力提倡"民族主体意识"。因此，近代社会涌现出来的新思潮就是以鼓舞朝鲜民族得以再生为目标，以弘扬民族主体意识为基本内容的主体性哲学。这种主体性哲学也就是韩国近代儒学的基本取向。韩国近代儒学的主要代表者有二：一是崔济愚创立的以儒学为主的三教融合的东学；二是朴殷植通过"儒教求新"的道路，创立了以阳明学为基础的"大同思想"，使韩国阳明学成为民族抵抗时代的主要儒学思想。

第二节　彰显韩国儒学特色的朱子学

1290年，安珦（1243—1306）将中国朱子学引入高丽社会。1290年为中国历史上的元代社会。中国元代朱子学具有两大特征。一是出于元代统治者的需要，将朱子学定为官方哲学，在元代学术界享有独尊地位。二是排斥与朱子学不同调的心学陆学（即陆九渊心学），致使陆学只能在中国南方民间流传。中国元代学术界的这两大特征决定了高丽学者从元代引进的只能是朱子学。

高丽忠烈王十五年（1289），安珦随忠宣王赴元京，得以自由地会见当地学者，阅览有关朱子学的书籍并手抄新刊《朱子全书》。忠烈王十六年（1290），安珦回国，将朱子学传入高丽。安珦崇拜朱熹，以朱熹的号——晦庵为榜样，自号晦轩，并在居室里悬挂朱子像。安珦归国后，努力传授朱子学。他在国子监向学生宣传朱子学的重要性时说：

> 吾曾于中国，得见朱晦庵著述。发明圣人之道，攘斥禅佛之学，功足以配仲尼。欲学仲尼之道，莫如先学晦庵。①

这表明安珦认为朱熹继承并发展了孔子思想，劝勉后来学子要学孔子，就要先学朱熹。可见朱熹在他心目中的地位和价值。为此，安珦也被称为韩国历史上最早的朱子学者。除安珦之外，尚有两位重要的赴元学者白颐正和权溥。他们在将朱子学引入高丽方面，亦作出了不可磨灭的贡献。

继安珦等人将中国朱子学引入高丽社会之后，使朱子学在学理层面上得到进一步发展的是高丽社会末期的三位重要学者，即李穑、郑梦周和郑道传。

李穑（1328—1396）是高丽末期著名的思想家、政治家和教育家。他在建设学理层面的儒学中，提出了许多重要的学术观点，以此奠定了朝鲜朝性理学的基本理念。如在"理气"关系方面，他主张"理以为之主，气以分其曹"；关于"理"与"太极"，他视"太极"与"理"是等质概念；在身心修养方面，他主张"主敬""存诚""养真"等。

郑梦周（1337—1392）被誉为"东方理学之祖"。李穑评价

---

① 《晦轩集·谕国子诸生文》，载［韩］金忠烈《高丽儒学思想史》，第274页。

他的学问说："梦周论理，横说竖说，无非当理，推为东方理学之祖。"（《高丽史·列传》卷三十"郑梦周"条）由于郑梦周忠于高丽社稷，与易姓革命一派相对抗而被斩首示众，没收家产，所以有关他学问的文献资料也被毁失传，只留下诗文三百余首。因此，研究他的儒学思想，主要是依据这些诗文。由于他的诗文多是"性理之作"，所以还被选入由中国人编的诗集中。如明末清初钱谦益的《列朝诗集》、清朱彝尊编的《明诗综》等诗集中有郑梦周的诗约十四首之多。

在高丽末期、朝鲜朝初期，还有一位重要的学者郑道传（1342—1398）。他在"辟异端以明吾道之正"方面作出了杰出贡献，这是说他是丽末鲜初批判佛教的集大成者。正是通过郑道传从儒学学理层面对佛教的批判，才确立了儒学在朝鲜朝的官方哲学地位。郑道传以儒批佛的观点，集中反映在《佛氏杂辩》这篇重要的文章中。这篇批佛的文章被郑道传视为集终生学问之大作。在郑道传的思想中，他奉儒为优、为主、为体；佛道则处于儒之下，为次、为用。儒释道的这种主次、体用关系，表明了他对儒学的重视和弘扬。正是由于郑道传对儒家思想的确立，才带来了朝鲜朝五百年儒学的繁荣和昌盛。

韩国朱子学又称为韩国性理学。韩国朱子学者颇多，本节以韩国儒学史上的两位著名的代表性朱子学者李退溪和李栗谷为代表，展示韩国的朱子学。

一 李退溪的朱子学思想

李退溪（1501—1570）是朝鲜时代一位继往开来，有创造性的重要儒者。他"集大成于群儒，上以继绝绪，下以开来学，使孔孟程朱之道焕然复明于世"[①]。李珥称他是儒宗；赵穆、金诚一

[①] 《退陶先生言行通录·实记》卷一，《增补退溪全书》，首尔：成均馆大学校大东文化研究院1978年影印本，第4册，第16页。

称他是东方第一人；张志渊称他是阐明正学、启导后生、弘扬孔孟程朱之道的唯一者；文一平称他说，如果佛宗是元晓，那么儒宗就是李滉。

《圣学十图》是李退溪68岁时向朝鲜朝宣祖进献的十个图及其解说。李退溪为学一生，身体力行，最后由十个圣图将其思想和践履工夫糅合成一个整体，构成了退溪完整的性理学思想体系。《圣学十图》是退溪晚年深思熟虑、提纲挈领的结晶，也是他体认圣学大端、心法至要的心得大作，所以《圣学十图》是研讨退溪性理学思想的重要代表作。《圣学十图》的具体内容为：第一《太极图》，第二《西铭图》，第三《小学图》，第四《大学图》，第五《白鹿洞规图》，第六《心统性情图》，第七《仁说图》，第八《心学图》，第九《敬斋箴图》，第十《夙兴夜寐箴图》。

上述十图将李退溪的性理思想和践履工夫融为一体，构成他性理学的完整体系。故中国近代学者梁启超称赞《圣学十图》说："巍巍李夫子，继开一古今；十图传理诀，百世诏人心。云谷琴书润，濂溪风月寻；声教三百载，万国乃同钦。"① 梁启超认为《圣学十图》在东亚学术史上具有继往开来的学术价值，是李退溪性理思想最成熟的体现。这是因为上述十图主要在三个方面凸显了李退溪性理学的特色，即关于理气的问题，他更加强调的是"理"的重要性和活动因素；关于心性情的问题，他突出了从"情"的视角对"四端"和"七情"的研究；关于践履问题，他竭力主张"敬"是成圣的须臾不可离的工夫。故下面就围绕这三个问题，对李退溪的性理学思想进行论述。

（一）理气论

笔者认为，李退溪"理气"思想的特点主要表现在两个方面。

---

① 《退溪学报》第2辑，1974年3月，第171—173页。

1. 强调理气不杂

李退溪思想中的"理"以"极"的意义为其前提。如当学生问"理字之义"时，他回答说：

> 若从先儒造舟行水，造车行路之说仔细思量，则余皆可推也。夫舟当行水，车当行路，此理也。舟而行路，车而行水，则非其理也。君当仁，臣当敬，父当慈，子当孝，此理也。君而不仁，臣而不敬，父而不慈，子而不孝，则非其理也。凡天下所当行者，理也。所不当行者，非理也。以此而推之，则理之实处可知也。

又说：

> 事有大小而理无大小，放之无外者，此理也；敛之无内者，亦此理也；无方所、无形体，随处充足，各具一极，未见有久剩处。①

退溪这段话的意思是说，船在水中行，车在陆上走，这是船、车之理。反之则不是船、车之理。同样，国君仁，臣子敬，父亲慈，儿子孝，这是君臣父子之理。反之则不是君臣父子之理。所以，理不分大小，没有哪样事物能超越理，也没有哪样事物不被理包含。这说明，理没有空间，没有形体，随时随地都是完美具足的，它是事物的"极至"。"各具一极"的"极"，除了"极至"的意思之外，还具有"标准"的意思。如李退溪在《答南时甫（乙丑）》中说：

---

① 《论理气》，《增补退溪全书》，第4册，第216页。

极为之义，非但极至之谓，需兼标准之义，中立而四方之所取正者看，方恰尽无遗意耳！①

"极"除了"至极""极至"的意义外，还具有"标准"的意思。因此，理是事物的标准。这是说某一事物之所以成其为事物，是由于理这一基准的作用或规定。

理既具有"极至""至极"之义，又兼有标准、基准之义。这样的理，其特性是"形而上"。关于理的形而上性，退溪说：

就日用而看，事物为形而下，所具之理为形而上。盖无物不有，无处不然。凡形而上皆太极之理，凡形而下皆阴阳之器也。②

李退溪指出，任何事物都是形而下者，而其所具之理都是形而上者。

在性理学中，与"理"相对的概念是"气"。关于"气"，退溪认为主要指阴阳五行之气，即"二五之气"。退溪依据朱熹的"阴阳是气，五行是质，有这质所以做得事物来"和"阴阳变合，而生水火木金土"的思想，认为阴阳、五行之气的运动变化而化生万事万物。

固然，在"理"与"气"的关系上，退溪依据朱熹思想，也看到了"理"与"气"相须不分的关系。如他说："天下无无理之气，无无气之理。"③ 他承认"理"与"气"相依不离的关系。但为了批评中国明代罗钦顺和朝鲜朝徐花潭的主气观点，他认为

---

① 《答南时甫》，《增补退溪全书》，第1册，第369页。
② 《答李宏仲（甲子）》，《增补退溪全书》，第2册，第217页下—218页上。
③ 《答李宏仲问目》，《陶山全书》（3），首尔：韩国精神文化研究院1980年版，第89页上。

更应强调的是"理"与"气"相分不杂的关系。

关于理气不杂的关系，退溪指出"理"为道、为贵、为善、为形而上，"气"为器、为贱、为恶、为形而下。这种关系的实质是"然"与"所以然"的关系。

> 理为气之帅，气为理之卒，以遂天地之功。①
> 其飞其跃固是气也，而所以飞，所以跃者，乃是理也。②

退溪认为理气相分的关系可以以"帅"和"卒"比喻。"理"为主导、为统帅，"气"为非主导、为兵卒。"理"与"气"有这种分殊，是因为"气"是"然"，即飞和跃是"气"的运动或发，而"气"之所以能够那样，这是由于"理"的"使然"，即由于"理"统率的结果。李退溪认为"理"与"气"的这重关系被主气学者忽视，过于偏袒理气不分而导致认理为气或提倡理气非异物说。"近世罗整庵倡为理气非异物之说，至以朱子说为非是。"③为了纠正认理为气观点的偏颇，为了全面、辩证地阐述朱熹的理气观，李退溪特作《非理气一物辩证》一文。

可见，强调理气不杂是退溪关系"理"思想的第一个特点。正是由于他强调理气不杂，凸显"理"的地位和价值，所以在"四端七情"来源问题上才引出了与奇高峰的一场大论战。

2. 主张理有动静

如果说强调"理气不杂"是退溪理思想的第一个特点的话，那么第二个特点则是主张"理有动静"。

关于"理"有无动静的问题，朱熹在《太极图说解》中主张太极（理）自身并不动静，只是所乘之机有动静。如果说到太极

---

① 《天命图说》，《陶山全书》（3），第600页下。
② 《答乔侄问目（中庸）》，《陶山全书》（3），第209页上。
③ 《答奇明彦（论四端七情第一书）》，《增补退溪全书》，第1册，第22页上。

动静，也只是指理随气而动，朱熹讲的"天理流行"正是在这个意义上讲的，并不是指理在气中运动或现实世界之外有一个理的世界在运动。这一思想朱熹后来作了进一步发展，如《朱子语类》记载："阳动阴静，非太极动静，只是理有动静，理不可见，因阴阳而后知，理搭在阴阳上，如人跨马相似。"① 这是说周敦颐所谓阳动阴静并不是指太极自身能动静，所以说"非太极动静"，动静的主体是阴阳，动静的根据是理。能够运动的二气与自身不动的太极好像人跨马行走。

上述朱熹所谓的"理有动静"有两个哲学意义。其一指理是气之动静的根据。其二，从理一看，实际只是一个理；而从分殊看，用处不同，或为动之理，或为静之理，故亦可说理有动静。综上所述，从本体上说，理自身并不运动。如朱熹曾明确地说过："太极只是理，理不可以动静言。"②

明代学者薛瑄修正朱熹的"理不可以动静言"的观点，认为理自会动静。李退溪为了更明确地说明太极生阴阳，理生气的问题，同时避免朱熹在理能否动静问题上的模糊性，他接受了薛瑄等人的太极（理）自会动静说，明确提出理有动静。如当李公浩以朱熹的理无情意、无造作，恐不能生阴阳相问时，他回答说：

> 朱子尝曰："理有动静，故气有动静。若理无动静，气何自而有动静乎！"知此则无此疑矣。盖无情意云云，本然之体，能发能生至妙之用也。③

这里值得注意的是，文中所引朱熹那段话的旨趣，与朱子以形而上之理（太极）是形而下之气所以动静的根据但理自身不动的思

---

① 《朱子语类》卷九十四，第 6 册，第 2374 页。
② 《朱子语类》卷九十四，第 6 册，第 2370 页。
③ 《答李公浩问目》，《增补退溪全书》，第 2 册，第 299 页上。

想相符合。而退溪却是在理自会动静这个意义上引用朱熹的话，这就与朱熹思想稍有差异。而这个差异正是退溪对朱熹思想的发展。①

退溪在《答郑子中别纸》中还讲到了理自会动静的思想。如：

盖理动则气随而生，气动则理随而显。
濂溪云："太极动而生阳。"是言理动而气生也。②

这里，退溪指出，由于理动才会生出阴阳之气。他解释周敦颐的"太极动而生阳"时，也明确指出，周敦颐这句话的意思是说，理自会动静。正是由于理的动静，才有阴阳之气的产生。

主张"理自会动静"，这是李退溪对朱熹思想的一个发展。而退溪提出的关于"四端""七情"的理气互发说，也正是在理自会动静这一思想基础上提出来的。

（二）"四七"论

李退溪提出的"四端七情"论在韩国儒学史上具有里程碑的象征。这是因为退溪提出的"四端七情"论导致了朝鲜朝儒学界主理、主气，或岭南、畿湖两派的形成和对立。围绕"四七"论而形成的主理、主气，或岭南、畿湖两派的对立，堪称朝鲜朝性理学的一个特色。这一特色构成了"儒学的韩国化"。这就是说，李退溪的"四端七情"论成了韩国性理学的重要特征之一。所以，探究退溪的"四端七情"论具有探究儒学韩国化的典型意义。③

1. "四端七情"论

"四端七情"论中的"四端"，指孟子所说的"恻隐""羞

---

① 参见张立文《李退溪思想研究》，东方出版社1997年版，第134、136页。
② 《答郑子中别纸》，《增补退溪全书》，第2册，第17页下—18页上。
③ 参见［韩］尹丝淳《韩国儒学研究》，第57、58页。

恶""辞让""是非"四种心。"四端七情"论中的"七情",指《礼记》中的"喜、怒、哀、惧、爱、恶、欲"。如《礼记·礼运》篇说:

> 何谓人情?喜怒哀惧爱恶欲,七者勿学而能。

可见,喜怒哀惧爱恶欲是人本能的情感,是人生而具有的七种情感。

李退溪关于"四端七情"论的思想主要是通过他与奇高峰的论辩表现出来的。退溪与高峰的论辩长达八年之久,堪称东亚儒学史上的一大事件。在这场论辩中,李退溪关于"四端七情"的原创性思想主要有两点:一是强调"四端"与"七情"的区别,认为"四端"与"七情"属于两个不同质的"情"范畴;二是用理气观对"四端七情"加以诠释。

李退溪理气观的最大特色是强调二分说,即突出理气不相杂的一面。循着这样的思维模式,在"四端七情"问题上,他仍然主张"四端"与"七情"的相别和相殊,即强调"四端"与"七情"的不同质。关于这方面的集中论述主要有三段论述和两个比喻。

论述一:

> 夫四端,情也;七情,亦情也。均是情也,何以有四、七之异名耶?来喻所谓"所就以言之者不同"是也。盖理之与气,本相须以为体,相待以为用。固未有无理之气,亦未有无气之理。然而所就而言之不同,则亦不容无别。从古圣贤有论及二者,何尝必滚合为一说而不分别言之耶?①

---

① 《答奇明彦(论四端七情第一书)》,《增补退溪全书》,第1册,第406页上。

这段话是退溪写给奇高峰的。他说:"四端"是情,"七情"也是情。既然都是情,那么为什么还要有"四端"和"七情"之分呢?他认为是"所就以言之名不同"形成的。确实,理与气,相互依存而成为本体,相互对待而发生作用。不存在无理之气,也不存在无气之理。即使这样,也不容许没有区别。所以,从古以来的圣贤,凡是谈到理气的,何曾一定要将二者混合到一起而不分别论述呢?

这段话的关键词是"所就"。按着退溪前后论述之意,这里的"所就"是"立足点""角度"的意思。由于看问题的"立足点"不同、"角度"不同,所以才有"四端"与"七情"的区别。退溪认为这是表层的原因,真正的原因是"所指"不同而形成"四端"与"七情"之别。这就是论述二所要表达的内容。

论述二:

> 故愚尝妄以为,情之有四端七情之分,犹性之有"本性""气禀"之异也。然则其于性也,既可以理气分言之。至于情,独不可以理气分言之乎?恻隐、羞恶、辞让、是非,何从而发乎?发于仁义礼智之性焉尔。喜、怒、哀、惧、爱、恶、欲,何从而发乎?外物触其形而动于中,缘境而出焉尔。四端之发,孟子既谓之心,则心固理气之合也。然而所指而言者,则主于理,何也?仁义礼智之性粹然在中,而四者,其端绪也。七情之发,朱子谓"本有当然之则",则非无理也。然而所指而言者,则在乎气,何也?外物之来,易感而先动者,莫如形气。而七者,其苗脉也。安有在中为纯理,而才发为杂气;外感则形气,而其发为理之本体耶?[1]

---

[1] 《答奇明彦(论四端七情第一书)》,《增补退溪全书》,第1册,第406页下。

这段话的意思是说，情之所以有"四端"和"七情"之分，就犹如性之有"本性"与"气禀"相异一样。而性，可以用理、气分别言说，为什么情，就不可以用理、气分别言说呢？恻隐、羞恶、辞让、是非，是从什么地方发出的呢？是从仁、义、礼、智的性中发的。喜、怒、哀、惧、爱、恶、欲，是从什么地方发出的呢？是外物与身体接触而引起心中的感动，即缘于外界事物而发。"四端"的发出，孟子说是心，而心是理与气之合，然而为什么所指是理？仁、义、礼、智之性粹然在心中，而四者是其端绪。"七情"的发出，朱子说是"本来就有的当然法则"，所以并不是没有理。然而为什么所指是气？外物的到来，最易感觉并先动的，也就是形气了，而七者是其苗脉。哪有在心中是纯理，而才发出就为杂气了呢？哪有外感是形气，而能为理本体发出的呢？

可见，这段话的关键词是"所指"。退溪认为"四端"的"所指"是"理"，"七情"的"所指"是"气"。他的这一思想在《论四端七情第二书》中讲得更明确，如他说：

> 若以七情对四端而各以其分言之，七情之于气犹四端之于理也。其发各有血脉，其名皆有所指。[1]

"七情"为"气"，"四端"为"理"。这就是"四七"的"所指"。而在李退溪的思想中，"理"与"气"属于不同层次的概念。"理"指事物的法则、本质，"气"指事物的质料（材料）。不仅如此，其性质也不同。"理"是形而上的，具有抽象的、普遍的性质；"气"是形而下的，具有具体的、特殊的性质。进而，退溪将其分属于"四端"和"七情"。这就决定了"四端"与"七情"的区别。其中最基本的区别是其价值的区别，即"四端，皆

---

[1] 《答奇明彦（论四端七情第二书）》，《增补退溪全书》，第1册，第420页上。

善也。七情，善恶未定也"①。他根据孟子思想，认为"四端纯善"是绝对的。由此可见，四端是抽象的情。另一方面，他讲情，并非作为理想的、完人的、圣人的情，也有常人之情，即具体的情。这样，他的"四端七情"就具有了互相不同的意义和特征。②

为了进一步论证"四端"与"七情"的不同，退溪在上述引文中提到"其发各有血脉"。所谓"其发各有血脉"，也就是"所从来"的问题。

论述三：

> 由是观之，二者虽曰皆不外乎理气，而因所从来，各指其所主与所重而言之，则谓之某为理，某为气，何不可之有乎！③

退溪认为，"四端"与"七情"，虽然都来自气或理，但因其"所主""所重"不同，即指对于理气的所主、所重不同，而形成了"四端"或"七情"。这就是"所从来"的意思。可见，"所从来"就是讲"四端""七情"在形成根源、途径方面，是以理为主、为重，还是以气为主、为重。关于这个问题，退溪的完整论述为"四端之情，理发而气随之……七者之情，气发而理乘之"④。可以分以下三点，解读退溪这一思想。

第一点，退溪所说的"四端，理发而气随之；七情，气发而理乘之"一句话，可以解读为"四端可谓理之发，但此时并非无气，而气的作用是顺理（随之）而为。七情可谓气之发，但并非唯气之发，此时亦有理（乘之）"。这样解释，主要是为了回答奇

---

① 《答奇明彦（论四端七情第一书）》，《增补退溪全书》，第1册，第406页下。
② 参见［韩］尹丝淳《韩国儒学研究》，第94、95页。
③ 《答奇明彦（论四端七情第一书）》，《增补退溪全书》，第1册，第406页上。
④ 《圣学十图》，《增补退溪全书》，第1册，第206页上。

高峰的诘难。奇高峰主张，不论是"四端"还是"七情"，都应从"理气不相离"的"浑沦而言"的角度解释。所以，退溪在说"理之发""气之发"的同时，又补充上"气随之""理乘之"，以表明"可主理而言耳，非谓理外于气"，"可主气而言耳，非谓气外于理"。而实质上，退溪的意思还是强调"四端"为理发，"七情"为气发。他所谓"理发而气随之，气发而理乘之"的意思，就是"理之发，气之发"。正是由于"四端"是"理之发"，所以"自纯善无恶"，只有当"理发未遂而掩于气"时，才会流为不善。正是由于"七情"是"气之发"，所以当"气发不中而灭其理"时，就为"放而为恶"。在这里，可以从李退溪文字上的理气不离的论述中，窥见他实质上还是从理气相分的角度来阐释"四端"与"七情"形成的根源。

第二点，李退溪所说的"四端，理发而气随之；七情，气发而理乘之"中的"发""随""乘"，是三个关键性的动词。

"发"，是活动的意思。"气发"，指气的活动，气是可以动的。关于这一点，没有疑问。"理发"，应解释为理的活动。如上所述，朱熹不承认理有动静，所以他说的"四端是理之发"为"虚发"。而退溪对朱熹思想的一个重要发展，就是认为理有动静。这样，在退溪的理论系统中，不论是"四端理之发"，还是"四端，理发而气随之"的"发"，都是讲的"实发"，即"理发"与"气发"的"发"，是一个意思。正是基于承认理有动静的观点，退溪竭力主张四端是理发。

"随"，是跟随、尾随，即随着的意思。退溪讲"理发气随"，就是表明气居于次要地位，所以，"理发气随"的"四端"，是纯善无恶的。

"乘"，是坐、驾的意思，所以"气发理乘"就是讲，气发而理驾驭气。当气发，而理能驾驭气时，七情表现为善；当气强理弱，理驾驭不了气时，七情易流于恶。

退溪通过"发""随""乘"三个关键动词,凸显了"理"的活动性、主宰性,即表明了他对"理"价值的肯定。

第三点,李退溪讲"四端"为理之发,其理论依据是孟子的性善说。孟子从"四端"(特别是恻隐之心和羞恶之心)的表露现象推测到仁、义、礼、智之性是人所具有的,而且从四端皆善的意义上讲"四端"的"本旨"即意图。所以,退溪讲"四端自纯善无恶",是"理之发",正是建立在孟子性善说的基础之上。性善说的立场作为退溪学问的立场,是先行于其方法论的前提。①

李退溪在阐述"四端"与"七情"的区别时,还形象地举了两个例子加以说明。

例一,人马喻。

> 古人以人乘马出入,比理乘气而行正好。盖人非马不出入,马非人失轨途,人马相须不相离。人有指说此者,或泛指而言其行,则人马皆在其中,四、七浑沦而言者是也。或指言人行,则不须并言马,而马行在其中,四端是也。或指言马行,则不须并言人,而人行在其中,七情是也。②

以人、马喻"四端"和"七情",是退溪在回答奇明彦时作的一个比喻。文中的人马喻出自朱熹。朱熹认为,理乘气而行,犹如"理搭在阴阳上,如人跨马相似"。

退溪用朱熹这一比喻来说明"四端"与"七情"的关系。他说:人不乘马不能行走,而马无人驾驭就会迷失方向,人与马是相互依存而不可分离的。这就如同混沦而言"四端"与"七情"的关系,它们相须不分。而仅指人行而言时,则不必提到马,虽然马也在其中,但这是专指"四端"。而仅指马行而言时,则不必

---

① 参见[韩]尹丝淳《韩国儒学研究》,第101页。
② 《答奇明彦〈论四端七情第二书〉》,《增补退溪全书》,第1册,第417页下。

提到人，虽然人也在其中，但这是专指"七情"。可见，退溪这一比喻的主旨，还是在强调或以人行（"四端"）为主，或以马行（"七情"）为重。以此突出"四端"与"七情"的不同性质和不同来源。

例二，月亮喻。

> 月落万川，处处皆圆之说，尝见先儒有论其不可。今不记得。但就来喻而论之，天上水中虽同是一月，然天上真形而水中特光影耳。故天上指月则实得，而水中捞月则无得也。……盖月之在水，水静则月亦静，水动则月亦动。其于动也，安流清漾，光景映彻者，水月之动固无碍也。其或水就下而奔流，及为风簸而荡，石激而跃，则月为之破碎闪飐，凌乱灭没而甚，则遂至于无月矣。夫如是，岂可曰水中之月有明有暗，皆月之所为而非水之所得与乎？滉故曰：月之光景，呈露于安流清漾者，虽指月言其动，而水动在其中矣。若水因风簸石激而汩月无月者，只当指水而言其动，而其月之有无明暗，系水动之大小如何耳。①

这一比喻是在回答奇明彦时讲的。文中"月落万川"，是朱熹借用佛教的"月印万川"之说，来说明他的"理一分殊"的道理。而退溪的月亮喻则与朱熹的月亮喻的侧重点不同。他强调天上的月亮是真、是实；而水中的月亮是虚、是无。另外，退溪还强调水中月亮的形成原因不仅仅是天上月亮之影，它还受到水的多方面影响。如当水流奔腾急下，加以风吹波浪，石激浪花，那么月影则破碎不堪，乃至完全灭没，就没有水中之月了。所以，天上之月和水中之月是性质不同的月亮。这就表明了"四端"与"七

---

① 《答奇明彦〈论四端七情第三书〉》，《增补退溪全书》，第1册，第429页下。

情"的不同质。

李退溪论证"四端"与"七情"的不同,是为了进一步说明"道心""人心"及去恶复善等问题。

2. "四端""七情"与"人心""道心"

李退溪从理气二分的基准上,论述了"四端"与"七情"的区分。进而,在此基础上,他认为"四端七情"与"人心""道心"相同。如他说:

> 人心,七情也;道心,四端也。①
> 人心,七情是也。道心,四端是也。非有两个道理也。②

以"道心""人心"来规定"四端七情",便使"四端七情"的内涵更为具体,这是因为在退溪看来,"人心""道心"又与"人欲""天理"有着密切关系。李退溪在回答乔侄的问题时说:

> 《序》既曰人心,又曰人欲,所谓人心、人欲同乎?异乎?孰为先后?
> 人心者,人欲之本;人欲者,人心之流。夫生于形气之心,圣人亦不能无,故只可谓人心,而未遽为人欲也。然而人欲之作,实由于此。故曰:人欲之本陷于物欲之心。众人遁天而然,故乃名为人欲,而变称于人心也。是知人心之初,本不如此,故曰:人心之流。此则人心先而人欲后,一正一邪,不可以轻重言也。③

在退溪看来,"人心"还可以变称为"人欲"。之所以称"人心"

---

① 《答李平叔》,《增补退溪全书》,第 2 册,第 259 页上。
② 《答李宏仲问目》,《陶山全书》(3),第 89 页上。
③ 《答乔侄问目(中庸)》,《增补退溪全书》,第 2 册,第 307 页上。

为"人欲",是因为人心乃人欲之本（根源），人欲乃人心之流（流变）。人受人欲即物欲的驱使而背叛天道，从而导致了恶的结果，这种人欲乃自人心而产生的，因此将人心变成人欲。

如果说"人欲"是导致恶的结果的"人心"所产生的（人心之流），那么"天理"则是作为善之基准的"道心"的内容的本然之性。

退溪论述人心、道心与人欲、天理的关系，是为了达到"遏人欲、存天理"的目的。"遏人欲事，当属人心一边；存天理事，当属道心一边也。"① 可见，退溪对"四端七情"解释的意义，最终归结于"遏人欲，存天理"的目的。"遏人欲，存天理"的结果，便是去恶复善为圣人。可以说，这是退溪的终极关怀。

（三）"主敬"论

李退溪以"敬"之一字评价他《圣学十图》的基本内容。"今兹十图，皆以敬为主焉。"② 这是说，"敬"彻上彻下，贯通十图。

退溪主敬的理论依据，主要有三。第一，受《心经附注》的影响。此书内容大多为程朱语录，如程颐的"主一无适""整齐严肃"，朱熹的"敬义挟持"等说，对退溪有较大影响。第二，受《朱子大全》的影响。退溪认为此书是教导人存养躬行以践仁成德，进而达到圣人境界的方法。因此，他将此书奉如神明。第三，退溪主敬思想还是退溪自身理论逻辑发展的必然。在理气观上，退溪重理轻气，视理善气恶，由此导致在性情观上，他主张"四端"理发为善，"七情"气发为恶；这就必然得出"四端"为"道心"，"七情"为"人欲"。要想"遏人欲，存天理"，最重要的修养工夫就是"敬"。可见，主张"敬"说是退溪性理学思想

---

① 《答李平叔》，《陶山全书》（3），第140页上。
② 《圣学十图》，《增补退溪全书》，第1册，第203页下。

的一个重要特色。通过"敬"工夫，明善诚身以至于为仁、为圣，这也是退溪的终极关怀。

二 李栗谷的朱子学思想

栗谷，名李珥（1536—1584），其母是以诗、书、画三绝著称于世的申师任堂。1584年，栗谷病逝，年仅49岁。

在朝鲜朝儒林中，李栗谷是一位难得的全才。他以明道为己任，以济世为己忧，由此使他的儒学思想更具特色和价值。栗谷在理论上主要关心的不是本体的未发状态，而是已发后的善恶之分以及如何将恶恢复为本然之善的问题。这就是栗谷性理学的基点。

（一）"气发理乘一途"说

理气观是栗谷性理学的核心。在理与气的关系问题上，可以说栗谷思想是对朱熹和退溪思想的深化和发展。

在东亚学术史上，理学宗师朱熹对理气问题作了周密、完整的论述，韩国性理学大师李退溪在继承朱熹理气观的基础上，又有所发展。而栗谷的理气思想则是在继承这两位前辈学者思想基础上的深化和发展。如朱熹理气观的一个基本内容是主张理先气后，理生气说；退溪在此基础上，提出理为气之帅，气为理之卒和理有动静，故气有动静的思想。对此，栗谷认为理气是一而二、二而一的辩证关系，即理气妙合，并在这一基础上提出了自己的独创观点，理通气局说。关于理气与"四端""七情"的关系，朱熹说过"四端是理之发，七情是气之发"[1]；退溪发展这一思想说："四端，理发而气随之；七情，气发而理乘之。"[2] 对此，栗谷修正为：不论是"四端"，还是"七情"，都是"气发理乘"，

---

[1] 《朱子语类》卷五十三，第4册，第1297页。
[2] 《答李宏仲问目》，《陶山全书》（3），第89页上。

即"气发理乘一途"说。

1. 理气妙合

关于"理"与"气"的关系，栗谷的一个基本观点是认为理气是"一而二，二而一"的辩证关系。他的这一思想集中体现在两处论述中，一是《答成浩原》，一是《圣学辑要》。具体论述如下：

> 理气既非二物，又非一物。非一物故一而二，非二物故二而一也。非一物者何谓也？理气虽相离不得而妙合之中，理自理，气自气不相夹杂，故非一物也。非二物者何谓也？虽曰理自理，气自气，而浑沦无间无先后，无离合，不见其为二物故非二物也。①

> 有问于臣者曰：理气是一物，是二物？臣答曰：考诸前训，则一而二，二而一者也。理气混然无间，元不相离，不可指为二物。故程子曰：器亦道，道亦器。虽不相离而浑然之中实不相杂，不可指为一物。故朱子曰：理自理，气自气，不相夹杂。合二说而玩索，则理气之妙庶乎见之矣。②

所谓一而二，讲的是理气之异、之分；所谓二而一，讲的是理气之同、之合。其中的异和分，是从理气的特性和功能性来看；而同和合，则是从理气的圆融性和内在性来看。

（1）从"一而二"的视角阐释理气之异、之分

关于"理"，栗谷认为它是"冲漠无朕者"，即"本然之理"。"冲漠无朕者，指理而言。"③"冲漠无朕"讲的是理的寂然状态，

---

① 《答成浩原》，《栗谷全书》卷十，首尔：成均馆大学校大东文化研究院1992年第5版，第197页上。
② 《圣学辑要》，《栗谷全书》卷二十，第456页下。
③ 《答朴和叔》，《栗谷全书》卷九，第183页下。

这种状态相当于未发的寂然而静，这种状态的理也就是理的本然状态。对于这种状态的理，栗谷作了进一步论述："理形而上者"[①]，"理无形也""理无为也"[②]，"理者，气之主宰也"[③]。理的无形、无为，标示的是理的超越性和普遍性。理的超越性和普遍性决定了万事万物都具有理，物有物之理，事有事之理，人有人之理。无无理之物，无无理之事，无无理之人。而理为气之主宰，表明了理的至上性和价值性。这就是说，不论任何事物，都必须依照理才能成为事物，以上这些都说明理是形而上的存有。理是形而上的，但又不是虚无，是一种形而上的存有。栗谷将这种状态的理，又称为"实理"。他说："真实无妄者，理之本然。"[④] 本然之理，真实无妄，才有化育之功、人伦之则。例如实理在自然界表现为"自然之理"。栗谷在《节序策》中说："一阴一阳，天道流行，元亨利贞，周而复始，四时之错行，莫非自然之理也。"[⑤] 栗谷认为，就天道而言，元亨利贞配春夏秋冬，周而复始，循环不殆。这就是自然之理，它是客观实存的。在这种实理的作用下，春夏秋冬季序的运行，春种秋收作息的循环，是不能颠倒、不能错位的。又如实理在人间社会表现为伦理道德的原理、原则。栗谷在回答学生关于"道学"问题时说："道学本在人伦之内，故于人伦尽其理，则是乃道学也。"[⑥] 人伦是指君臣、父子、夫妇、兄弟、朋友等人与人之间的关系和等级秩序。人伦之理，便是处理这种等级关系秩序的原理和原则，如"为臣尽忠，为子尽孝"[⑦] 等。在存有等级关系社会中，人与人的关系和人们

---

① 《答成浩原》，《栗谷全书》卷十，第202页上。
② 《答成浩原》，《栗谷全书》卷十，第208页下。
③ 《答成浩原》，《栗谷全书》卷十，第197页上。
④ 《诚策》，《栗谷全书·拾遗》卷六，第570页上。
⑤ 《节序策》，《栗谷全书·拾遗》卷五，第553页下。
⑥ 《语录上》，《栗谷全书》卷三十二，第257页下。
⑦ 《语录上》，《栗谷全书》卷三十二，第257页下。

行为的"应当"或"不应当"的规矩、准则，便是理。这个理也是客观实有之理。

栗谷强调理是实理，"天以实理而有化育之功，人以实心而致感通之效，所谓实理实心者不过曰诚而已"①。他的这一思想是对朱熹的"释氏虚，吾儒实"，"吾儒心虽虚而理则实"② 这一思想的发挥，而与退溪的理思想相比较，则更显特色。

在栗谷的思想中，与"理"相比较，"气"则是一个内容更丰富、更充实的概念。在东亚学术史上，朱熹认为"气"是"理"的挂搭处，"理"是本体，所以理自身并不运动。李退溪对这一观点作了否定的发展，他认为正是因为"理有动静"，所以"气有动静"，凸显了他的主理观点。对此，栗谷又进行了否定，他强调气动理则动，气静理则静，指出唯有"气"能够一动一静。通过这一否定之否定，栗谷又回归到了朱熹思想。但是，栗谷并不是简单的回归，他强调"理"不动，是为了彰显"气"的活动性、能动性、功能性，即为了突出"气"的价值和地位。

栗谷23岁所作《天道策》是一篇以理气思想论述天道流行、万物化生、自然妙用的重要文章。文中对"气"的运化、造作、使然作了精彩的论述。例如：

> 夫盈天地间者，莫非气也。
> 窃谓万化之本，一阴阳而已。
> 呜呼！一气运化，散为万殊。分而言之，则天地万象各一气也；合而言之，则天地万象同一气也。钟五行之正气者，为日月星辰；受天地之戾气者，为阴霾雾雹；雷电霹雳则出于二气之相激，风云雨露则出于二气之相合。……位天地，育万物，其道何由？

---

① 《诚策》，《栗谷全书·拾遗》卷六，第570页上。
② 《朱子语类》卷一二六，第8册，第3015页。

> 天地之气既正，则日月安有薄蚀，星辰安有失躔者哉？
> 天地之气既和，则雷电霹雳岂浅其威，风雨霜雪岂失其时，
> 阴霾沴气岂有作孽者哉？①

栗谷认为阴阳之气充斥于天地之间，它是万化之本源，品汇之质料。日月星辰是五行正气所使然，阴霾雾雹是天地沴气所使然，阴阳二气之激，运化成雷电，阴阳二气之合运化成雨雪。气不仅能散为万殊为天道流行，而且还能正天地、矩万物。这是说，栗谷指出只要天地之气正，那么日月星辰则不敢失躔；只要天地之气和，那么雷电霹雳则不敢洩威。如此，阴霾沴气则不敢作孽。其结果便是天地之位正，万物之育盛。可见，位天地，育万物，气也。进一步，栗谷还认为气不仅能孕育万物，而且气之聚散还能运化为人之生死。他说：

> 人之生也，气之聚也，其死也，气散也。自然而聚，自然而散，岂容人力于其间哉？②

聚和散，是气运动变易的自然属性，是自然而然的，是不受人力支配的。但是，正是气的这种聚和散，却自然而然地运化成了人的生和死。人的生死决定于气的聚散，人与人之间的差异也取决于气的差异性。这是因为：

> 惟人也，受阴阳之正气者也。其性虽一，而其形气之禀或厚或薄或清或浊焉。厚薄者，修短之所以分也；清浊者，善恶之所以殊也。均是人也，而其气不同，则其数亦异也。

---

① 《天道策》，《栗谷全书》卷十四，第309页上、308页上、310页下。
② 《神仙策》，《栗谷全书·拾遗》卷五，第549页上。

所谓数因乎气者，良以此也。①

栗谷认为气的差异性展现于人时，则人寿命的长短、人性的善恶，皆因所禀气的厚薄、清浊而不同。这就是说，气的差异性决定了人与人之间的相异性。此外，气机之动还运化为人的道德情感。栗谷说：

> 情是心之动也，气机动而为情。
> 天理者，无为也，必乘气机而乃动。气不动，而理动者，万无其理。性之乘气而动者，乃为情，则离气求情，岂不谬乎？②

《中庸》："喜怒哀乐之未发谓之中，发而皆中节谓之和。"朱熹《中庸章句》注曰："喜怒哀乐，情也；其未发，性也。"喜怒哀乐怎样从未发到已发？这是因为"气机之动"，就是说气自身具有动静的功能。未发之性乘气而动，而为已发之情，表现为人的道德情感。这就是说，若无气机之动，性之未发便不可能转化为情之已发。正是从这个意义上说，气机之动运化为人的道德情感。

可见，在栗谷的思想中，天道流行、万物化生、人之生死、善恶情感，皆是气所使然，从中展示了气的功能、价值和力量。而气之所以能够位天地、化万物，这是因为气具有"能动性"的原因。"大抵有形有为而有动有静者，气也。"③ 气作为有形象、有作为的存在，有运动和静止这两种存在的形态。动、静这两种形态是气的自然的动与静，便是气的能动性。所以，上述的气之正，气之和，阴阳二气相激、相合，均是气能动性的展现；而气

---

① 《寿夭策》，《栗谷全书·拾遗》卷五，第558页上。
② 《答安应休》，《栗谷全书》卷十二，第249页上、250页上。
③ 《答安应休》，《栗谷全书》卷十二，第248页下。

之聚、气之散，则是气能动性的形式；至于气之清、浊、厚、薄，更是气感而遂通的状态，即能动性的一种状态。

栗谷从"一而二"的角度，认为气能动、理不动，气有为、理无为，气有形、理无形，气为形而下者，理为形而上者。不应认理为气，亦不应认气为理。为此，对于徐花潭认气为理之弊进行了批评。"花潭则以为一气长存，往者不过，来者不续。此花潭所以有认气为理之病也。"①

（2）从"二而一"的视角阐释理气之同、之合

在栗谷思想中，他更加强调的是理气之合。他认为"气不离理，理不离气，夫如是，则理气一也"②。理气浑然一体，原不相离，不可指为二物。对于理与气的这种"二而一"的状态，栗谷曾作诗予以生动的说明：

> 元气何端始，无形在有形。
> 穷源知本合，沿派见群精。
> 水逐方圆器，空随小大瓶。
> 二歧君莫惑，默验性为情。③

这是说，阴阳之气无始，而无形之理在有形之气之中。理气本合，非有始合之时，所以理气原一，而分为二五之精。理在气中，如水在瓶中，方则同方，圆则同圆，动则同动，无分别，无先后。进而，栗谷又从时间和空间上对理气之合进行了论述。

在时间上，他认为理气之合表现为无先后之分。他在解释朱子的"天以阴阳、五行化生万物，气以成形，理亦赋焉"时说："理气元不相离，即气而理在其中，此承阴阳化生之言，故曰气以

---

① 《答成浩原》，《栗谷全书》卷十，第215页上。
② 《答成浩原》，《栗谷全书》卷十，第205页上。
③ 《理气诛呈牛溪道兄》，《栗谷全书》卷十，第207页上。

成形，理亦赋焉，非谓有气而后有理也。不以辞害意可也。"① 当阴阳五行之气化生万物之时，形而下的气化生万物之形。与此同时，理亦赋于其中。理气不离，无先后之别。不应以为朱子先说"气以成形"，后又说"理亦赋焉"，就认为气在先，理在后。这种理解是"以辞害意"，是错误的。对坚持气为理先错误观点的朴和叔，栗谷也进行了规劝和解释："圣贤之说果有未尽处，以但言太极生两仪，而不言阴阳本有、非有始生之时故也。是故缘文生解者乃曰：气之未生也，只有理而已，此故一病也。又有一种议论曰：太虚澹一清虚乃生阴阳，此亦落于一边，不知阴阳之本有也，亦一病也。大抵阴阳两端循环不已，本无其始，阴尽则阳生，阳尽则阴生，一阴一阳而太极无不在焉。"② 朴和叔是徐花潭的弟子，他坚持师门以气为本、以气为先的观点，对栗谷的理气不分先后说提出疑问。对此，栗谷讲了上述话。主要意思是说有些学者经常望文生义，或者认为"气之未生，只有理"，这是视理在气先之弊病；或者认为"太虚澹一清虚乃生阴阳"，这是视气在理先之弊病。不论是理先气后，还是气先理后，都是不对的，因为理气无先后之分，"大抵阴阳两端循环不已"，"一阴一阳而太极无不在焉"。阴阳之气循环不已，而太极（理）亦寓于阴阳之气之中。

在空间上，栗谷认为理气之合表现为"气包理"。理气相合，它们怎样合？以什么形式合？栗谷说：

理在气中。③
即气而理在其中。④

---

① 《圣学辑要》，《栗谷全书》卷十九，第423页上。
② 《答朴和叔》，《栗谷全书》卷九，第184页下。
③ 《理气诀呈牛溪道兄》，《栗谷全书》卷十，第207页上。
④ 《圣学辑要》，《栗谷全书》卷十九，第423页上。

言气，则理在其中。这是栗谷对朱熹和退溪理气观的又一深化和发展。栗谷强调理在气中，气包理，一方面是显示他对气的能动性的强调和重视，另一方面，这也是"气发理乘一途"说的理论基础。

理气的"一而二"，是从理与气各自的特性和功能方面来说的，既不能指气为理，也不能指理为气，理与气不相夹杂，理是理，气是气。理气的"二而一"，是从理与气的存续状态来说的，理与气如同水与器，器方则水方，器圆则水圆，器动则水动，器静则水静，同方、同圆、同动、同静，说明理与气已经浑沦无间，无先后、无离合。而理与气这种既"一而二"，又"二而一"的关系，用李栗谷的话来说，就是"理气妙合"。

"理气妙合"是李栗谷对李退溪和朱熹理气观的发展。栗谷很重视"理气妙合"，他认为"一理浑成，二气流行，天地之大，事物之变，莫非理气之妙用也。知此说者可与论《易》也"[1]。天地之大化，事物之变异，都是"理气妙合"的结果。栗谷认为这个道理就如同《周易》所讲天地之生生一样重要。"理气妙合"很重要，但又是很难认识的——"理气之妙，难见亦难说"[2]。所谓"难见"，是讲理与气妙合的状态是一种既形而上，又形而下的那么一种状态；所谓"难说"，是讲理气称为妙合，是因为理气的自然而然。从哲学视野来观照"理气妙合"的本质，主要体现在三个方面。

首先，理气妙合一：理气体用一源。体与用，从一般意义上讲，体有本质、本体、本来状态等意蕴，是事物的根本性质或现象背后的实在。体用之用，是指在一定条件下产生的表现、现象或变化的功用，是外在的。本体是恒常的，功用是变异的，本体是功用之体，功用是本体之用。《语录》记载：

---

[1] 《易数策》，《栗谷全书》卷十四，第304页下。
[2] 《答成浩原》，《栗谷全书》卷十，第204页下。

本体之理在于人，则为人底道理；在于物，则为物底道理矣。人物之性虽殊，而初不害其本体之理也。人物之性虽亡，而亦不添其本体之理也。大抵瓶与瓮破，则空无依著之器，故器虽无，而其所以为空者，常自若也。人与物亡，则理无禀受之形，故形虽无，而其所以为理者，亦尝自若也。推此论之，则气虽消长，而其本体之理，亘古亘今，固尝自若而少无欠缺之时也。曰：此议论是。①

本体之理不因人性和物性的分殊和存亡，而损害或添补什么；人物灭无形体，而其所以为理，并无影响；气有消亡或增长，本体之理并无欠缺。这就是说，作为本体之理不受人物之性的差异、人物的有无存在、气的变化而改变自己，而人物之性之殊、人物的存亡和气的消长，都是理在人、在物的表现或现象，即本体之理的用的层面。从这个意义上说，是理体气用。这是从本体之理的层面来观照气用，而有理气之殊，理气体用不杂。由不杂，故理气体用一源。

从理气体用不离视野来观照，体用相因相通，"抑愚之所见，则理也、气也、数也，其体相因，而其用相通，不知其乘戾也"②。这是说，由体用不离，相因相通，可推知理气相互依存、相互融通、互为因果。由不离，故理气体用一源。

其次，理气妙合二：理气然所以然。与体用相联系，是然与所以然的关系。"所以然者，理之体也；所当然者，理之用也。"③栗谷同意这种说法。所当然，是当下现实的层面，它是外在的、显露的、变易的存在；所以然，是超越现象的层面，它是内在的、

---

① 《语录上》，《栗谷全书》卷三十一，第235页上。
② 《寿夭策》，《栗谷全书·拾遗》卷五，第558页上。
③ 《语录上》，《栗谷全书》卷三十一，第231页下。

隐藏的、永恒的存有。当下现实层面的事物之所以存在,其原因、其根据是在于超越现象的形而上存有。

这种"然"与"所以然"的关系,具体到理气上,则"气"为"然","理"为"所以然"。"然"是形而下者,是具体的事物,是一动一静,故云"其然者气也"。而"所以然"是使气成为具体事物的原因、原理,是动静的根源,故云"其所以然者理也"。对此,栗谷解释说:

> 夫形而上者,自然之理也;形而下者,自然之气也。有是理则不得不有是气,有是气则不得不生万物。是气动则为阳,静则为阴。一动一静者,气也;动之静之者,理也。阴阳既分,二仪肇辟;二仪肇辟,万化乃生。其然者,气也;其所以然者,理也。①

气有动静,是然;其所以动或静,是理,是所以然。阴阳二气既分,便化生万物,这是然;其所以分而化生万物,便是所以然之理。正是由于理气然所以然,才有天道之流行,如日月丽天、风雪降地、风云起、雷电作,这种千差万别的现象是在、是然、是气,其所以丽天、降地、起作的根据和原因是所以在、所以然,是理。而天道之流行也正是"理气妙合"的结果。②

最后,理气妙合三:理气所宰所为。与然、所以然相关联的是理气的所宰所为。所宰,是主宰、是根据,所为,是表现、是作用。就理气而言,理为气之所宰,气为理之所为。栗谷在《答成浩原》时对此说得很清楚:

---

① 《易数策》,《栗谷全书》卷14,第304页下—305页上。
② 参见张立文《栗谷的理气观》,《第三回栗谷思想国际学术会议论文集》(韩文版),1992年。

> 理者气之主宰也，气者理之所乘也。非理则气无所根柢，非气则理无所依著。……参差不齐者，气之所为也。虽曰气之所为，而必有理为之主宰，则其所以参差不齐者，亦是理当如此。①

理为气之根柢、气为理之依著，故而参差不齐的万事万物是气之所为，而气之所以能有这些所为，又是因为这是理之主宰。

关于理气所宰所为的缘由，栗谷解释为：

> 阴静阳动机自尔也，非有使之者也。阳之动则理乘于动，非理动也；阴之静则理乘于静，非理静也。故朱子曰：太极者本然之妙也，动静者所乘之机也。②

关于理为主宰，栗谷认为这是理"本然之妙"的使然。在《栗谷全集》中，他多次提到理有"本然之妙用"的观点。

"理气妙合"是李栗谷理气观的理论基石。由"理气妙合"而推导出"理通气局"和"气发理乘"。而"理通气局"更是对"理气妙合"的直接体贴。

2. "理通气局"

如果说"天理"二字是中国理学家二程自家体贴出来的话，那么"理通气局"四字则是韩国性理学家李栗谷的自谓见得。"理通气局四字，自谓见得，而又恐读书不多，先有此等言，而未见之也。"③尽管佛教华严宗有理事通局之说，但就"理通气局"而言，却是栗谷的个人见得。虽然"理通气局"深受理学家"理一分殊"思想的影响，但栗谷的"理通气局"说确实是对他自己

---

① 《答成浩原》，《栗谷全书》卷十，第197页上。
② 《答成浩原》，《栗谷全书》卷十，第209页上。
③ 《答成浩原》，《栗谷全书》卷十，第208页下。

提出的"理气妙合"思想的直接体贴。关于"理通气局",栗谷说:

> 理气元不相离,似是一物,而其所以异者,理无形也,气有形也;理无为也,气有为也。无形无为而为有形有为之主者,理也。有形有为而为无形无为之器者,气也。理无形而气有形,故理通而气局。理无为而气有为,故气发而理乘。理通者何谓也?理者,无本末也,无先后也。无本末、无先后,故未应不是先,已应不是后,是故乘气流行、参差不齐,而其本然之妙无乎不在。气之偏则理亦偏,而所偏非理也,气也。气之全则理亦全,而所全非理也,气也。至于清浊、粹驳、糟粕、煨烬粪壤汙秽之中,理无所不在各为其性,而其本然之妙则不害其自若也。此之谓理之通。气局者何谓也?气已涉形迹,故有本末也、有先后也,气之本则湛一清虚而已曷。尝有糟粕、煨烬粪壤汙秽之气哉?惟其升降、飞扬、未尝止息,故参差不齐而万变生焉。于是气之流行也,有不失其本然者,有失其本然者。既失其本然,则气之本然者已无所在,偏者偏气也,非全气也;清者清气也,非浊气也;糟粕煨烬,糟粕煨烬之气也;非湛一清虚之气也。非若理之于万物本然之妙,无乎不在也。此所谓气之局也。①

栗谷"理通气局"的意思是"理同气异"。这就是说,不论是本体之理还是流行之理,其理同一。"本体之中,流行具焉;流行之中,本体存焉。"② 本体之理和流行之理(即分殊之理)浑然一体,实为一理。因为不论是在清浊粹驳糟粕之中,还是在"煨烬粪壤汙秽之中","理无所不在各为其性,而其本然之妙则不害其

---

① 《答成浩原》,《栗谷全书》卷十,第208页下—209页上。
② 《与成浩原》,《栗谷全书》卷十,第216页上。

自若也"。关于"理通"为"理同",栗谷还说过"则理之在枯木死灰者,固局于气而各为一理。以理之本体言,则虽在枯木死灰而其本体之浑然者,固自若也。是故枯木死灰之气非生木活火之气,而枯木死灰之理即生木活火之理也"[①]。由于理之本体浑然自若,所以枯木死灰之理与生木活火之理同。这是"理同"。

所谓"气局"为"气异",是说"局"字具有两个意思。从字面上讲,"局"为"局部"之意,所以栗谷说:当气流行时,有不失气之本然者,也有失其本然者。当气失其本然之时,则不是全气,而变成部分之气,或为偏气,或为浊气,或为清气,或为糟粕煨烬之气等,而这些气都不是湛一清虚之本气,故为"气异"。"局"字引申讲,为局促狭隘之意,即见识不广而蔽塞。所以,"气局"的"局"的另一个意思为"蔽塞"之意。这是说,由于浊气、偏气、糟粕煨烬之气不是湛一清虚之气,所以理常受这些气之蔽塞之累,而不能全部显现出来,似乎偏也。故栗谷说:"气之偏则理亦偏,而所偏非理也,气也。"理乘气流行,气全则理全,气偏则理偏。实际上,理是同一的,关键是气。当气之偏,即气有蔽塞之障时,本体之理便不能全部显现出来,呈现为"理偏"状态。气不同,气之蔽塞之障也不同,故理偏也有不同的显现。归根结底,还是"气异"。

关于"理通气局"实为"理同气异",还可根据栗谷所强调的要从本体上理解"通"和"局"。他说:

　　理通气局要自本体上说出,亦不可离了本体别求流行也。人之性非物之性者,气之局也。人之理即物之理者,理之通也。方圆之器不同,而器中之水一也;大小之瓶不同,而瓶中之空一也。气之一本者,理之通故也;理之万殊者,气之

---

① 《答成浩原》,《栗谷全书》卷十,第212页下。

局故也。①

栗谷强调"理通气局"必须从本体上理解，就是说从人物之"性"、之"理"上来理解"通"和"局"的意义。如人之性与物之性不同，这是因为构成人之形与物之形的"气"不同，由于气之蔽塞而赋于人和物的"理"（性）亦不同。所以人性非物性，是由于"气异"的原因。又按照"理一分殊"和"月印万川"的观点，本体之理予人、予物都是同一的，故"理同"。"理同气异"就如同方器和圆器不同（气异），而器中之水一也（理同）；就如同大瓶和小瓶不同（气异），而瓶中之空一也（理同）。关于这一点，栗谷在《圣学辑要》中解释"理通气局"时，明确地说：

> 理通者，天地万物同一理也。气局者，天地万物各一气也。②

可见，理通者理同也，气局者气异也。正是由于"理同"，所以无形无为之理为有形有为之气之主宰，气才呈现为有形有为一体之气。也正是由于"气异"，在气的各种蔽塞之障下，分殊之理才呈现出万殊之理。而在本体上，理还是同一的。"所谓理一分殊者，理本一矣。而由气之不齐故随所寓而各为一理。此所以分殊也，非理本不一也。"③

栗谷提出"理通（同）气局（异）"观点的目的是探究人性善恶的原因以及如何将恶恢复为本然之善。为此，他对孟子的性善论、荀子的性恶论及扬雄的"性善恶混"的人性观点，以"理

---

① 《与成浩原》，《栗谷全书》卷十，第216页上。
② 《圣学辑要》，《栗谷全书》卷二十，第457页上。
③ 《圣学辑要》，《栗谷全书》卷二十，第457页上。

通气局"理论加以评论。

> 荀扬徒见零碎之理各在一物而不见本体,故有性善恶混之说。孟子只举本体而不及乘气之说,故不能折服告子。故曰论性不论气,不备论气不论性,不明二之则不是。①

栗谷认为荀子和扬雄只看到"气局"即由于气之异,乘气之理也不同而形成性异的一面,所以有性恶论、"性善恶混"说。与之相反,孟子只看到"理通"即本体之理同一的一面,所以有性善论,但不能说服告子。因此,必须从理通(同)气局(异)的角度全面考察人性问题。

进而,栗谷对人性善恶问题进行了分析。他说:"理本纯善而气有清浊。气者盛理之器也,当其未发、气未用事,故中体纯善及其发也,善恶始分。善者,清气之发也;恶者,浊气之发也。"② 这里强调的是气的作用,即气异之不同,而形成性善和性恶。性善是由于清气所发,性恶是由于浊气所发。性有善恶之分,表明分殊之理也有善恶。栗谷又提出了"理有善恶"观点。

这一观点是栗谷对程颢思想的直接继承。"程子曰:'人生气禀,理有善恶。'此晓人深切,八字打开处也。其所谓理者,指其乘气流行之理而非指理之本然也。本然之理固纯善,而乘气流行其分万殊,气禀有善恶,故理亦有善恶也。夫理之本然则纯善而已乘气之际,参差不齐,清净至贵之物及汙秽至贱之处,理无所不在。而在清净则理亦清净,在汙秽则理亦汙秽。若以汙秽者为非理之本然,则可遂以为汙秽之物无理,则不可也。夫本然者,理之一也;流行者,分之殊也。捨流行之理而别求本然之理,固不可。若以理之有善恶者为理之本然,则亦不可。理一分殊四字,

---

① 《答成浩原》,《栗谷全书》卷十,第212页下。
② 《人心道心图说》,《栗谷全书》卷十四,第283页上。

最宜体究。"① 栗谷认为理一即本体之理是纯善无恶的，所以能够"理通"（理同）。而分殊之理有善亦有恶，其善恶取决于所乘之气的清浊。"譬之于水则本清之水，投之于污秽之地，则水亦为之污秽。盛之于清净之器，则水终不失本清之性耶。"② 气禀有清浊，理有善恶。这就是"气局"（气异）的结果。为此，栗谷认为矫正气质是去恶从善的重要因素。而这正是他修养论的基本内容。可见，"理通气局"说成为栗谷主诚、养气、知至的理论基础。

3. "气发理乘"

李栗谷的"气发理乘一途"说主要是针对李退溪的"四端，理发而气随之；七情，气发而理乘之"的"理气互发"说而提出的。

> 退溪之病，专在于互发二字。③
>
> 退溪之精详谨密近代所无，而理发气随之说亦微有理气先后之病。老先生未捐馆舍时，珥闻此言，心知其非，第以年少学浅，未敢问难归一。每念及此，尝不痛恨也。④

栗谷很尊重退溪的学问，但认为他的"理发气随"说有理气先后之分的病处，故而提出"气发理乘一途"说。

栗谷的"气发理乘一途"说虽然是针对退溪"互发"说而发的，但更重要的原因是栗谷自身理论逻辑发展的结果。

"理气妙合"是栗谷理气观的核心和基础。强调理气无先后、无离合，是理气妙合的一个重要内容。从这一重要内容出发，栗

---

① 《答成浩原》，《栗谷全书》卷九，第194页下。
② 《语录上》，《栗谷全书》卷三十一，第230页下。
③ 《答成浩原》，《栗谷全书》卷十，第202页下。
④ 《答成浩原》，《栗谷全书》卷十，第200页上。

谷认为"互发"说在理论上是站不住的。他说:

> 理形而上者也,气形而下者也。二者不能相离,既不能相离则其发用一也,不可谓互有发用也。若曰互有发用,则是理发用时,气或有所不及;气发用时,理或有所不及也。如是,则理气有离合、有先后,动静有端、阴阳有始矣。其错不小矣。①

栗谷认为如果"互发"说成立的话,那么就会出现理发时,气不能与之同步;气发时,理不能与之同步的情况,这就是理气分离,有先有后。而这种状况是与理气无分离、无先后的妙合理论不符的。因此,只能是"气发理乘"。"大抵发之者气也,所以发者理也。非气则不能发,非理所无所发。"② 从"理气妙合"出发,栗谷指出气为发之者,理为气发之所以然者。没有气则不可发,没有理亦无发之根据。可见,"气发理乘"是理气然、所以然,所宰、所为的具体体现和必然结果。

栗谷形象地将"气发理乘"比喻为水与器皿的关系。"物之不能离器,而流行不息者惟水也。故水可以喻理,水之本清,性之本善也。器之清净、汙秽之不同者,气质之殊也。器动而水动者,气发而理乘也。器水俱动,无有器动水动之异者,无理气互发之殊也。器动则水必动,水未尝自动者。"③ 这里,水喻理、器喻气,水装于器中,犹理乘于气。器动则水动,表明气发理乘,理气俱动。不可能只器动而水不动,也不能器不动而水自动,说明理气互发是不可能的,唯有"气发理乘"一种。同时,这种水器之喻也是上述"气包理"的形象体现。正是由于理寓于气中,

---

① 《答成浩原》,《栗谷全书》卷十,第202页上。
② 《答成浩原》,《栗谷全书》卷十,第198页下。
③ 《答成浩原》,《栗谷全书》卷十,第203页上。

气为理之载体，所以才能够"气发理乘"。

之所以说"气发理乘"，还因为"理气妙合"理论指出，气有为而理无为。"理无为而气有为，故气发而理乘。"[1] 栗谷专门对这句话作了注解："阴阳动静而太极乘之，发者气也，乘其机者理也。"[2] 动静是阴阳二气所为，而不是太极自身的动静。所谓"太极动而生阳，静而生阴"之说，其实是讲此时太极之理已乘阴阳气之机，由于太极之理对阴阳之气的主宰，所以阳气动，所乘太极之理亦动；阴气静，所乘太极之理亦静，这就是"发者气也，乘其机者理也"。而之所以气为发、理为乘，还是在于"理无为，气有为"。依据"理气妙合"之说，无为之理为有为之气之主宰、主体，有为之气为无为之理之所为、作用。理体气用、理气是所宰、所为。这种理论逻辑发展的结果就是"气发理乘"。

栗谷经常将"气发理乘"称为"气发理乘一途"说。所谓"气发理乘一途"说，是讲栗谷认为不论是天道，还是人道的运行，都只有"气发理乘"这一途径，而没有其他的途径。

"盖气发理乘一途之说，推本之论也。"[3] 这是"气发理乘一途"说的价值所在。所谓"推本之论"，是说栗谷认为"气发理乘一途"说为现实生活中的人最终修养为"圣人"提供了理论根据。这就是说，人为了恢复其本然之善性，必须检束有为之气，即通过后天的修养，使有为之气皆变为湛一清虚之气。通过矫气质的工夫，达到去恶为善的目的。

（二）"心性情意一路"说

如果说理气问题是栗谷性理学的核心，那么心性问题则是栗谷性理学的要点。这一要点可归纳为三个问题。

---

[1] 《答成浩原》，《栗谷全书》卷十，第209页上。
[2] 《圣学辑要》，《栗谷全书》卷二十，第457页上。
[3] 《答成浩原》，《栗谷全书》卷十，第209页下。

1. "心性情意一路"而各有境界

在理气问题上，栗谷的思维模式是"妙合"，也就是强调"合"，反对"分"。遵循这种"合"的思维模式，在心性问题上，他主张"心性情意一路而各有境界"。针对有些学者将"心性为二用""情意为二歧"的观点，他指出：

> 今之学者为此说所误，分心性为有二用，情意为有二歧。余甚苦之。……性是心之理也，情是心之动也，情动后缘情计较者为意。若心性分二，则道器可相离也；情意分二，则人心有二本矣。岂不大差乎？须知性心情意只是一路而各有境界，然后可谓不差矣。何谓一路？心之未发为性，已发为情，发后商量为意，此一路也。何谓各有境界？心之寂然不动时是性境界，感而遂通时是情境界，因所感而紬绎商量为意境界，只是一心各有境界。①

这里的所谓"一路"，是说"性"是心之体，"情"是心之用，"意"是心缘情计较者，即都是"心"的不同境界的呈现。"心"寂然不动的境界为性，"心"感而遂通的境界为情，"心"因所感而紬绎思量的境界为意。可见，性、情、意都是一心的不同状态、功能、表现。以此为基点，在"性"和"情"方面，栗谷强调"性非二性""情非二情"。

2. "性非二性""情非二情"

朝鲜朝的性理学者沿袭中国理学，视"性"为"本然之性"（天命之性）和"气质之性"。李栗谷解释"本然之性"和"气质之性"时说：

---

① 《杂记》，《栗谷全书》卷十四，第297页上。

> 朱子曰：天地之性专指理而言，气质之性则以理杂气而言，只是此性（本然之性）在气质之中，故随气质而自为一性（气质之性）。……臣按：本然之性、气质之性，非二性也。就气质上单指其理，曰本然之性；合理与气质而命之曰气质之性。①

这里，栗谷理解并发挥朱熹的"天地之性专指理而言，气质之性则以理杂气而言"，强调了两点。一是强调"本然之性"与"气质之性"不是两种不同的人性，"非二性"。二是强调"气质之性"兼"本然之性"。

在"本然之性"与"气质之性"的问题上，中国理学家朱熹常常反驳那种认为人同时有两种并立的人性的观点。栗谷认同朱熹这一观点，但他从"合"的思维出发，更加强调二者的同一。如他在回答成牛溪关于心性问题时，强调指出："就形质中单指其理而言之，则本然之性也，本然之性不可杂以气也。子思孟子言其本然之性，程子张子言其气质之性，其实一性，而所主而言者不同。今不知其所主之意，遂以为二性，则可谓知理乎？"② 栗谷认为形气体质中的"理"为"本然之性"，它不可以杂以气；理与气合则为"气质之性"，所以，"本然之性"与"气质之性"实为一性，只不过侧重不同。正是由于侧重不同，"气质之性"指气与理合，"本然之性"单指其中的理，所以，栗谷又强调"本然之性"包含在"气质之性"中，或者叫"气质之性"兼"本然之性"。"本然之性则不兼气质而为言也，气质之性却兼本然之性。"③

与"性"相同，在"情"问题上，栗谷提出"情非二情"

---

① 《圣学辑要》2，《栗谷全书》卷二十，第452页。
② 《理气咏呈牛溪道兄》，《栗谷全书》卷十，第207页上。
③ 《答成浩原》，《栗谷全书》卷九，第192页下。

"七情包四端"。"七情实包四端，非二情也。"① "四端七情正如本然之性，气质之性。本然之性则不兼气质而为言也，气质之性则却兼本然之性，故四端不能兼七情，七情则兼四端。"② 栗谷之所以强调"情非二情""七情包四端"，从理论上讲是他理气观的"气发理乘一途"说的继续。如上所云，在"四端""七情"是"理发""气发"问题上，栗谷与退溪观点有异。李退溪从"互发"说出发，认为"四端理发而气随之，七情气发而理乘之"。对此，李栗谷提出"一途"说，即认为不论是"四端"，还是"七情"，都是"气发理乘"。这一问题从心性情角度分析，栗谷指出，退溪强调"互发"说，即强调"四端"与"七情"的区别，是因为他主张"四端"是心"由中"而发之情，而"七情"是心"感外"而发之情，故为二情。对此，栗谷指出"四端"和"七情"都是心"感外"而发之情，即均是"气发理乘"。他说：

> 窃详退溪之意，以四端为由中而发，七情为感外而发。以此为先入之见而以朱子之发于理、发于气之说主张而伸长之，做出许多葛藤，每读之未尝不慨叹。以为正见之一累也。《易》曰："寂然不动，感而遂通。"虽圣人之心，未尝有无感而自动者也。必有感而动，而所感皆外物也。何以言之？感于父，则孝焉；感于君，则忠动焉；感于兄，则敬动焉。父也、君也、兄也者，岂是在中之理乎？天下安有无感而由中自发之情乎？特所感有正有邪，其动有过有不及，斯有善恶之分耳。今若以不待外感由中自发者为四端，则是无父而孝发，无君而忠发，无兄而敬发矣。岂人之真情乎？今以恻隐言之，见孺子入井，然后此心乃发。所感者，见孺子也。孺子非外物乎？安有不见孺子入井而自发恻隐者乎？就令有

---

① 《圣学辑要》2，《栗谷全书》卷二十，第455页上。
② 《答成浩原》，《栗谷全书》卷九，第192页下。

之，不过为心病耳，非人之情也。夫人之性有仁义礼智信五者而已，五者之外无他性；情有喜怒哀惧爱恶欲七者而已，七者之外无他情。四端只是善情之别名，言七情，则四端在其中矣。①

这里，栗谷明确指出人之"情"都是心感而遂通的结果。喜、怒、哀、惧、爱、恶、欲七情涵盖了人的一切"情"。而"四端"则是"孟子就七情中剔出善一边，目之以四端"② 而已。所以"四端"是"七情"之善的一边，"七情"是"四端"之总会。"七情"已包"四端"在其中，所以不可谓"四端"非"七情"，"七情"非"四端"，也不可将"四端"与"七情"相对立。这就是栗谷强调的"情非二情"。

3. 人心道心理气说

与"四端七情"相关联的是人心、道心问题。关于何谓人心、何谓道心，栗谷说："天理之赋于人者，谓之性，合性与气而为主宰于一身者，谓之心。心应事物而发于外者，谓之情。性是心之体，情是心之用，心是未发已发之总名，故曰心统性情。性之目有五，曰仁、义、礼、智、信；情之目有七，曰喜、怒、哀、惧、爱、恶、欲。情之发也，有为道义而发者。如欲孝其亲，欲忠其君，见孺子入井而恻隐，见非议而羞恶，过宗庙而恭敬之类是也，此则谓之道心。有为口体而发者，如饥欲食、寒欲衣、劳欲休、精盛思室之类是也，此则谓之人心。"③ 这些说法是性理学关于人心、道心的通说，无甚新意。因为这不是栗谷思考的重点，他的侧重点在于人心道心生出或发出的途径，即人心道心是理气"互发"还是"一发"的问题。栗谷好友成牛溪就此问题致函栗谷：

---

① 《答成浩原》，《栗谷全书》卷十，第199页上。
② 《人心道心图说》，《栗谷全书》卷十四，第283页上。
③ 《人心道心图说》，《栗谷全书》卷十四，第282页下。

"顷日读朱子人心道心之说，有或生或原之论，似与退溪之意合。故慨然以为在虞舜无许多议论时，已有此理气互发之说。"① 这里的"或生"与"或原"，是指朱熹所说人心生于形气之私，道心原于性命之正。牛溪认为朱熹的"或生"和"或原"的思想"与退溪之意合"，是指退溪视"道心"为"四端"，视"人心"为"七情"。而四端、七情是理气"互发"，故牛溪认为人心道心也应是理气"互发"。对此，栗谷从其"气发理乘一途"说出发，认为人心道心也都是"气发理乘"。栗谷答复牛溪说：

> 气发理乘一途之说与或生或原……之说，皆可通贯。
> 朱子曰："心之虚灵知觉一而已矣。或原于性命之正，或生于形气之私。"先下一心字在前，则心是气也，或原或生而无非心之发，则岂非气发耶？心中所有之理乃性也，未有心发而性不发之理，则岂非理乘乎？或原者，以其理之所重而言也；或生者，以其气之所重而言也，非当初有理气二苗脉也。
> 人心道心俱是气发。而气有须乎本然之理者，则气亦是本然之气也，故理乘其本然之气而为道心焉。气有变乎本然之理者，则亦变乎本然之气也，故理亦乘其所变之气而为人心。②

这里，栗谷从理气观角度论述了人心道心皆是"气发理乘一途"说。心为理气合，按照栗谷"理气妙合"的思维原则，"气"有为、"理"无为，"气"有动静、"理"无动静，所以当理乘本然之气而发时，为"道心"。此时以"理"为重，即朱熹所谓"或原者"。当理乘变化之气而发时，为"人心"。此时以"气"为

---

① 《附问书》，《栗谷全书》卷十，第200页下。
② 《答成浩原》，《栗谷全书》卷十，第209页下—210页。

重，即朱熹所谓"或生者"。可见，不论是道心（或原者），还是人心（或生者）都是"气发理乘"。栗谷这一思想很有创见。他一反朱熹和退溪之说，以"道心"不离乎"气"，"人心"原于"理"的观点而开辟关于人心道心来源的新思路。

栗谷的学问观以成圣为目的，因此栗谷性理学的基点不在于心的"未发"状态，而在于心"已发"后的善恶之分及如何去恶为善。

未发和已发指心的体与用两种状态。《中庸》讲："喜怒哀乐之未发，谓之中。发而皆中节，谓之和。"喜怒哀乐之未发的中状态，又被看作天命之性。发而皆中节的和状态，又被看作率性之道。对此，栗谷将天命之性叫作"至善之体""未发之中"，将率性之道叫作"至善之用""自有之中"。他说："至善之体即未发之中，而天命之性也。至善之用即事物上自有之中，而率性之道也。"[①] 这里的"自有之中"，是指心感物而发，如果发时直出于正理并不受外界干扰，心就以道心面貌出现，维持了原有的本然之纯粹，表现为仁义礼智之端，为善。栗谷将这种状态称为"自有之中"。反之，心在发动时不能精察，而偏于私欲，便会表现为发于仁义礼智而反害仁义礼智，为恶。因此，事物上的"自有之中"很关键。为达到"自有之中"，栗谷认为"意"具有调节性和情的功能。他主张以"人之意"去调节"人之性"与"人之情"。

可见，"意"的作用关涉"善"与"恶"。这是因为意"精察而趋乎理，则人心听命于道心也。不能精察而惟其所向，则情盛欲炽，而人心愈危道心愈微矣。精察与否，皆是意之所为。故自修莫先于诚意"[②]。精察与否，为意之所为。而只有诚意才能精察，才能分别是非，才能转人心为道心，才能去恶为善。所以，

[①] 《答成浩原》，《栗谷全书》卷九，第187页上。
[②] 《答成浩原》，《栗谷全书》卷九，第193页上。

"诚"是栗谷修养哲学的要点。

第三节　促进韩国社会近代化的实学

韩国实学在韩国儒学史上，具有重要的学术价值；韩国实学在韩国历史上与韩国社会的发展紧密相连。本节以李瀷、洪大容、朴趾源、丁茶山等实学者为代表，详述韩国的实学思想及其价值。

一　李瀷的"经世致用"实学

李瀷（1681—1763）和他的门人弟子开创了以经世致用为特征的星湖学派。

（一）穷经致用的经学观

随着中国理学在高丽和朝鲜朝的传播，经学也传播开来。对于经学不同的态度，形成了不同的学派。李瀷对于经学的态度是立足于原典儒学，努力提倡其中的"下学"精神。这种"下学"精神的实际性，就是他所说的"穷经将以致用"。如李瀷说：

> 穷经将以致用也，说经而不措于天下万事，是徒能读耳。子所雅言，诗、书、执礼。《诗》以道志，《书》以道事，《礼》以道行，皆相为用而不可阙者也。①

李瀷认为儒家经典中包含着天下万事万物的普遍原理（即"下学"），因此，穷经的目的在于掌握这些"下学"（事物的普遍原理）并运用于实际之中。相反，如果论经只是为了虚讲，只停留在口耳上，置实事实物而不顾，这样的穷经是没有任何意义的。

---

① 《星湖僿说类选》卷六上，首尔：景文社1976年版，第46页。

这是因为李瀷认为人们之所以陷入空谈经论之中，是不懂得经学注疏多有错误，后人不可轻信盲从。他在《星湖僿说》中对于中国宋以后一些理学家和朝鲜朝一些性理学者治经的空疏学风，批评说：

> 余谓自宋以还，儒学转深转隐，一字两字之义，深究极讨，辨说盈篋。人便汨汨没没，又不免急于知而缓于行，与圣人"行有余力则以学文之教"，气像不侔矣。①

为了纠正这种空虚学风和提倡"下学"精神，他写了一系列对经典的"疾书"。如大学疾书、小学疾书、中庸疾书、论语疾书、近思录疾书、心经附注疾书、家礼疾书、易经疾书、书经疾书等（其中若干种已佚）。其目的就是克服当时朝鲜朝性理学一味追求经学中形而上的经学观，同时也是为了树立发扬经学中"下学"的新经学观。他认为施政以治民为要，治民又要以下情上达。这是立足于原典儒学（洙泗学）精神唤起新学风的"下学"，其经典研究的态度则是志向于"经世致用"。

（二）经世致用的改革论

经世致用的改革论是李瀷和其弟子安鼎福所提倡的穷经致用的经学观的实际运用。

在农业方面，首先，主张改革土地制度。他据《诗·小雅·北山》"普天之下，莫非王土"的观点主张土地国有，反对私相买卖，意在禁绝兼并。这与当时朝鲜时代的土地制行科田法有直接关系，科田法代替王氏高丽的田柴科以后，按新贵族、新官僚分18科（等）在京畿授收租的科田，在地方上分给中小两班为永

---

① 《星湖僿说类选》卷二，第127页。

世享用的军田,在各道设公廨、衙禄田、军资田,以其收入充地方政府经费,土地尽为各种名义私占,无地少地的众多佃农日益贫困。李瀷企望恢复土地国有,不准私相买卖,在他看来,这是禁绝兼并的好办法。

其次,主张轻徭薄赋。李瀷对劳动农民抱着深切的同情心,他看到农夫终岁劳作,却不足以自食。其中重要原因之一是农民繁重的苛捐杂税。他主张切实贯彻"十一之税"方针,即收获九成以优民,只取其一上交。他又主张取消对农民许多不合理的差役,务使农民得以富庶。李瀷的以农为本的经济改革思想,处处为劳动农民利益着想,这是十分可贵的。

在兵防方面,从居安思危、常备不懈的思想出发,主张"寓兵于农"。只有"兵农合一",才能自行解决兵饷供给问题。他又根据朝鲜三面滨海、陆上又多山地,主张大力发展水军。他建议把全国划分"五卫",近京士兵,专守都城,其余四卫,制阃居外,军队将领要从行阵实战中选拔,绝对排除从门第中选出。

在外交方面,以"诚信""义命相敬"为睦邻的指导原则,严防蓄意挑起事端,以交恶邻邦。

在刑政方面,主张省刑轻罚,反对恢复肉刑,指斥墨、劓、剕、刵、宫五刑是"虐政"。主张德教先于刑教,宽猛所施,各有其时。

除此之外,李瀷在《论更张》一文中,还提出许多具体改革措施,诸如改贡,定田赋,禁苛索,并小郡,汰冗官,用贤才等。

二 洪大容的实心实学

洪大容生于英祖七年(1731),卒于正祖七年(1783),享年52岁。洪大容字德保,号湛轩,是"北学派"实学的奠基者。

1765年12月至1766年2月,洪大容跟随作为冬至谢恩使书状官的叔父洪檍来到中国。在北京,他实地考察了当时中国的政治、经济、文化等各方面的情况，通过笔谈还结识了进京赶考的钱塘学者潘庭筠、陆飞、严诚、孙天义等。他们言语不通，就以笔代言进行笔谈。洪大容与钱塘学者就历史、地理、风俗、艺术、社情等，进行了广泛的笔谈。洪大容广博的知识深受钱塘学者的钦佩，挚友潘庭筠称他为"洪君博闻强记"。而洪大容与严诚交情最笃，二人结拜为兄弟，在杭州流传有"洪严友谊"的佳话。洪大容回国后，一直与钱塘学者保持书信往来，直至终老。这些书信后集为《杭传尺牍》。

洪大容在北京还接触到了西方的自然科学和技术。如他在北京拜见了当时在华的德国人钦天监正哈列尔斯威泰因（Anqustinnsvon Hollerstein，汉名刘松龄），别监盖瑟（Antonins Goqeisl，汉名鲍友管）。他还亲自到宣武门天主堂参观考察了西洋的器物，又到建国门参观考察了古观象台。洪大容四处走访搜索，对比研究，一一记录，形成了"北京学"。在此基础上撰写出了《燕记》。

洪大容在北京短短的数月中，通过对中国先进的文化、风俗、典章制度、器物利用的学习，针对当时朝鲜朝的一班文人以"小中华"自居，轻浮自傲，蔑视清朝的陋习，他力主北学中国，以达利用厚生、经世济民，实现富国强兵的目的。洪大容北学中国、利国富国的思想，成为"北学派"实学的主导思想。"北学派"实学也因此而得名。

（一）"实心实学"与气哲学

洪大容实学思想的要点是"实心实学"。"实心实学"的主旨是"问学在实心，施为在实事。以实心做实事，过可寡而业可成"[①]。洪大容主张必须以实实在在的心（实心）去做实实在在的

[①] 《祭渼湖金先生文》，《湛轩书·内集》，首尔：韩国景仁文化社1969年影印本，第297页。

事（实事），才能有成就而少过错。归根结底，也就是"实心实事日踏实地"①，强调每天都要踏踏实实地以实心做实事，这是洪大容实学思想的特点。而这一特点贯穿于他的言论和行动。

洪大容"实心实学"的理论基础是气哲学，即他关于"主气""重气"的思想。从朝鲜朝学术界的划分来看，"主气"学派是一个重要的派别，并在韩国学术史上占有重要地位。而洪大容的老师金元行秉承其祖父金昌协的学统，曾受学于尤庵宋时烈。所以，从学脉上讲，洪大容应属于李栗谷这一"主气"的畿湖学派。洪大容关于"主气""重气"的气学思想，可以从他关于对"气""理""心"这些基本范畴的论述中加以研究。

1. 气与理

主气派学者以"气"为主、为重，但在"气"与"理"的关系上，一般都主张"理气不离"。如主要代表者李栗谷的一个重要观点就是"理气妙合"，理气关系为"一而二，二而一"。这就表明他们重视"气"的价值，但并不排斥"理"的作用。而洪大容在理气关系问题上，持"挺气排理"的观点，即以对"理"价值的排斥而挺立"气"的作用。如他在《毉山问答》《心性问》《答徐成之论心说》中讲：

> 太虚廖廓，充塞者气也。无内无外，无始无终。积气汪洋，凝聚成质。②
>
> 充塞于天地者，只是气而已，而理在其中。论气之本，则澹一冲虚，无有清浊之可言。（句中点字为笔者所加）③

洪大容认为"气"充塞于太虚之中，而"理"在"气"中。这是

---

① 《答朱郎斋文藻书》，《湛轩书·外集》，第449页。
② 《毉山问答》，《湛轩书·内集》，第327页。
③ 《答徐成之论心说》，《湛轩书·外集》，第6页。

他对理气关系的一个基本判断。而关于"气",他强调了两点,一点是"气"可以凝聚成"质";另一点是"论气之本,澹一冲虚"。这两点可以看出是他关于"气"的本质的两个定性。

关于"气"能够凝聚成"质"的问题,这里的"质",指的是"实质""本质",即事物的属性、质地。洪大容认为宇宙中之所以有形形色色的事物,就是由于气能够凝聚成不同的"质"的缘故。如他解释说:

> 积气汪洋,凝聚成质。周布虚空,旋转停住,所谓地、月、日、星是也。①

地、月、日、星的存在,正是因为气可以凝聚成不同的"质"的结果。这就涉及了宇宙生成论的问题。关于人和万物的产生,洪大容说:

> 人物之生,动本于日火,使一朝无日,冷界凌兢,万品融消,胎卵根子,将安所本?故曰:地者,万物之母;日者,万物之父;天者,[气]万物之祖也。②

这就是说,洪大容认为,人与万物的生成是由于"日火"运动、发展、变化而来。假使没有"日火"的运动、变化,则"万品消融"于冷寂。作为万物生成之本的"胎卵",又将以什么为实有的本体呢?作为实有之物载体的"地",是"生卵"之母;而"日火"则是其父。最终,作为"地母"与"日父"的先在根据的"天"(即"气")则是万物之祖,即产生人与万物的实存本体。

---

① 《毉山问答》,《湛轩书·内集》,第 327 页。
② 《毉山问答》,《湛轩书·内集》,第 351 页。

关于"气"产生人与万物的程序，洪大容提出"气化"的观点。

> 岩洞土窟，气聚成质，谓之气化。
>
> 邃古之时，专于气化。人物不繁，钟禀深厚。神智清明，动止纯厖。养生不资，于物喜怒。不萌于心，呼吸吐纳。不饥不渴，无营无欲。游戏于于。鸟兽鱼鳖，咸遂其生。草木金石，各葆其体。天无淫沴之灾，地无崩渴之害。此人物之本真，太和之世也。①

所谓"气化"，就是由"气"凝聚成有"质"地的物，这一过程就是"气化"生"物"的过程。洪大容认为"邃古"时代，只是"气化"。如遂古时代人稀物少，一切确实非常安宁、祥和，那时既没有天灾，也没有地祸，人和物都处于"本真"（自然的、真实的）状态，那时的社会就是理想的"太和之世"。这表明洪大容认为人与物的"本真"面貌，是"气化"的结果。此外，关于雨、霜、雪、虹等的"气化"过程，洪大容也作了详细论述。例如：

> 雨者，甀露之势也。水土之气，蒸腾于空，郁于密云，无所泄而凝成气，蒸而云，不密则不成雨；云密而气不蒸，则亦不成雨。雪者，冷气之蒸也。霜者，温冷之集也。雹者，温冷相薄，急雨之冻也。皆成于蒸气，雨之类也。虹者，水气也。朝东夕西，借日以成。②

这里的"水土之气""冷气""蒸气""水气"等都是指自然界中

---

① 《毉山问答》，《湛轩书·内集》，第357页。
② 《毉山问答》，《湛轩书·内集》，第345、346页。

的雨、雪、霜、虹等生成的"气化"过程。

关于"论气之本,澹一冲虚"的问题,是讲太虚中充塞的是如同水波似的气,这就是"气之本",即"气"以什么形态充塞于太虚之中。这个问题的实质则涉及了宇宙结构论。

如上所述,洪大容认为地、月、日、星都是"气"凝聚成"质"的结果。而天体中的地、月、日、星之间的结构关系如何,尤其是天与地之间的结构关系,更是洪大容关心的问题。对此,在《毉山问答》中,他借实翁之口讲述了自己的观点。如他说:

> 天者,虚气荡荡、灏灏,无形、无眹,开成何物,闭成何物,不甚思矣。
> 天者,清虚之气,弥漫无际,其可以蕞尔;地界之嘘吸、拟议于至清、至虚之中乎。
> 夫地者,水土之质也。其体正圆,旋转不休,淳浮空界,万物得以依附于其面也。①

洪大容认为天体是清虚之气,而地为正圆,淳浮于至清、至虚的天体之中,万物才得以依附于地面。这里,他同意"地圆"说。进而,又对传统的"地方"说进行了批评。

> 虚子曰:古人云天圆而地方。今夫子言地本正圆,何也?
> 实翁曰:甚矣!人之难晓也。万物之成形,有圆而无方,况于地乎?月掩日而蚀于日,蚀体必圆,月体之圆也;地掩日而蚀月,蚀体亦圆,地体之圆也。然则,月蚀者地之监也。见月蚀月而不识地圆,是犹引监自照而不辨其面目也。不亦愚乎?②

---

① 《毉山问答》,《湛轩书·内集》,第336、350、327页。
② 《毉山问答》,《湛轩书·内集》,第327—328页。

洪大容通过月蚀现象来论证"地圆"的道理，通俗而实证。

在前辈先贤"地圆"说的基础上，洪大容又独自提出了"地转"说。

> 夫地块旋转，一日一周，地周九万里，一日十二时。以九万之阔，趋十二之限，其行之疾，亟于震电，急于炮丸。①

地球旋转即地球自转，一日转一周，约九万里。而地球自转的速度极快，犹如雷电和炮弹。

在"地转"说的基础上，洪大容进一步提出了"宇宙无限"的思想。

> 满天星宿，无非界也。自星界观之，地界亦星也。无量之界，散处空界。惟此地界，巧居地中，无有是理。②

苍茫宇宙之中，充满了星宿，无有边界。地球亦为星，不可能像有人所说的居于正中，即所谓"地球中心"说是不成立的。浩瀚宇宙是"无量之界"，宇宙是无限的。③ 洪大容的"地圆地转"说和"宇宙无限"的思想是他所提倡的"实心实学"的重要的自然观。

在宇宙生成论和宇宙结构论上，洪大容都突出了重"气"的哲学理念。那么，"理"在他思想中占有何种分量？也就是他的理气观的基本内容如何？对此，他讲过这样的话：

---

① 《毉山问答》，《湛轩书·内集》，第330页。
② 《毉山问答》，《湛轩书·内集》，第334页。
③ 参见姜日天《朝鲜朝后期北学派实学思想研究》，民族出版社1999年版，第27页。

> 凡言理者，必曰无形而有理。既曰无形，则有者是何物？既曰有理，则岂有无形而谓之有者乎？盖有声则谓之有，有色则谓之有，有臭与味则谓之有。即无是四者，则是无形体、无方所，所谓有者，是何物耶？且曰无声、无臭，而为造化之枢纽、品汇之根柢，则既无所作为，何以见其为枢纽、根柢耶？且所谓理者，气善则亦善，气恶则亦恶，是理无所主宰而随气之所为而已。如言理本善，而气恶也为气质所拘，而非其本体。此理既为万化之本矣，何不使气为纯善，而生此驳乘浊戾之气，以乱天下乎？①

在这里，洪大容通过对朝鲜朝性理学关于"理"的三个规定性的批评，而挺立了"气"的主体地位，使"理"与"气"的价值得以转换。第一，洪大容认为"理"是四无：无形体、无方所、无声、无臭，即为四无。这是对"理"的第一个否定。第二，洪大容认为既然"理"是无所作为的，那么怎能成为造化的枢纽、品汇的根柢呢？也就是说"理"是不能成为万物之本原的。这是对"理"的第二个否定。第三，洪大容认为如果理为万化之本，何不使气都成为纯善，而生出驳杂承戾之气而乱天下呢？他指出，正是因为"理"不能成为万化之本，所以，"理"不能主宰"气"。这是对"理"的第三个否定。

在否定"理"的价值的基础上，洪大容高扬了"气"的价值。他明确指出"理无所主宰而随气之所为而已"。"气"是"理"的主宰。洪大容的这一观点是对传统性理学"理为气之主宰"观的强烈冲击，同时这种观点也成为他"实心实学"的重要的理论基础。

---

① 《心性问》，《湛轩书·内集》，第1页。

2. 气与心

洪大容实学的重点是"实心实学",但何谓"实心"?他没有详细的文字说明。通过他的论著,可以对洪大容的"实心"思想,作如下分析。

洪大容所谓的"实心",可以从两个层面进行分析。其一为义理层面,所谓义理层面,就是性理学所说的"心""气"关系。对此,洪大容有如下论述:

> 尤翁谓《浩然章》,所谓心既对气而言,则当以理看,然亦不可全然离气看,此恐可疑。既以理看,则何可以不离气也?既不可离气,则恶在其以理看也。盖理者理也,非气也;气者气也,非理也。理无形而气有形,理气之别,天地悬隔。有理必有气,而言理则曰理而已;有气必有理,而言气则曰气而已。今日当以理看而亦不可离气看,则是既为理而又为气,既为无形而又为有形,不惟心之体段无以测知,殆恐不免于理气一物之病矣。窃以为心者,五脏之一,有动有迹,只是气而已。而理在其中,非无理也。而语其体,则气也。虽有理也,而不可认理而为心。①

这段话表明了洪大容的一贯价值观,即对"气"的挺立,对"理"的排斥。此段话上半部分是对理气不离思想的批评,他认为这样易患"理气混淆为一物"之病。洪大容对视"心"既为"理",又不可离"气"的观点的批评,是为了强调此段论述下半部分的内容,即他自己的"心为气"的观点。

在下半段论述中,洪大容一是强调"心为五脏之一",这是指心的物质内容;二是强调"心,只是气而已",即便"理"在其

---

① 《孟子问疑》,《湛轩书·内集》,第45页。

中，但"语其体，则气也"；最后，再一次强调"不可认理而为心"。在洪大容的这些语境中，可以看出他要表达的意思只有一个，即"心"为"气"之实体。之所以说这个"气"是实体的气，是因为洪大容在谈"心"与"气"的关系时，有一个前提，他说"心者，五脏之一，有动有迹，只是气而已"。从"心"的物质性前提出发，"心为气"的"气"应该是实体之气。"心之体，只是气而已。"这话应理解为"心"的本体，只是实体之气或是气之实体。这就不难理解洪大容所谓"实心"的意蕴了。

其二为伦理层理。洪大容在《毉山问答》中借对虚子的批评，指出了四种使社会日渐于虚的心。这四种"虚心"就是：矜心、胜心、权心和利心。洪大容的原话如下：

> 孔子之丧，诸子乱以；朱门之末，侏儒汩之。崇其业而忘其真，习其言而失其意，正学之扶，实由矜心。邪说之斥，实由胜心。救世之仁，实由权心。保身之哲，实由利心。四心相仍，真意日亡，天下滔滔，日趋于虚。①

这里的"矜心"和"胜心"，是洪大容对朝鲜朝那些所谓的"崇周孔之业，习程朱之言"（虚子语）的性理学者的批评。洪大容指出，正是他们持有的"矜心"和"胜心"，使"周孔之业""程朱之言"成了学子入仕的敲门砖，只知坐而论道，不尚实际实行。由此使"道术之亡久矣"。"权心"指所谓的权势之心，"利心"指明哲保身之心。洪大容认为"权心"和"利心"也不是"真心"，故使天下"真意日亡"。可见，"矜心""胜心""权心""利心"都是"虚心"，是不真、不实的。在这四种"虚心"作用的影响下，使真意日渐消亡，社会风气日趋于虚。

---

① 《毉山问答》，《湛轩书·内集》，第323页。

针对"矜心""胜心""权心""利心"四种"虚心",洪大容提出了"实心"。他在给友人的信中写道:

> 正心诚意,固学与行之体也;开物成务,非学与行之用乎?①

文中的"正心诚意"出自《大学》:"古之欲明明德于天下者,先治其国;欲治其国者,先齐其家;欲齐其家者,先修其身;欲修其身者,先正其心;欲正其心者,先诚其意;欲诚其意者,先致其知。致知在格物,格物而后知至,知至而后意诚,意诚而后心正。"这说明,"正心""诚意"是儒家的重要伦理道德。这种伦理道德需要通过"格物"这一实践修养,由"知至"而到"意诚""正心"。所以,"正心诚意"就是"诚"、就是"真",也就是"实心"。洪大容的"实心"指的就是"诚心""真心"。

如果说"正心诚意"是"实心"之体的话,那么"开物成务"则是"实心"之用。"开物成务"出自《周易·系辞上》"子曰:夫易何为者也?夫易开物成务,冒天下之道,如斯而已者也"。其意是说,明白了天下之理,按着这个道理去做,就会成功。他强调的是实行、实践。洪大容关于"开物成务"说:

> 揖让升降,固开物成务之急务,律历算数,钱谷甲兵,岂非开物成务之大端乎?②

"揖让升降"固然是开物成务的急务,但洪大容更看重的是律、历、算、数、钱、谷、甲、兵这些更实际、更具体的事务。洪大容视实践这些实事为"开物成务之大端"。

---

① 《与人书二首》,《湛轩书·内集》,第 252 页。
② 《与人书二首》,《湛轩书·内集》,第 252 页。

在洪大容的思想中，"实心"之体——"正心诚意"与"实心"之用——"开物成务"是体用如一、一以贯之的。这就是说，主体伦理——"正心诚意"与客体伦理——"开物成务"是相辅相成、互利互补的。

洪大容非常重视他的"实心"说，认为人的一生要有所成就、有所作为，必须持有"实心"。如他在评论李栗谷、成牛溪等朝鲜朝大儒的业绩时说：

> 此等人成就如此，皆以其实心实学也。苟不实践而徒务空言，则当时无所成其业，后世无所垂其名。①

这就是洪大容将自己的学说定义为"实心实学"的缘故。

（二）"实心实学"与"六艺之教"

洪大容自幼便"有志于六艺之学"。"六艺之学"指的就是古代的教育内容，即礼、乐、射、御（驭）、书、数。"六艺之学"又称"古学"。关于"古学"，洪大容说过这样的话：

> 容自十数岁，有志于古学，誓不为章句迂儒而兼慕军国，经济之业。②

可见，在洪大容的思想中他把军事、治国、经济之实事视为"古学"（或古六艺之学），并将"古学"与只尚空谈性命义理的"章句迂儒"对立起来。洪大容这样做的目的，就是以高扬原典儒学讲究实际、不务空谈的学风来批评当时朝鲜朝的性理学。他在《小学问疑》中就通过褒"六艺之学"而贬"章句之教"。如

---

① 《桂坊日记》，《湛轩书·内集》，第172页。
② 《杭传尺牍·与汶轩书》，《湛轩书·外集》，第465页。

他说：

> 古之教也，于其幼时已教以六艺，故其长也，上而虽未及知道，下而不失为适用。今人之专务章句，固得其本，而于其末艺，不合专废。事以知道之人既未易得，则诵说章句，虽或无差，而日用之不可缺者，却昧焉不察，往往以疎脱事情为高致，综核庶务为鄙俗。古之君子虽不器于一才一艺，而曷尝有无能的君子乎？此所以无补于世而见笑于俗辈，是以六艺之教固当并行于洒扫之节，而不容或废也。①

洪大容指出古人自幼便教以"六艺"，待其长大，即便不知"道"，但一切人情世故等实际事物，都无有所失并应酬适宜。而性理学者只知记诵章句，以争论形而上之事为高雅，视核庶务为鄙俗。其结果对社会"无补于世"，并让俗辈"见笑"。所以，"六艺之教""洒扫之节"，是万万不可偏废的。其实，洪大容所谓的"六艺之教"，就是他提倡的"实心实学"。洪大容"实心实学"或"六艺之教"的基本内容为"实行""实见""实效"。

1."实行"

洪大容"实心实学"的主要内容是强调"实行"，即主张知一行一、知而必行。他在石室书院学习时便注重实践、实行，如他23岁时就写道：

> 古之学者，才知一事便行一事。一捆一掌血，一棒一条痕。今之学者，开口便说性善，恒言必称程朱，而高者汩于训诂，下者陷于名利。呜呼！孰不知圣人之可好而世无其人，孰不知下流之可恶而众皆归之。无他，不行之过也。人能行

---

① 《小学问疑》，《湛轩书·内集》，第8页。

其所知，何古人之不可及哉。读精一便去精一，读敬义便去敬义。吾与子行之一字。①

这里，洪大容称赞古代学者的实行精神如"一掴一掌血，一棒一条痕"，一步一个脚印，扎扎实实，知而必行，读了必做。同时，他还对那些"开口便说性善，恒言必称程朱"而不苟实行的人，进行了批评。指出这些人明知"下流可恶"却"众皆归之"，其根源就是"不行之过"，即不实行的结果。所以，他特意赠予同门"行之一字"。

从重实行出发，洪大容倾向于阳明学的"知行合一"说。如他在写给挚友铁桥的信中说："天下之英才不为少矣……而能暗然用力于实学者鲜矣。……赞主敬之训，刻刻提撕，不欲先讲馀事，则已见用力于实学矣。平日好观，近思以僭，论阳明为极是。"② 洪大容欣赏王阳明的"知行合一"说，他本人亦对"知"与"行"的关系，有深刻的见解：

> 先知而后行，此古今之通义也。虽然知得半分，必继以行得半分；行得半分，然后方可以语知之全分，而行亦全分矣。③

洪大容认为"知"与"行"的关系应当是"知"了半分，便要立即"行"半分，只有"行"了半分，那"知"才能为全分，而此时"行"也就是全分了。这种思想是一种"知行合一""知行并进"的思维。洪大容在《自警说》中也讲过类似的话："才知一

---

① 《赠周道以序》，《湛轩书·内集》，第265页。
② 《杭传尺牍·与铁桥书》，《湛轩书·外集》，第379页。
③ 《杭传尺牍·与铁桥书》，《湛轩书·外集》，第391页。

句，便要知之；才见一句，便要行之。一知一行，足目两进。"①"知"一句，"行"一句，一知一行，足目两进。这里的"足目两进"，就是"知行并进""知行合一"。

其实，在"知行"观上，洪大容的思想不仅仅是主张"知行并进""知行合一"，而是更加强调"行"的价值。在讲"行"的重要性时，他说过这样的话：

> 虽然知行两端固不可偏废，而本末、轻重之分，又大有差别。②

以本末、轻重这些原则性问题来讲，"行"更加重要。因为"不先知以半分之行，而欲求全分之真知者，吾知其妄想臆料，欲求而欲远矣"③。如果不先"行"半分的话，那"知"就永远不会是全分。可见，在洪大容的思想中，"行"是本，"行"为重。这就是他的"实行"。

2. "实见"

洪大容从"实行"出发，必然更加重视实践知识，主张"实见"之学。他教导人们"与其信古人传记之言，岂若从现前目订之实境地"④。与其死读古人的旧书，不如读实践这部活书，更有价值。这是因为洪大容认为：

> 殊不知孔朱之所以为孔朱，在道而不在书也。半生耗神，做得百十卷疣赘之书，成就私利之契卷而徒乱人意，卒无补于世教也。呜呼！此实近世儒学心腹膏肓不治之疾也。且夫

---

① 《自警说》，《湛轩书·内集》，第274页。
② 《杭传尺牍·与铁桥书》，《湛轩书·外集》，第378页。
③ 《杭传尺牍·与铁桥书》，《湛轩书·外集》，第391页。
④ 《毉山问答》，《湛轩书·内集》，第328页。

人生之心力有限，理义之真精无涯。应物发虑，外有事业之实物；静观息养，内有本原之真功。乃今好学者，终岁勤苦，不出于寻行数墨、参伍考证之间。宁事业之有阙，唯恐看书之不博；宁本原之日荒，唯恐著书之不多。馀力学文，圣训之弁髦，吁已久矣。是以古之学者患在于无书，今之学者患在于多书。在古无书而英贤辈出，在今多书而人才日下。此惟运气之相悬哉？实多书为之祟也。①

在这段话中，洪大容就"书本知识"和"实践知识"的利弊，阐述了自己的观点。他一针见血地指出，古代书少却英才辈出，今日书多却人才日下。究其原因，是因为今日学者只热衷于寻行数墨、参伍考证，即只求多读书、多著书，视事业有阙，本原日荒，即无视实践之知、实见之学。明白了这个道理，就会懂得孔子、朱子之所以能成为一代哲人，不在于他们读的书多，而是因为他们重视实见之学、实际经验。这就说明了死读书本知识是不行的，必须在真知实践上下功夫，才能有所作为。洪大容还指出，凭借自己的本原真功（内有本原之真功），在实践中辨别知识的真伪（外有事业之实务），才能获得真知识。这就是"实见"之学。

洪大容自己就是这样，他的天文学知识基本上都是"实见"的结果。如为了证实"地圆"说，洪大容在渡过鸭绿江后，又西行三百里，到一个叫新店的村落时记载说："自辽东西行三百里，大陆漫漫无涯，日月出于野而没于野。至新店，村后有小陵十数丈，登眺甚快，盖行平野，四望不过十余里。是故不观海，不渡辽，地圆之说终不得行也。"这是通过观察地平线和海面所获得的"实见"之知，来证明"地圆"说。辽东至辽西多山地，即登临"小陵十数丈"，也只是"四望不过十余里"。在这种自然环境下

---

① 《与人书二首》，《湛轩书·内集》，第251页。

获得的"实见"之知，不能证明"地圆"说。所以，通过"观海""渡辽"及其一路观察所获得的"实见"之知，才能证实"地圆"说。[①] 又如洪大容提出的"地转"说，就是他经过反复实证试验，从"实见"中总结出来的。科学的地球自转说在欧洲已于16世纪提出，但直到洪大容时代，这一学说尚未传到朝鲜半岛。洪大容通过常年的观测、考察，在对天文地理的实际研究中，独立发现了"地转"说。这是他"实见"之学的具体成效。

3. "实效"

洪大容的"实行"和"实见"的结果是"实效"。所谓"实效"，就是对国家、对社会有益的学问，就是具体的实实在在的效益，也就是经世致用、利用厚生。从这种"实效"之学出发，洪大容一生积极致力于社会改革、经世济民。

例如，针对朝鲜王朝的"两班"等级制度，他提出要打破世袭身份制，改革社会结构。朝鲜朝时代，"两班"阶层是国家的统治阶层，朝鲜朝后期，他们利用手中权力，一方面专于虚礼、空谈，另一方面进行党派纷争，使国家处于水深火热之中。洪大容一方面对"两班"贵族宁可饿死也要为名分而不愿耕种的不务实作风进行了严厉的批评；另一方面又主张打破这种世袭的身份等级制度，认为只有这样，才能克服社会矛盾，进而谋取社会的发展和进步。又如，针对朝鲜朝后期的土地兼并现象，他提出"分田制产"的土地改革主张。朝鲜英、正两朝时期，贵族的"私田"扩大，"公田"减少，国家财源渐枯，社会矛盾日益激化。针对此，洪大容提出了土地改革主张，主张均田分配，通过"分田制产"使朝鲜王朝进入"小康""大同"的理想社会。再如，针对朝鲜朝人才缺乏的现状，他提出人人皆有享受教育的权利，力主改革教育。在教育对象方面，洪大容主张凡8岁

---

① 参见姜日天《朝鲜朝后期北学派实学思想研究》，第25页。

以上儿童均有受教育的机会。这就打破了原有的只有两班子弟才能受教育的陋习，并且还提出国家录用人才应以德才为重，唯才是举，任才是用，反对只在两班阶层中录用人才。在教育内容方面，洪大容主张人道与务实知行并举。具体说就是强调孝悌忠信之道与六艺并重。他批评当时的性理学是"诵说章句虽无差错"，却"综核庶务为鄙俗"，轻卑实行，是一种错误的生活、生存理念，"无补于世"。为此，他主张教育要从"六艺"学起，在"洒扫庭除"这样的具体事务中培养身心，在实际行动中体味知行并举的真理。……总之，经世致用、利用厚生是洪大容实效之学的价值目标。

三　朴趾源的"利用厚生"实学

如果说洪大容是"北学派"的奠基者，那么朴趾源则是"北学派"的集大成者。这是因为作为"北学派"标志的"利用厚生"理论体系，正是由朴趾源完成的。

朴趾源（1737—1805）44岁时随族兄使臣朴明源赴北京进贺清高宗七十寿辰。在中国，他路经辽东、辽西、热河，游历北京、承德等地。回国后，朴趾源将他在中国的所见、所闻撰写成二十余万言的《热河日记》。此书涉及政治、经济、文学、艺术、宗教、民俗和自然科学等诸多领域，发表后引起了广泛的社会影响。

作为"北学派"标志的"利用厚生"一语出自《尚书》。《书经·大禹谟》讲："正德、利用、厚生，维和。"其意是大禹认为做好"三事"即正德、利用、厚生和"六府"即水、火、金、木、土、谷，就可以达到和谐（即"维和"）。朴趾源很注重这种思想，他在《课农小抄》这篇文章中，有三处集中论述了"利用厚生"问题。第一处论述为：

圣作神兴，人文淑阐，物则融昭，丕显丕承。式（世）

至于今，开物成务之功靡不周矣，利用厚生利用之法靡不修矣。以臣愚见，由百世而等之，今日隆昌之运，其殆汉之文景富庶之际乎？于休盛矣，斯实。①

朴趾源认为朝鲜社会正是由于"开物成务"和"利用厚生"，才使得社会昌隆，出现了中国汉代文景之治时的昌隆景象。这种情景正是百世等待的一种"富贵共之"的理想。而这种理想也就是《书经·大禹谟》中的"正德、利用、厚生，维和"中的"维和"，即一种和谐社会。

第二处论述为：

禹叙六府，无非利用厚生之资。而利用厚生，又必以正德为本矣。②

朴趾源认为大禹讲水、火、金、木、土、谷六府，无非是利用厚生的资源，而他注重的是德为利用厚生的根本。这表明朴趾源在"利用厚生"问题上，很重视德行的修养，以"正德"为本。

第三处论述为：

圣人之利用厚生之道，唯恐其巧之未尽也。轩帝之指车，大舜之玑衡，何尝不用机哉？③

这段议论是朴趾源针对当时的性理学者将农业、手工业、商业的务实活动斥责为"奇技淫巧"而作出的批评。他指出圣人利用厚

---

① 《课农小抄》，《燕岩集》卷十六，首尔：韩国启明文化社1986年影印版，第333页。
② 《课农小抄》，《燕岩集》卷十六，第540页。
③ 《课农小抄》，《燕岩集》卷十六，第491页。

生之道，就在一个"巧"字，如轩帝指车、大舜玑衡。这表明朴趾源对农业的重视、对其价值的肯定。

上述三段论述及其中反映出来的"富贵共之"的和谐社会、重视德行的以"正德"为本的思想及对农工商价值肯定的思想构成了朴趾源"利用厚生"理论的基本内容。下面，分别论述。

（一）对农工商价值的肯定

朴趾源从实学立场出发，认为农、工、商与士一样，都各有其学、各有其用，都是有价值的。

> 臣谨按古之为民者四，曰士农工贾。士之为业尚矣，农工商贾之事，始亦出于圣人之耳目心思，继世传习莫不各有其学。如《周礼·冬官》及太史迁所著《货殖》一篇，概见工贾之情。而汉《艺文志》所载九家百十四篇，即农家之艺术也。然而，士之学实兼包农工贾之理，而三者之业必皆待士而后成，夫所谓明农也，通商而惠工也。其所以明之，通之、惠之者，非士而谁也？故臣窃以为后世农工贾之失业即士无实学之过也。①

朴趾源认为士与农工商不是对立的关系，而是社会所不可缺少的不同分工。农工商之业都出自圣人的思考，世代传承所形成的学艺。许多史书都对他们的作为和价值，作了重要记载。究其实质，农工商之理都包含在士之学理之中。所以，明农、通商、惠工，都是士之实学的基本内容。这段论述表明了朴趾源将农工商与士一视同仁的观点。而这种观点的意义在于通过对农工商价值的肯定，达到对鄙薄农工商的朝鲜性理学的批评。

---

① 《课农小抄》，《燕岩集》卷十六，第367—368页。

作为朝鲜朝的一位实学家,朴趾源秉承传统的重农思想,认为"农为立国之本",治国先治人,治人则要重农。他说:

> 古圣先王之所以理人者,先务农也。农业非徒为地利也,贵其志也。人农则朴,朴则易用,易用则边境安,边境安则主位尊。人农则童,童则少私义,少私义则公法立。①

这段话凸现了朴趾源重视农业的真谛。他认为治理人的道理在农业,因为治农不能只看到地利,更应关注的是"贵志"。何谓农业的贵其志?朴趾源认为农人质朴,朴则安分守己,由此国家安定,国君位尊;农人质纯(童),纯则私义少,由此公法易立。可见,治国利民的道理就蕴含在农业之中,这也正是朴趾源重视农业的真正原因。基于这一原因,朴趾源强调农业是立国的根本,农业中具有性理学家所强调的"博学审问之功"。他指出:

> 夫诵孔孟程朱之书,相与讲说义理,以为治心修身之方者,是固士之学问。而天下之末业小技,一皆不可以无学问也,而况农为民生之大本,而独不可以苟然率臆,不致其博学审问之功乎?②

这段论述表明正是由于朴趾源与一般的性理学者对待农业的根本态度不同而导致了不同的价值取向。性理学者只是以诵读孔孟程朱之书为重,故只以治心修身为学问。而朴趾源则认为天下所谓的"末业小技",都均有学问,更何况农业关乎国计民生之大本,因此性理学家所强调的"博学审问之功",都存在于农业之中。为此,朴趾源专门撰写了《课农小抄》这部重要著作。《课农小抄》

---

① 《课农小抄》,《燕岩集》卷十六,第 343 页。
② 《课农小抄》,《燕岩集》卷十,第 457 页。

关系到农业的各个方面，可谓一部农业的大百科图书。

朴趾源大声喊出"不工不商，何不盗贼？"其意是不做工、不经商，只会挨饿受冻，最终落草为盗为贼。朴趾源这样讲的目的是号召人们要务实，或工或商，做对社会有益的事情。除此之外，在《热河日记》中通过对中国北京"隆福寺"商贾的真实记录，高度评价了商贾的社会价值并对朝鲜朝性理学者鄙视商业的观点进行了批评。如他写道：

> 我国贫士，家虽乏无尺僮者，未尝敢身至场市间，与贾竖辈评物高下，为鄙屑事。宜其大骇，于我人之目然。今吾历访买卖者，皆吴中名士，殊非禆贩驵侩之徒。以游览来者，类多翰林庶吉士，为访亲旧，问讯家乡兼买器服。其所觅物类多古董彝鼎、新刻书册、法书名画、朝衣朝珠、香囊眼镜。①

文中对隆福寺市场的盛况，作了真实的描述，并强调指出逛市场的人多是"吴中名士"，游览买物的人多是"翰林庶吉士"，所购之物亦多是古董、书册、法书、名画等高雅之物。朴趾源这样记述的目的是批评朝鲜朝那些视商家之事为"鄙屑事"的性理学家，同时也表明了他对商业的高度重视。

（二）"正德"与"利用厚生"

关于"正德"与"利用厚生"的关系，朴趾源给予了辩证的回答。他一方面强调"以正德为本"，另一方面又指出"利用厚生"应排在"正德"前面。如他说："大禹之所第次，武王箕子之所问答其事，则不过正德利用厚生之具，其用则不出乎中和位

---

① 《热河日记·隆福寺》，《燕岩集》卷十四，第253—254页。

育之功而已矣。……吾先言五行之用，而九畴之理可得而明矣。何则？利用然后可以厚生，厚生然后德可以正矣。"[①] 这表明，朴趾源认为"正德"是原典儒学的最终目的和最高价值，所以他认为"利用厚生"应以"正德"为本。以"正德"为本，表明了他作为一名儒学者的态度。但是，朴趾源又不是一般的性理学者，他是主张实用、重视现实、强调实效的实学家，所以在先后次第上，他主张先"利用厚生"，然后"正德"。这种以"正德"为本，以"利用厚生"为末；同时又以"利用厚生"应先于"正德"的主张和思维方式，恰好说明了"实学是改新的儒学"这一道理。也说明了朴趾源作为"利用厚生"实学派代表学者的基本立场，即主张重视现实事物与效果，同时也主张正德修身，将"正德"与"利用厚生"同时视为"修己治人"的表现。

（三）"富贵共之"的和谐社会

"富贵共之"的和谐社会是朴趾源的一种理想。他深入中国的辽、热、京、冀等地，看到当时的清朝由于开物成务、利用厚生，到处是一片繁荣富饶的盛景。作为实学家的朴趾源希望自己的国家也能够一天天强盛起来，最终实现"国富民强"。于是，朴趾源在《热河日记》中写了一篇名为《玉匣夜话》的随录。在《玉匣夜话》中提出了他关于"富贵共之"的和谐社会的思想。

文中主人公叫许生，他寒窗七年，功名未就，被妻子一顿数落而出走异乡，带上刀具布匹在济州岛做起了马鬃生意。时东国人皆以马鬃制帽，许生想如能"悉收"马鬃，囤积数载，供需将大幅度倾斜。于是"居顷之，网巾价值十倍"。许生通过工商业而致富。致富后，一日问老篙师曰："海外岂有空岛可以居者乎？"篙师曰："有之。常漂风直西行三日，夜泊一空岛，计在沙门与长

[①] 《燕岩集》卷一，序，洪范羽翼序。转引自尹丝淳《韩国儒学研究》第158页，注①。

崎之间。花木自开，果瓜百熟，麋鹿成群，游鱼不惊。"听了篙师语后，许生大喜曰："尔能导我，富贵共之。"于是，许生与篙师两人来到了空岛。篙师问许生："岛空无人，尚谁与居？"许生回答说："德者，人所归也。尚恐不德，何患无人？"作为朴趾源代言人的许生认为，只要有德行，就不愁没有人跟随。许生将附近官府正在追捕的边山群盗（即边山地方的起义农民）两千人召集于岛上，组织他们耕种、生产、捕鱼，并前往日本长崎岛做贸易。岛上户户富饶，无盗无警，一派其乐融融的祥和景象。①

朴趾源笔下的许生是一个经商致富，而又不以致富为最终理想的人，故他通过"利用厚生"即发展农工商，而创建了一个和谐的富裕社会。这种和谐的富裕社会虽然是一种空想，但却反映了朴趾源作为"北学派"代表者主张"利用厚生"，而使社会发展、进步的先进思想。

四 丁茶山集大成的实学

丁茶山，英祖三十八年（1762）出生于京畿道广州郡马岘陵内里，以75岁卒于宪宗二年（1836）。茶山实学思想的基本内容包括两部分，即经学之实学和经世之实学。下面，分别论述。

（一）茶山的经学之实学

丁茶山认为儒家的经典非常伟大，有经天纬地之功用，能贯穿古今、弥盖宇宙。因此，十分重视对儒家经典的研究，如他说：

> 大抵经天纬地之谓经，圣作贤述之谓经，亘古今、弥宇宙之谓经。经也者，恒久之至道，不刊之鸿教也。汪濊浑灏，经之文也；简易渊邃，经之义也；光大贞明，经之教也。通

---

① 《热河日记·玉匣夜话》，《燕岩集》卷十四，第183—186页。参见姜日天《朝鲜朝后期北学派实学思想研究》，第142—143、146页。

明知化、尽精微之蕴，开物成务、极繁赜之几，优优乎大哉！①

但当他审视中国经学史，认为不论是汉唐儒者，还是宋明儒者，都未能体现孔子和孟子典籍中的原意。对此，颇感忧虑。这种忧虑之情，在他的论述中多次体现出来。如他说：

> 有宋诸君子出，而继洙泗不传之绪，扫汉唐穿凿之陋，拔庸学于《礼记》之中，进《孟子》以配《论语》。而鼓一世以心性道器之说，于是乎儒林道学歧焉。②
> 汉儒注经，以考古为法，而明辨不足，故纤纬邪说未免俱收。此学而不思之弊也。后儒说经，以穷理为主，而考据或疏，故制度名物有时违舛。此思而不学之咎也。③
> 盖宋贤论性，多犯此病。虽其本意亦出于乐善求道之苦心，而其与洙泗之旧论或相抵牾者，不敢尽从。④

丁茶山指出中国汉代儒学者注经因学而不思的弊病，使明辨不足，所以纤纬邪说也混于经注之中。而宋儒注经因思而不学之错，注经忽视考据，以穷理为要，导致心性道器之说盛行，最终又分为理学学派与心学学派。所以，这些儒者的经注都与孔子和孟子（洙泗之旧论）的原意相抵牾。

丁茶山认为自己的责任就是要"取六经四书，沉潜究索"，恢复原典经学的本来面貌。可见，丁茶山经学思想的主旨就是要回归洙泗之学，即以孔子和孟子的论述为宗的原典儒学。丁茶山以

---

① 《诗文集·十三经策》，《与犹堂全书》（增补本）第1集，首尔：韩国景仁文化社1997年版，第161页下。
② 《诗文集·十三经策》，《与犹堂全书》（增补本）第1集，第161页下。
③ 《论语古今注》，《与犹堂全书》（增补本）第2集，第167页下。
④ 《中庸讲义补》，《与犹堂全书》（增补本）第2集，第61页下。

此思想作为他研究儒学经典的指南,对原典儒学作了具有实学意义的解释。

1. 对《论语》的解释

《论语》是孔子的弟子对孔子言论的记录,是研究孔子思想的重要典籍。丁茶山对此著有《论语古今注》共四十卷。

"仁"的思想是《论语》的一个重要观念。而"仁"与"孝"的关系,亦是《论语》的一个根本问题。《论语》中有一段讨论"仁"与"孝"的关系的重要文字说:"君子务本,本利而道生。孝弟也者,其为仁之本与!"对于这段话,儒学者有不同的解释。一般将"为仁之本"的"为"字解释成"是"的意思。"孝悌为仁之本",就是孝悌是仁之根本。

但是,宋儒程颢提出了一种新的解释。他说:"'孝悌也者,其为仁之本与!'言为仁之本,非仁之本也。"① 程颢的弟弟程颐同意这种说法,并作了进一步的解释:"孝悌为仁之本,此是由孝可以至仁否?曰:非也。谓行仁自孝悌始。盖孝悌是仁之一事,谓之行仁之本则可,谓之是仁之本则不可。盖仁是性也,孝悌是用也。性中只有仁义礼智四者,几曾有孝悌来?仁主于爱,爱莫大于爱亲。故曰:孝悌也者,其为仁之本与!"② 在程颐这段注释中,"仁"与"孝"的关系为"人为性,孝悌是用"。这也就是说,"仁"为"本","孝"为"用"。所以,按照二程兄弟的解释,"孝"不是"仁"的根本,只是"仁"的一种作用。可见,二程兄弟没有把"孝"视为"仁"的根本,只是认为"孝"是实现"仁"的一种工夫、一种方法而已。此后,朱熹也接受了二程的这种观点,将"孝"解释成实行"仁"的一种作为。"孝悌,乃是为仁之本,学者务此,则仁道自此而生也。"③

---

① 《遗书》卷十一,《二程集》,第125页。
② 《遗书》卷十八,《二程集》,第183页。
③ 《论语集注》卷一,《四书章句集注》,中华书局,1983年版,第48页。

对于宋儒的这种解释，丁茶山提出了自己的观点。与宋儒一样，他也承认"仁"是孔子思想的命脉，也是人伦一等重要的事情。如他说：

>窃尝思之，吾人之一生行事，不外乎仁一字。何哉？仁者人伦之爱也。天下之事，由外乎于人伦者乎？父子、兄弟、君臣、朋友，以至天下万民，皆伦类也。善于此者为仁，不善于此者为不仁。孔子深知仁外无事。①

茶山认为天下万民构成了父子、兄弟、朋友、君臣等关系，处理这些关系的原则就是"仁"。善者为"仁"，不善者为"不仁"。所以，人的一生行事就只有一个"仁"字。孔子的高明处也正是因为他"深知仁外无事"。

虽然"仁"很重要，但在"仁"与"孝"的关系中，丁茶山认为"孝"为"仁"的根本。如他说：

>仁者二人相与也。事亲，孝为仁，父与子二人也。事兄，弟为仁，兄与弟二人也。事君，臣为仁，君与臣二人也。牧民，慈为仁，牧与民二人也。以至夫妇、朋友凡二人之间，尽其道者皆仁也。然孝悌为之根。
>
>《孝经》曰：夫孝，德之本也。教之所由生也，教行而民焉有不归仁者乎？
>
>夫仁人之有孝，犹四体之有心腹，枝叶之有根本也。故曰：夫孝，天之经也，地之义也，人之行也。孝悌也者，其为仁之本与！
>
>【质疑】孝悌亦仁，仁亦孝悌。但仁是总名，事君、牧

---

① 《论语古今注》，《与犹堂全书》（增补本）第 2 集，第 267 页上。

民、恤孤、哀鳏，无所不包。孝悌是专称，惟事亲、敬兄乃为其实，故有子谓诸仁之中，孝悌为之本。而程子谓"行仁自孝悌始"，未尝不通。但程子曰"孝悌谓之行仁之本则可，谓是仁之本则不可"，此与有子语不合。"仁"与"为仁"不必猛下分别也。①

上述引文中的第一段引文主要讲"仁"是人伦关系的根本，不论是事亲、事兄、事君，还是牧民等，都离不开"仁"。但是"孝悌"却是"仁"的根。为什么说"孝"为"仁"之根本？上述第二、三段引文主要说明这个问题。

丁茶山引《孝经》的话，认为"孝为德之本"。按照儒家的观点，仁、义、礼、智、孝等都是基本的德行，而"孝"为其根本。这就凸显了"孝"的地位。在上述第三段引文中，丁茶山将"孝"与"仁"的关系作了形象比喻，以此突出"孝"的根本性。他说仁人君子有"孝"，就如同人的四肢有心腹，树的枝叶有根一样。对于人来说，大脑是支配四肢器官的，所以，大脑为人之根本。对于树来说，根深才能叶茂，所以，根为树之根本。因此，"孝"就是天经和地义，是天地间最根本的道德和行为。归根而论，"孝"为"仁"之本。

在三段正面论述的基础上，丁茶山又对二程关于"孝"是"为仁"之本，而不是"仁"之本的观点（即认为孝是仁之用，是实现仁的方法、工夫而已）提出了质疑。这就是上述第四段引文的内容。第四段引文中的所谓"总名"与"专称"，就是讲"仁"与"孝悌"的关系。"总名"是指"仁"的所有关系而言，孝悌是其中的一种关系。但是就"专称"而言，孝悌不仅是仁之一事，而且是仁的本质，其他各种关系都可以从孝悌中产生。正

---

① 《论语古今注》，《与犹堂全书》（增补本）第 2 集，第 157 页。

因为如此，才说"孝"为仁之本。在丁茶山对"孝悌也者，其为仁之本与"的解释中，"为"字显然是"是"的意思。因此，它可以接受二程的"行仁自孝悌始"的说法，但是不同意其"孝悌谓之行仁之本则可，谓是仁之本则不可"这一解释。认为这一解释是在"仁"与"为仁"之间，"猛下分别"，即将二者截然分开了。可见，丁茶山强调的是"孝"为"仁"之根本。从"仁"的内涵来说，"孝"既是仁的根本，也是实行仁的根本。这里，又涉及了关于"仁"的内涵问题，即什么是"仁"？

关于"仁"的内涵，丁茶山在解释孔子评管仲"如其仁，如其仁"这句话时说：

> 朱子曰："管仲虽不得为仁人，而其利泽及人，则有仁之功矣。"案：仁者非本心之全德，亦事功之所成耳。然则，即有仁功，而不得为仁人，恐不合理。然孔子于二子之问，每盛言其功以拒未仁之说，而亦未尝亲自口中直吐出一个"仁"字，则孔子于此亦有十分难慎者，朱子之言其以是矣。[①]

这段引文中的关键之处是"仁者非本心之全德，亦事功之所成耳"。这表明丁茶山认为一切对人有利的"事功"，都是"仁"。茶山从实际效果出发，认为一个人做出了仁的事功，产生了对人有利的效果，这就是"仁"，这个人就是仁人。可见，他的这种解释与实学的"实事实功"是相通的。这是茶山对"仁"的实学解释。

另外，从他视"孝"为"仁"之根本这一解释来看，也凸显了他的实学思想。从"孝悌为仁之本"的解释可以看出，丁茶山很重视家庭伦理关系，将其视为一切伦理关系的根基。仁不是超

[①] 《论语古今注》，《与犹堂全书》（增补本）第2集，第298页下。

越的先验的普遍人性，而是现实的伦理关系。孝是仁的实质内容，是一种具体的，现实的方法、行为，是践履、实行。可见，丁茶山强调的是伦理原则的现实把握。这说明，丁茶山有一种强烈的现实关怀，力图将孔子的仁学运用到现实社会，产生实际的效用。[1]

2. 对《大学》的解释

《礼记》中的《大学》篇是儒家重要经典之一，对此，丁茶山特作《大学公议》和《大学讲议》两篇重要文章解释。茶山对《大学》的解释，彰显了他努力恢复儒学原典中的实学精神。例如，他于"在明明德"这一栏目下开篇就说：

> 明者，昭显之也；明德也，孝悌慈。[2]

这表明，茶山将"明德"解释为"孝悌慈"，非常直白、非常通俗。

接着，茶山又阐述了视"明德"为"孝悌慈"的理由。他是这样论述的：

> 《周礼·大司乐》以六德教国子曰：中和，祗庸，孝友。中和，祗庸者，《中庸》之教也；孝友者，《大学》之教也。大学者，大司乐教胄子之宫，而其目以孝友为德。《孟子》曰：学则三代共之，皆所以明人伦也。明人伦，非明孝悌乎？……明德非孝悌乎？虚灵不昧、心统性情，曰理、曰气、曰明、曰昏，虽亦君子之所致意而断断非古者太学教人之题目。……设教题目，孝悌慈而已。《尧典》曰：慎徽五典，曰

---

[1] 以上参见蒙培元《丁若镛的"仁学观"》，《第三届茶山国际学术研讨会论文集》，清华大学，2005年，第348—350、355页。

[2] 《大学公议》，《与犹堂全书》（增补本）第2集，第3页下。

敬敷五教。五典五教者,父义、母慈、兄友、弟恭、子孝也。……然兄友、弟恭,合言之则悌也;父义、母慈,合言之则慈也。然则孝悌慈三字乃五教之总括,大学之教胄子,胄子之观万民,其有外于此三字者乎?……明明德全解,当于治国平天下节求之矣。乃心性昏明之说,绝无影响。惟其上节曰:孝者,所以事君也;悌者,所以事长也;慈者,所以事众也。其下节曰:上老老而民兴孝,上长长而民兴悌,上恤孤而民不倍。两节宗旨,俱不出孝悌慈三字,是则明明德正义也。①

这段论述主要讲述了三层意思。

第一,丁茶山认为将"明德"解释为"孝悌慈"符合儒学原典本义的阐释。为此,他举《周礼》的话说,大学就是教授胄子的学宫,而教授的内容为"六德"。"六德"中的"孝友"即"孝"德,这是《大学》很重要的一个内容。接着,又举《孟子》的话说,学习主要就是明人伦,而明人伦不就是明"孝悌"吗?所以,"明德"就是"孝悌"。最后,又举《尧典》的话说,所谓"五典五教"就是父义、母慈、兄友、弟恭、子孝,而兄友、弟恭为"孝",父义、母慈为"慈"。所以,"孝悌慈"三字是"五教"的总括。而大学教授胄子,胄子面临万民,不也就是"孝悌慈"这三个字吗?

可见,丁茶山将"明德"解释为"孝悌慈"是依照了儒学原典的本义,彰显了"明德"的人伦伦理内涵,是对原典儒学的一种回归。

第二,丁茶山认为对"明明德"的解释,应与"治国平天下"联系起来考虑。为此,他解释所谓"孝"就是"事君",所

---

① 《大学公议》,《与犹堂全书》(增补本)第2集,第3页下—4页上。

谓"悌"就是"事长",所谓"慈"就是"使众"。这就是说,臣子尽力事奉君主,就是"孝";下辈人尽力事奉上辈人,就是"悌";君主合情合理地统治万民,就是"慈"。换言之就是,统治层如能以老为老,那么万民则兴孝;统治层如能以长为长,那么万民则兴悌;统治层如能体恤单孤,那么万民则不倍。如果人人都能做到"孝悌慈",那么国可治,天下可平。这就是"明明德"之正义。无疑,丁茶山的这种解释凸显了他的实学思想。

第三,丁茶山从"明明德"的伦理性和实践性这一形而下的立场出发,反对朱熹将"明明德"解释成"虚灵不昧""具众理而应万事"的形而上说法。在上述引文中,茶山明确指出:"明德"不就是"孝悌慈"吗?说什么理呀,气呀,明呀,昏呀等,都不是《大学》教人的题目。设教的题目,唯有"孝悌慈"而已。为了明确表达这一观点,丁茶山在回答学生关于"明德"是否如朱熹所说是"虚灵不昧"时,亦多次阐述了自己视"明德"为"德行"即"孝悌慈"的观点。例如《大学公议》中有这样的记录:

> 【答难】或问曰:心体虚明故谓之明德,有时而昏,人复明之,故谓指明明德。孝悌为物,本不虚明,不可谓明德。既不时昏,亦无复明,不可曰明明德。岂不然乎?
>
> 答曰:《诗》云:予怀明德。《易》曰:自昭明德。《周书》云:明德为馨(见《左传》)。《春秋传》曰:选建明德,以藩屏。《周》又曰:分鲁公以大路大旗以昭周公之明德。岂皆心体之谓乎?凡德行之通乎![1]

这里,茶山在回答学生怀疑"明德"为"孝悌慈"时,举儒家经

---

[1] 《大学公议》,《与犹堂全书》(增补本)第2集,第5页下。

典《诗》《周易》《左传》《春秋》中的记载,说明"明德"不是形而上的虚明的心体,而是一种伦理道德,是一种伦理行为。也就是说,茶山强调的是形而下的方面,他认为主张形而下,这才是儒学原典的本意。为此,他在回答朝鲜国王"亲策问《大学》"时,说:

> 臣妄窃以为,《大学》之极致,《大学》之实用,不外乎孝悌慈三者。今欲明《大学》之要旨,必先将孝悌慈三字疏瀹表章,然后一篇之全体大用,乃可昭也。①

丁茶山认为《大学》的关键是"明明德",而"明明德"的主旨是"孝悌慈"。在茶山的解释中,"孝悌慈"既是一种人伦伦理,也是一种实践实功。所以,一部《大学》讲的就是天子、庶人的修身之道,讲的就是治国平天下。这种解释,充分表达了丁茶山的实用实功的实学思想。②

3. 对《周易》的解释

在对儒学经典的注释中,《周易》是丁茶山关注的重要经典。他从实学立场出发,重新对《周易》中的一些重要范畴作了解释。

第一,关于对"太极"的解释。在朱熹思想中,称"太极"为"理",有两个意思。一是枢纽的意思,它在事物之中,四面都围绕"太极"而运转,但"太极"自身不动。二是主宰的意思,天地的常运常存,人物的生生不息,都是由"理"为之主宰。③

针对朱熹对"太极"的这种诠释,丁茶山作出了另一种解释。他在《易学绪言》中对"太极"作了集中论述。如他讲:

---

① 《大学公议》,《与犹堂全书》(增补本)第 2 集,第 4 页下。
② 以上参见丁冠之《丁茶山〈大学〉义解对朱熹的驳论》,《第三届茶山学国际学术研讨会论文集》,第 252—253 页。
③ 以上参见张立文《朱熹思想研究》,中国社会科学出版社 1981 年版,第 214、215、217 页。

> 太极者，阴阳混沌之物。太极分而生一阳一阴可也。一阳既是纯阳。如何生得少阴；一阴既是纯阴，如何生得少阳。若云阳中包阴，阴中包阳是。一阳仍是太极，太极仍是一阴，混沌仍未分矣。①
>
> 太极者，天地未分之先，混沌有形之始，阴阳之胚胎，万物之太初也。其名仅见于道家，而周公、孔子之书偶未之言。非敢曰天地之先，此无太极。但所谓太极者，是有形之始，其谓之无形之理者，所未敢省悟也。濂溪周先生绘之为图，夫无形则无所谓图也。理可绘之乎？然此皆论《太极图》之太极也。若夫《易大传》之云："易有太极者。"是谓揲蓍之先，五十策之未分者，是有太极之象，太极之貌也。故借以名之曰："易有太极。"若谓是八卦诸画之先，又有彼混沌不分之物为之胚胎，则大荒唐矣。②
>
> 论曰：马融以北辰为太极，今人愕然不信。然求诸字义，实无错误。原夫极者，屋极也。中隆而受四聚者，谓之极。故皇极居中，以受八畴之聚。商邑居中，以为四方之极。建其有极，归其有极，以为民极。凡古经用极字，皆此一义，未有以混沦溟涬之气、冲漠玄妙之理名之曰极者也。③

上述三段引文中的第一段引文主要说明"太极"就是"物"，即"阴阳混沦之物"。丁茶山分析说，如果"太极"是纯阳，那怎么能生出"少阴"？如果"太极"是纯阴，又怎么能生出"少阳"？可见，"太极"是阴中有阳、阳中有阴的"阴阳混沦未分之物"。明确地将"太极"解释为"物"，这是茶山实学思想的反映。上

---

① 《易学绪言》，《与犹堂全书》（增补本）第3集，第517页下。
② 《易学绪言》，《与犹堂全书》（增补本）第3集，第524页上。
③ 《易学绪言》，《与犹堂全书》（增补本）第3集，第527页下—548页上。

述第二段引文则强调"太极"是有形的物,而不是无形的理。丁茶山指出"太极"就是阴阳的胚胎和万物的太初,所以在天地未分开之时,他就以有形之物(阴阳混沌之物)的形式存在着,因此,称他为"有形之始"。正是因为"太极"是有形之物,所以周敦颐(周濂溪)才能画出《太极图》来。如果认为"太极"是无形之"理"的话,那么作为无形之理的"太极",能够绘出来吗?至于《易》所说的"易有太极",则是说在揲蓍之前,五十策未分时,有"太极"的"象"和"貌"而已。这里,丁茶山将"太极"解释为形而下之物,就是为了批评朱熹将"太极"诠释为形而上之理。上述第三段引文通过对"太极"字义的分析,再次说明了"太极"作为形而下之物,就如同屋极一样。而且古典中的"太极"都是这一意思。由此,丁茶山再次批评了以"冲漠玄妙"的形而上之"理"来解释"太极"的说法。值得注意的是,丁茶山在这段引文中还指出,将"混沦溟滓之气"解释为"太极",也是不妥的。这种说法一方面强调了丁茶山力图表明"太极"只是有阴阳构成的一种混沌未分的物,而不是任何"混沦冥滓之气"的混合体;另一方面也表明了丁茶山的唯实精神,正是因为"太极"是阴中有阳、阳中有阴的"阴阳未分之物",所以才能够生出"少阴""太阳"来。

可见,将"太极"释为形而下的"阴阳未分之物",这是丁茶山思想的特点。这一特点亦是他实学思想的具体反映。

关于对"两仪""四象""八卦"的解释:茶山明确将"两仪""四象""八卦"解释为是"有形、有质、可见、可摸之物"。他说所谓"两仪",就是一个物件"分而为二",即一物分为两物。所谓"四象",就是天、地、水、火。所谓"八卦",就是天、地、水、火、风、雷、山、泽。这就是说,"两仪""四象""八卦"都是可触摸、可明见的有形质的物。丁茶山的这种说法是一种唯物、唯实的解释。

第二，关于对"万物生成"的解释。"万物是如何生成的?"历代哲学家都对这一问题作出了自己的解释。丁茶山也对此作出了实证的说明。如他说:

> 天地之理,一生两,两生四,故先儒强以羲皇画卦之法为两四之象。然一生两者,分一而为两,非于太极之外添出个天地也(太极之分为天地)。两生四者,分两而为四,非于天地之外添出个四气也(今所云二阳二阴)。四生八者,分四而为八,非于四气之外添出个天地水火风雷山泽也。①

丁茶山认为万物的产生在于事物内部的演化、分化。因为天地之理就是一生二、二生四、四生八、八生万物。循着这个道理,太极可以一分为二,生出天与地。天、地不是在太极之外产生的,而是太极自身一分为二的结果。同样,天(阳)于地(阴)自身又二分为四,生出天地水火。天地水火自身又分为八,生出天地水火风雷山泽。可见,万物的产生是事物自身内部矛盾运动、变化的结果。为了更通俗地阐明这个道理,茶山还举了西瓜从小长大到瓜熟的例子。他讲:

> 造物生物之法,虽若广大,其实皆用一例。西瓜之始生也,其小如粟,而就其体中求其所以渐大之故,则先自蒂始,小舒为圆形,复收为花脐,乃实乃胀以成大瓜。天地创造之初,其法亦必如此。北辰者,瓜之蒂也,渐舒为圆形,复收为南极。南极者,瓜之脐也。草木瓜蓏、百果百谷,其例皆同,则洪造之初,其法应然。②

---

① 《易学绪言》,《与犹堂全书》(增补本)第3集,第527页下。
② 《易学绪言》,《与犹堂全书》(增补本)第3集,第548页上。

茶山认为西瓜从如粟小般长大、长圆、长熟，其原因"就其体中求其所以渐大之故"。西瓜自身的内因、内部的力量使它逐渐发生了变化。这一实证的例子说明了天地之形成、草木瓜蓏、百果百谷之生成，皆不例外，皆是因为事物自身内部的原因。万物形成的根源，不在事物的外部，而在其自身内部。这就是"造物生物之法"①。

丁茶山对天地、万物生成的实证主义的解释，表明了他重视实例、重视实践的唯实观点。正是从这一实学观点出发，他评价《周易》的价值说："原来《周易》是义理书，不干卜筮。"②

总之，丁茶山对儒家经典的解释，突出了一种唯实、唯物的精神。这种精神正是他的实学思想的精义。茶山的经学实学思想成为他经世的指导原则。

（二）茶山的经世之实学

正如茶山自己所云，如果他的经学实学为其本、为其体的话，那么他的经世实学则为其末、为其用。而反映他经世实学的代表著作为《经世遗表》《牧民心书》《钦钦新书》即"一表二书"。其中，《经世遗表》集中阐述了他的经世主张；《牧民心书》则阐明了作为地方官吏应如何体察民情、防止贪贿诸事宜；《钦钦新书》则是一部专讲立法断案的法治书。下面，分别介绍其基本内容并从中审视丁茶山的经世实学思想。

1.《经世遗表》

《经世遗表》是丁茶山治国理民的指导思想和具体措施的总汇，集中反映了他"为国之计，贵在务实，不在虚文"的求实、求真的实政思想。

丁茶山认为治国理民的关键在于官吏，而官吏的职责则是：

---

① 《易学绪言》，《与犹堂全书》（增补本）第3集，第548页上。
② 《易学绪言》，《与犹堂全书》（增补本）第3集，第555页下。

> 虑实事而建实职，怀实心而行实政，奋发事功，以成虞周之治。①

上文中的"实事""实职""实心""实政""事功"充分反映了丁茶山的实学精神。他认为治国理民的官吏考虑的应是"实事"，履行的应是"实职"，胸怀"实心"，日行"实功"，就可成就"事功"，而成理想的虞周之治。所以，茶山治国的基本方针就是：

> 大凡为国之计，贵在务实，不在虚文。②

这就是说治国的大计在务实，而能够实行这种"务实"大计的官吏，则是十分必要的。为此，茶山专门论述了如何培养、选拔"唯实"的人才。他在《治选之额》中批评了科举选人的方法，竭力推荐有治国理民实才的选才方略。如他说：

> 选治方法，为科举之目，不足以尽国人才之材也。臣窃伏念科举者，志士之所深耻也。中世之前，科规未坏，修洁之士黾勉赴试，故赵李诸先王，皆以科目出身。自仁祖朝以降，科场益淆，自好者皆不入场屋。于是经行之目归于山林，而科目出身者，不复敢以儒者自处，此古今之别也。……世固有邃学精识、绝类超群，而以之为诗赋表策反不如轻薄小儿逞其斗筲之才者。昔见一士，淹贯六经、融通诸史、精于历象、明于数理、劈毫剖芒、入于微密、骋辨如河、四座敛容，单骑词翰之技至拙极涩，尽日擢肠不成数章，若是者苟必以科目概之。则虽学贯天人，才比管葛，终于弃物而已。

---

① 《经世遗表》，《与犹堂全书》（增补本）第5集，第15页下。
② 《经世遗表》，《与犹堂全书》（增补本）第5集，第276页下。

> 臣目见此人，故知科目不足以竭贤也。……又凡山野之人，每以卿相家子弟目之为席势，每云肉食无谋、纨袴寡识、然幼学童习在于官方，耳闻目见、熟于庙谟，荀范家儿皆足以专对四方，王谢子弟终异于寻常百姓，特其门庭热闹、应酬浩穰，有不能专治科举之业耳？以之猝入场屋，与寒门若工之士角力斗能，则诚不能相为敌手，而以之任职、居官，决国论而行国政，则沛然若江河之不可御者多矣。若是者又必以科目囿之，卒枯槁以死，而雕虫绣虎之技，盘据庙堂之上，则其于收人才而亮天工，亦已疏矣。①

丁茶山指出科举选治不能遴选出有真才实学的贤士。他举自己亲自见闻说明世间有许多上通天文、下知地理、精于历象、明于数理的人才贤士，只是不会作诗写文章，被视为废弃之人。而那些仕宦之子弟，仅凭着一诗半文，由科举而踏上仕途。然而在经国理民的实践中，不论是决国论，还是行国政，都只是纸上谈兵的雕虫绣虎之技，无丝毫的真才实学。茶山指出切忌这样的人为官理政，应选拔那些干实事、有实才的人，方是治选之策。为此，他在文官、武官的选拔人数、方式、内容等方面均作了详细论述，其目的就是为国家选拔、培养能够奋发事功、治国有方、理民有策的贤达人士。

丁茶山务实的治国方略，除了务实的治国人才之外，还有两个重要方面，即一是重视发展工商业，二是重视发展农业。

关于发展工商业，丁茶山强调要"利用厚生"，他说：

> 臣谨按《春秋》传：正德、利用、厚生。为王者致治之大目。②

---

① 《经世遗表》，《与犹堂全书》（增补本）第5集，第288页下—289页上。
② 《经世遗表》，《与犹堂全书》（增补本）第5集，第36页下。

这是他对"利用厚生"实学派的继承。如何利用厚生,他在《经世遗表》的春、夏、秋、冬各官工曹篇中,大量地论述了筑城、茶业、畜牧、采金、冶铁、树艺、造船、车制、武备等技术应用问题,探微问几,深入研究。① 在利用厚生的实践中,茶山又特别强调机械的运用及科学技术在工艺活动中的作用。如他说:

> 农器便利,则用力少而谷粟多;织器便利,则用力少而布帛足;舟车之制便利,则用力少而运物不滞;引重起重之法便利,则用力少而台榭堤防坚。此所谓来百工,则财用足也。然百工之巧皆本之于数理,必明于勾、股、弦、锐、顿角,相入相差之本理,然后乃可以得其法。苟非师付曹习、积有岁月,终不能袭而取之也。②

茶山的这些论述皆在主张发展器物技术,强调科技的重要性,以满足民众的物质生活需要,达到国家富裕的目的。这就是"王者致治之大目"。

关于发展农业,丁茶山在《经世遗表》中的《地官户曹第二》部分进行了详细论述。尤其是对于"田制"的改革,在对"井田制"进行历史分析的基础上,又提出了自己的改革主张。他的这一思想也是对"经世致用"实学派重视农业思想的继承和发展。

丁茶山关于农业改革的思想,除了在《经世遗表》中有所论述外,在《诗文集·论》中,仅"田制"就有"田论一""田论二""田论三""田论四""田论五""田论六""田论七"。在这

---

① 参见姜日天《丁若镛的"实践实用之学"》,《韩国实学思想史》,首都师范大学出版社 2002 年版,第 367 页。
② 《经世遗表》,《与犹堂全书》(增补本)第 5 集,第 36 页下。

七论中，他对历史上出现的"井田""均田""限田"等土地制度分别作了考察，指出其缺陷，最终提出了一种"闾田"制。关于"闾田"制，茶山有如下论述：

  今欲使农者得田，不为农者不得之，则行闾田之法，而吾志可遂也。何谓闾田？因山溪川原之势而划之为界。界之所函，名之曰闾（周制二十五家为一闾，今借其名，约于三十家，有出入，亦不必一定其率）。闾三为里（风俗五十家为一里，今借其名，不必五十家）。里五为坊，坊五为邑。闾置闾长，凡一闾之田，令一闾之人咸治厥事，无此疆尔界，为闾长之命是听，每役一日，闾长注于册簿。秋既成，凡五谷之物，悉输之闾长之堂，分其粮，先输之公家之税，次输之闾长之禄，以其余配之于日役之簿。①

这是一种"耕者有其田"的平均分配的农业政策。茶山主张凡是农者都应有农田，将二十五家分为一闾。闾有闾长，每日派工记册，秋季收获后，再按每人的劳动多少分得粮食。这种田制法，是茶山的志向。

同时，茶山还主张寓兵于农，将"闾田"制与"兵役"制相结合。他说：

  古者寓兵于农，今行闾田之法，则其于制兵也尤善矣。国制兵有二用：一以编伍以待疆场之变，一以收布以养京城之兵，二者不可废也。编伍之卒，常无统领，将卒不相习、不相为用，奚其为兵哉？今闾置闾长，令为哨官；里置里长，令为把揔；坊置坊长，令为千揔；邑置县令，令得节制，则

---

① 《诗文集·论》《与犹堂全书》（增补本）第1集，第223页下。

制田而兵在其中矣。①

这里，茶山将"农""兵""政"合三为一，使"间田"制成了亦农亦武亦政的最基本的也是最全面的行政单位。诚然，这是茶山的一种理想，但在这种理想中也显示出了丁茶山务实的治国方略。

2.《牧民心书》

何谓"牧民"？何谓"心书"？丁茶山在《牧民心书》"自序"中说：

> 昔舜绍尧咨十有二牧，俾之牧民。文王立政乃立司牧，以为牧夫。孟子之平陆以刍牧喻牧民，养民之谓牧者，圣贤之遗义也。圣贤之教，原有二途，司徒教万民使各修身，大学教国子使各修身而治民。治民者，牧民也。……其谓之心书者，何有牧民之心而不可以行于躬也。是以名之。②

这表明，"牧民"就是"治民"，就是治理民众的官吏。所谓"心书"，就是说要以真心、诚心躬于行，在治民的实践中，以心待民。所以，《牧民心书》讲的就是官吏应如何修养，做一个为民称赞的好官、清官。为此，丁茶山专门写有："赴任六条"，内容有除拜、治装、辞朝、启行、上官、莅事；"律己六条"，内容有务躬、清心、齐家、屏客、节用、乐施；"爱民六条"，内容有养老、慈幼、振穷、哀丧、宽疾、救灾等具体内容。

《牧民心书》最强调的一点就是为官要"廉俭"。如茶山说：

> 廉者，牧之本务，万善之源，诸德之根。不廉而能牧者，

---

① 《诗文集·论》《与犹堂全书》（增补本）第1集，第224页下。
② 《牧民心书》，《与犹堂全书》（增补本）第5集，第299页。

> 未之有也。
>
> 　爱民之本在于节用，节用之本在于俭，俭而后能廉，廉而后能慈。俭者，牧民之首务也。①

牧民的首务和本务就是"廉""俭"，因为唯有"廉"才能有"善"、有"德"；因为唯有"俭"才能"慈"、才能"爱民"。可见，治民、理民的首务，就是牧民者要"廉俭"。当牧民者"廉俭"之后，才能为民着想、为民谋利。这也就是以真心、诚心、善心治理民众。这样的牧民者，必定会受到民众的爱戴，也一定会有理民的实际业绩。

3. 《钦钦新书》

《钦钦新书》是一部关于执法、断案的法治经典。丁茶山解释"钦钦"之义为"钦钦固理刑之本也"②。"钦钦"就是"忧思"的意思，引申为深思、慎思。所以，丁茶山在《钦钦新书》开篇就说：

> 断狱之本在于钦恤。钦恤者，敬其事而哀其人也。③

这是说断狱的根本在于"恤刑"，即用刑慎重不滥。而要做到这点，就必须"敬其事"（尊重事情的客观实情）、"哀其人"（同情与案件有关的人）。总之，就是以人为本，实事求是。

关于断狱之法，茶山又说：

> 然且断狱之法，有经有权，不可胶柱。其或法律之所未

---

① 《牧民心书》，《与犹堂全书》（增补本）第5集，第319页上、303页下。
② 《钦钦新书》，《与犹堂全书》（增补本）第6集，第62页下。
③ 《钦钦新书》，《与犹堂全书》（增补本）第6集，第63页上。

言者，宜以古训古事，引之为义，以资参酌。①

这是审案断狱的判断准则，要以经、权为据，或以古训、古事为参考。其义是说断狱要有客观标准，不可以主观的想象、爱恶为根据，这也就是强调断狱要"敬法"。可见，"恤刑敬法"是《钦钦新书》的核心内容。

丁茶山集"经世致用"实学派和"利用厚生"实学派之长，成为朝鲜朝实学之大成者。

第四节 发扬韩国气学的阳明学

本节以韩国阳明学的创始者郑霞谷的阳明学思想概述韩国阳明学及其特点。郑霞谷生于仁祖二十七年（1649），卒于英祖十二年（1736），讳齐斗，字士仰。郑霞谷出身名门，为郑梦周第十一世孙。郑霞谷创建了韩国阳明学——霞谷学。霞谷学的主要内容包括三个方面。

一 生气论

霞谷学的一个显著特点或基本特点，是把"气"概念引入阳明学，所以，在这种意义上可以称霞谷学为主气心学。而郑霞谷之所以重视"气"，也正是朝鲜朝学术界理气之辩的具体反映。

被誉为朝鲜朱子的李退溪是朝鲜朱子学的主要代表者。他对朱熹思想作了全面的继承和发展。在理气观上，退溪主张"理先气后"的理一元论。而与退溪齐名的另一位重要学者李栗谷则反对退溪的"理一元"论，而主张"理气妙合"论。在理和气的关系问题上，李栗谷既反对退溪的"理先气后"论，又批评徐敬德

---

① 《钦钦新书》，《与犹堂全书》（增补本）第6集，第63页上。

的"气一元"论,而主张把二者调和起来,认为"理"与"气"同时形成世界的本原。

栗谷的这种理气观被郑霞谷摄取,演绎为他的生气论。霞谷学生气论的内容,主要有两点。

第一点,大气元神。郑霞谷认为:"气"充满天地万物之中,无始无终,是无限的,而且,"气"还是生动活泼、生生不已的。他说:

> 窃谓大气元神,活泼生全,充满无穷。妙不测而其流动变化,生生不已者,是天之体也,为命之源也。①

在这里,郑霞谷虽然没有明确提出"生气"一概念,但其思想中的"气"是"元神",是"活泼生全",是"神妙不测"的,是以"生生不已"为其机能的,即为"天之体、命之源"。故他又说:

> 是故凡有动气处,皆是气之动;凡有作为者,皆是气之作。②

这里的"凡有动气处,皆是气之动;凡有作为者,皆是气之作"就提纲挈领地总括了"气"的生生不息之机能。

进而,郑霞谷又把气的生生不息之机能比喻为"相火"。他说:

> 气之用皆是相火。

---

① 《存言中》,《霞谷全集》,首尔:韩国骊江出版社1988年版,第300页上。
② 《存言上》,《霞谷全集》,第285页下。

故如凡动气嗜欲，皆是相火也。①

把"气"形象地比喻为"火"，引"火"入"气"这一思维在中国始自方以智（1611—1671）。方以智的早期哲学观点可以概括为"气一元"论。如他认为："塞两间，皆气也。知其所以为气，气即神矣。"就是说，天地之间万物的基础在于"气"，即为"气"所充塞、由"气"所构成，正是在这个意义上称为"所以为气"；就其造物之功能言，称之为"神"。与早期相比，方以智中期较为自觉地探讨"气"的功能，即注意研究"气"何以生物。这一研究使他引"火"入"气"，提出了"气以火运"说，或曰"气动皆火"。他指出"凡运动皆火为之"，是因为"火"本身就意味着矛盾。他借用朱震亨的医学术语，把这种矛盾称为"君火"与"相火"的对立统一，叫作"君相道合"②。据笔者所阅资料，还未发现郑霞谷直接吸取方以智著作的证据。但郑、方二人的思维路数是很贴近的。除了引"火"入"气"外，霞谷从"气"的活泼运动、神妙不测的功能出发，也称"气"为"神""元神"。

另外，霞谷亦从医学角度论证"气"为"生命之源"的功能。如他说：

> 录曰：婴儿在母腹只是纯气，有何知识？是一点纯气。……医经曰：心主脉，脉舍神（注：脉为血气之先）。又曰：一息不运，则机缄穷；一毫不续，则穹壤判（注：是先天一气，先天之灵。人之脉者是血气之妙、神之主也，是理之形体也）。③

---

① 《存言上》，《霞谷全集》，第285页下。
② 参见王茂、蒋国保、金秉颐、陶清《清代哲学》，安徽人民出版社1992年版，第501、502页。
③ 《存言上》，《霞谷全集》，第300页上。

方以智在中国明清之际，是一位很有独特见解的哲学家。郑霞谷对"气"的论述，在朝鲜学术界中也颇具特色。

第二点，理气非二。如上所述，霞谷的理气观与栗谷的理气观很接近。李栗谷的理气观如他自己所言：

> 理气元不相离，似是一物，而其所以异者，理无形也，气有形也；理无为也，气有为也。无形无为而为有形有为之主者，理也；有形有为而为无形无为之器者，气也。理无形，气有形，故理通而气局；理无为，气有为，故气发而理乘。①

这表明：栗谷的理气观从性能分析，是"气发而理乘"；从结构分析，是"理通而气局"。这一理气观被郑霞谷摄取和发展。

关于理和气的关系，郑霞谷说：

> 理者，气之灵通处，神是也；气者，气之充实处，质是也。一个气而其能灵通者为理（注：是为气之精处、明处），凡其充实处为气（注：是为气之粗者、质者）。②

理为神，气为质，理是气的灵通处。这种观点与栗谷的"理通气局""气发理乘"的观点很接近，即强调"理"与"气"之合。关于理气不分的思想，郑霞谷在其《存言篇》中有更明确的论述，如：

> 其以心性以言于理气者，以其性有善恶，心有邪正，故以此而以善者为理也，邪与恶者气也。遂以其性者为理，心者为气；理为善，气为恶，遂以此分歧者，如此耳然。其实，

---

① 《答成浩原》，《栗谷全书》卷十，第 208 页下。
② 《存言上》，《霞谷全集》，第 286 页上。

只一理也,只一气也,不可分二。

又以心有主理而言者,有主气而言者,其言亦似明而实非。心只是理也,亦只是气也,不可以分二也,故只可以言理也。①

气亦理,理亦气;性亦情,情亦性。②

如见其理不出于此心,理气非二。③

这四段论述主要表明了三层意思。第一层意思:霞谷对程朱理学和退溪学进行了批评,将心与性、理与气分离开来,并视理为性为善,气为心为恶,这种思维路数正是程朱、退溪常讲的。霞谷批评说:其实只是一个气、只是一个理,因为理与气不可以分为二物。

第二层意思:霞谷明确指出"气亦理,理亦气","理气非二",这种观点是对栗谷"理通气局""气发理乘"思想的继承。之所以说是继承,还是因为霞谷这里所说的"气亦理,理亦气","理气非二"的实质是以"气"为价值视角而作出的评论。如上所述,霞谷认为:一个气,其灵通者为理,其充实处为气;气之精处、明处为理;气之粗者、质者为气。可见在霞谷的理气观中,他强调的是"气"。

第三层意思:霞谷追随阳明,亦讲"心即理"。按照霞谷以气为质的"理气非二"价值观的发展,必然可以得出"心即气"这一命题。霞谷自己也说过:"心只是理也,亦只是气也,不可以分贰也。"但是,他又强调理是"气之灵通处,神是也"。这种人心神明上的生命元气,就是他所讲的"理",又特命名为"生理"。而这样的"理不出于此心",故只可以言"心即理"。为此,霞谷

---

① 《存言中》,《霞谷全集》,第300页下。
② 《存言中》,《霞谷全集》,第304页上。
③ 《存言上》,《霞谷全集》,第292页下。

也说过"气者，心包气膜"① 这样的话。

二 生理论

"生理"是霞谷学的一个重要概念，也是韩国阳明学的独特用语。郑霞谷的"生理"出自王阳明的《传习录》，也是对王阳明思想的深化和发展。关于"生理"，《传习录》上载：

> 先生曰：美色令人目盲，美声令人耳聋，美味令人口爽，驰骋田猎令人发狂。这都是害汝耳口鼻四肢的，岂得是为汝耳目口鼻四肢？若为著耳目口鼻四肢时，便须思量耳如何听，目如何视，口如何言，四肢如何动；必须非礼勿视听言动，方才成得个耳目口鼻四肢，这个才是为著耳目口鼻四肢。汝今终日向外驰求，为名为利，这都为著躯壳外面的物事。若汝为著耳目口鼻四肢，要非礼勿视听言动时，岂是汝之耳目口鼻四肢自能勿视听言动，须由汝心。这视听言动皆是汝心：汝心之视，发窍于目；汝心之听，发窍于耳；汝心之言，发窍于口；汝心之动，发窍于四肢。若无汝心，便无耳目口鼻。所谓汝心，亦不专是那一团血肉。若是那一团血肉，如今已死的人，那一团血肉还在，缘何不能视听言动？所谓汝心，却是那能视听言动的，这个便是性，便是天理。有这个性，才能生这性之生理，便谓之仁。这性之生理，发在目，便会视，发在耳，便会听，发在口，便会言，发在四肢，便会动，都只是那天理发生，以其主宰一身，故谓之心。这个心之本体，原只是个天理。②

这里的"生理"是王阳明在回答学生萧惠"如何克己"的问题时

---

① 《存言上》，《霞谷全集》，第285页下。
② 《语录一》卷一，《王阳明全集》（上），第32页。

使用的一个概念。王阳明的意思是说："生理"发出的视听言动便是仁、便是善，强调"生理"是"性"的重要功能。

霞谷将"生理"这一概念进行了深化，并加以哲学界说。他说：

> 一团生气之元，一点灵昭之精，其一个生理（原注：即精神生气为一身生理）者，宅窍于方寸，团圆于中极。其植根在肾，开华在面，而其充即满于一身，弥乎天地。其灵通不测，妙用不穷，可以主宰万理，真所谓周流六虚，变动不居也。其为体也，实有粹然本有之衷，莫不各有所则，此即为其生身命根，所谓性也。只以其生理，则曰"生之谓性"，所谓"天地之大德曰生"。惟以其本有之衷，故曰"性善"。所谓天命之谓性。谓道者，其实一也，万事万理，皆由此出焉。人之皆可以为尧、舜者，即以此也。老氏之不死，释氏之不灭，亦皆以此也。凡夫之贪利殉欲，亦出于此，而以其搶弊也。禽兽之各一其性，亦得于此，而持其一端也。此即其生身命根，所谓"天地之大德曰生"。然惟其本有之衷，为之命元，故有不则乎此也，则生亦有所不取，利亦有所不居。[①]

郑霞谷的这些话，可以从"人身论""人性论""宇宙论"三方面来解释"生理"的含义。所谓"人身论"，霞谷认为："生理"就是"精神"与"生气"为一身生理。它存于方寸间，根植于肾，开华在面，充满全身，这是生气之元，又是灵昭之精。这就是说生气的根源与智慧精华相结合，就是生理。所以，生理是生气的灵通性。而就"人身论"而言，生理是生身命根，也就是心。

---

① 《存言上》，《霞谷全集》，第285页上。

所谓"人性论",霞谷认为:有了"生理",人人皆可以为尧、舜。这是因为在上述引言中,霞谷把"生理"之体称为"衷",并三次强调"衷"是"生理""本有之"的。关于"衷",霞谷解释说:

> 性者,天降之衷,明德也,自有之良也,有是生之德,为物之则者也,故曰明德,曰降衷,故曰良知良能,故曰秉彝。自有之中,故回天地之中。生生一理于穆流行者,性之源也。①

可见,"衷"是明德,是良知良能,而且是"天降之",即先验地生而有之的。正是由于"衷"是明德、是良知良能,所以"性善","人人皆可以为尧、舜"。而当"衷"即良知被掩蔽时,则"凡夫之贪利殉欲",这就是恶的起源。

所谓"宇宙论",霞谷认为:"生理"可以弥乎天地,灵通不测,妙用无穷,使天地生生不息。因此,它"可以主宰万理","万事万理,皆由此出焉"。"生理"是宇宙间万事万理的本原。

可知,"生理"在郑霞谷思想中是"心",是"良知",亦是万事万物之源。郑霞谷之所以特别提出"生理"这一概念,是为了批评朱子学的"理"概念。他认为:朱子把气道之条路称为"理",就是称气的根源为"理"。这种"理"是空虚的,如同枯木死灰一般,没有任何生气。如他说:

> 朱子以其所有条通者谓之理,虽可以之该通于事物,然而是即不过在物之虚条空道耳,茫荡然无可以为本领宗主者也。夫圣人以气主之明体者为理,其能仁义礼智者是也。朱

---

① 《存言下》,《霞谷全集》,第310页下。

子则以气道之条路者为之理。气道之条路者，无生理，无实体，与死者同其体焉。苟其理者，不在于人心神明，而只是虚条，则彼枯木死灰之物，亦可以与人心神明同其性道，而可以谓之大本性体者欤？可以谓人之性犹木之性，木之理犹心之理欤？①

换言之，朱子以气之条路为理，这种理"在气之上"，虽然能"为其各物之条贯"，但"非所以为统体本领之宗主者也"②。因此，朱子的"理"没有实体，没有生气，是死物枯木。"生理"是指心的神明所存在的内在之理，即"圣人以气主之明体者为理"。这样，霞谷的"生理"就不是像朱子那样的物理之"理"，而是人心的神明，即心气的灵通途径。这样的"生理"是活生生的、有生命力的，所以，它能主宰、统领万事万物。

三 生道论

"生道"这一概念在郑霞谷的思想中，相当于"良知"。霞谷明确说过：

> 恻隐之心，人之生道也。良知即亦生道者也。③

郑霞谷思想中的"生道"，就是指生命的根本、生命的原理。按上述引文的分析，"恻隐之心，人之生道也"。这就是说，"恻隐之心"是生命的根本、生命的原理。故郑霞谷说：

> 凡此生道不息，即所谓仁理也。此仁理即天地之体，五

---

① 《存言上》，《霞谷全集》，第286页上。
② 《存言上》，《霞谷全集》，第286页上。
③ 《与闵彦晖论辩言正术书》，《霞谷全集》，第21页下。

性备焉；于事物无不尽，于天地无不具，惟在充之而已。不知何故，必欲添岐物理邪？其求于物理者，盖谓欲识天地之性，以求性命之源焉耳。其为心固是也，然所谓天地之性即此仁体，吾之仁体即天地之性也。岂有不能尽吾仁之体，而可以求性命之源者乎？①

霞谷认为作为生命根本的"生道"是"恻隐之心"，亦是"仁"。"仁"是天地之体、性命之源。这表明霞谷是性善论者，他认为：如果不扩充善性，仁理灭绝，"生道"就将覆灭。

凡有四端于我者，良知也，人皆有之，多不能察。及其知之也，则悉皆张大而充之，是致知也。如火燃泉达，则是其端始发，而其势不可遏者，充之至于炎炽流溢，而燎于原，放于海，则其体充尽而仁道之成也。四海虽远，皆吾度内，何不保之？有所谓可运掌也。如遏其心而不充，则其端灭息，岂复有水火乎？是仁理灭绝，无复生道。虽有至亲，何能保也？②

致良知的过程，就是将"仁"之善端扩充的过程。这一过程也就是"生道"亨通的过程，性命之源扩张、显现的过程。否则，遏制善端，灭绝仁理，那么将无复"生道"，生命的根本亦将枯竭。可见，郑霞谷十分重视"仁""善"。他视"仁""善"为性命之源、"生道"之本。这也表明了霞谷的道德情感色彩，即是说霞谷是从"恻隐""仁""善"这一道德角度来把握"生道"（良知）、诠释"生道"（良知）的。如他谈到"良知"（生道）时，多以"恻隐之心"来解释。"良知即是恻隐之心之体，惟其能恻隐，故

---

① 《存言中》，《霞谷全集》，第302页上。
② 《存言下》，《霞谷全集》，第313页下—314页上。

谓之良知耳。""恻隐之心是人所固有之良知也。"①

"生气"（气）、"生理"（心）、"生道"（良知）构成了霞谷学的基本概念和主体思想。在《霞谷全集》中，阳明学的基本命题如"理气""良知""心即理"也使用或出现过，但郑霞谷又常使用"生气""生理""生道"等独特的概念。这一方面说明了郑霞谷的思想是对中国阳明学的发展，另一方面也表明了霞谷学是一种强调生命智慧的哲学。生气论阐明了由于气的生生不息，才有活泼的生命力之生生不已；生理论说明了正是由于生理永不停息地运动和变化，它才成为宇宙生成的命根；生道论表明了流行发育、化化生生的生道（良知）是宇宙的原理、生命的根本。这一个"生"字，凸显了霞谷学对宇宙生命的终极关怀。生生不息的元气是宇宙生命的根本，而对仁、对善的不断扩充，则是宇宙生命永葆长青的本根。

---

① 《与闵彦晖论辩言正术书》，《霞谷全集》，第21页下—22页上。

第三章 "化体为用"的日本儒学

第一节 日本儒学的品格

中国儒学最初传入日本是通过古代韩国的百济完成的。这是由百济的地理环境决定的。百济西凭黄海与中国相连，摄取中国儒家文化，以促进本国文化的昌盛；东与日本九州岛相交，传播儒学于日本，功不可没。

关于中国儒家文化从百济传入日本的最早记载是成书于720年的日本第一部正史《日本书纪》和成书于712年的日本第一部历史和文学著作《古事记》。如《日本书纪》中记有："应神天皇十五年秋八月壬戌朔丁卯，百济王遣阿直岐携来良马二匹。""应神天神十六年春二月，王仁来日本，为太子菟道稚郎子师，教以典籍，使无不通者。"《古事记》中的"应神天皇"条中也有类似记载，并说王仁带来了《论语》十卷和《千字文》一卷。

按照《日本书纪》记载，应神天皇十六年相当于285年。韩国学者认为应神天皇十六年应为405年[①]，有些日本学者也持相同

---

① 参见［韩］柳承国《韩国儒学史》，台北：台湾商务印书馆1989年版，第39—40页。

观点。① 也有韩国学者认为日本应神天皇和仁德天皇之世应为百济近肖古王（346—374）以及近仇首王（375—383）之时。② 按照上述学者的判断，中国儒家思想和儒家典籍大约于公元4世纪末5世纪初从百济传入日本。

关于王仁带来的《论语》十卷和《千字文》一卷，韩国学者认为确有其事。如李丙焘认为："王仁所携去《论语》十卷，《千字文》一卷，其事唯见于《古事记》，而不见他书。由是，往往有疑之者。……然观其是认之说，以为《论语》本二十篇，而至后汉，出石经本十卷，何晏集解本为十卷，则《古事记》所云，《论语》十卷，可当此两种书之一。《千字文》亦有两种，最古者为魏钟繇所撰，而其次者乃梁之周与嗣所撰。自年代上观之，此属钟繇之书，无疑云。"③ 其实，阿直岐和王仁不仅阐扬儒学于日本，而且还带去裁缝、织工、冶工、酿酒者等，对日本的物质文明进步也作出了贡献。

之后，按《日本书纪》继体天皇七年（百济武宁王十三年，513年）记载，百济国王派遣了一位名叫段杨尔的五经博士来到日本。实际上百济是把这位五经博士作为日本转让四县土地给百济的谢礼而派去日本的。因为百济曾请求日本把它在朝鲜半岛南端的属地任那的四个县转让给自己。日本满足了百济的要求，于是百济派遣段杨尔到日本传播儒学。以四县土地换来一位五经博士，可见日本当时对先进文化的渴求。继体天皇十年（百济武宁王十五年，515年），百济又遣五经博士高安茂替换段杨尔。④ 自此以后，百济的五经博士频频替换往来，使儒风在日本不断吹拂。

---

① 参见［日］丸山二郎《日本书纪研究》，东京：吉川弘文馆1955年版，第2篇第2章"纪年论的沿革"。
② 参见［韩］李丙焘《韩国儒学史略》，首尔：亚细亚文化社1986年版，第17页。
③ ［韩］李丙焘：《韩国儒学史略》，第17页。
④ 参见王家骅《儒家思想与日本文化》，浙江人民出版社1990年版，第7页。

钦明天皇十五年（百济圣王末年，555 年），百济又遣五经博士王柳贵、《易》博士王道良、历博士王保孙、医博士王有等九人前往日本。可见，儒家文化通过百济源源不断地流向日本，对早期日本儒学的形成产生了重要作用。

儒学直接从中国传入日本，则是 7 世纪的事。日本从推古天皇十五年（607）开始，先后三次派遣使者、留学生和学问僧来到中国。这些人来到中国后，热心地学习和研究儒家思想、探求中国文化、奋力攻读儒学典籍，回国时又把大量的儒学典籍和文物带回日本。据记载，平安朝（794—1192）初期传入日本的典籍已达 1579 部，16790 卷之多。

自 12 世纪末，日本进入由武士掌握中央政权的阶段。由于武士要驰骋于矢石之间，出入于生死之门，所以他们对生死如一、立地成佛的禅宗很感兴趣。为适应武士的这种精神需求，在镰仓幕府（1192—1333）和室町幕府（1336—1573）期间，禅宗盛行。随着禅宗的流行，中国儒学在日本得到了进一步的传播和发展。在镰仓和室町时代，儒学主要在朝廷和禅僧中流行。室町时代后期，儒学逐渐向民间和地方传播。如设在关东地区的足利学校，对于儒学的普及发挥了特殊作用。

中国朱子学最早传入日本是在镰仓幕府的初期。在传播过程中起重要作用的是中日两国的僧侣。据说朱子学的最初传入者是日本禅僧俊芿。俊芿法师于 1199 年由两位弟子陪同来到中国，先在四明（今浙江省鄞州区）学禅学，后到华亭（今上海市松江区）学习朱子学。他于 1211 年回到日本，回国时携带了大量书籍，其中儒家书籍就有 236 卷。"宋书之入本邦，盖首乎俊芿，多购儒书回自宋。"[1] 另外，还有一种说法，认为在日本，朱子学的首倡者是入宋僧巴尔。他于 1241 年回国时带回大量儒佛书籍，其

---

[1] 参见［日］伊地知季安《汉学纪源》，转引自王家骅《儒家思想与日本文化》，第 58 页注①。

中有朱熹著作多卷。如《晦庵大学或问》《晦庵中庸或问》《论语精义》《孟子精义》等。① 自巴尔后，禅僧天佑、净云等陆续入宋归日，在日本传播禅宗和朱子学。

与此同时，中国僧侣也前往日本，在传授朱子学中起了很大作用。其中著名的有道隆、普宁、正念、祖元、一山等僧侣。这些人都是通晓朱子学的禅僧。他们在日本一面传授禅学，一面传授朱子学，使朱子学在日本得到很快传播。到后醍醐天皇时代，禅僧玄惠法师开始为后醍醐天皇进讲朱熹的《四书集注》，朱子学登上了宫廷讲台。室町时代京都成了日本文化中心。号称京都的五山禅僧（天龙、相国、隶仁、东福、万寿寺院的禅僧）经常在一起学习，研讨朱子学。室町时代后期的禅僧桂庵开始用"和点"（日文训点）标点朱熹的《四书集注》，并于1481年出版了朱熹的《大学章句》。由此，中国朱子学在日本得到了广泛和深入的传播。

中国阳明学传入日本的时间是16世纪中叶，但它嬗变为日本阳明学则是在17世纪50年代。日本阳明学的源头可追溯至禅僧了庵桂悟，桂悟乃五山大老，曾以八十三之高龄，奉足利义证之命，远使中国，与明一代儒宗王阳明相遇，临东归时，王阳明作序一篇相送，文载师蛮《本朝高僧传》、伊藤威山《邻交征书》、斋藤拙堂《文话》。拙堂云："尝于山田祠官正住隼人之家，见所藏王阳明《送日本正使了庵和尚归国序》一幅，字画稳秀，神采奕奕，无疑为其亲笔。"原文如下：

今有日本正使堆云桂悟字了庵者，年逾上寿，不倦为学，领彼国王之命，来贡珍于大明。舟抵鄞江之水浒，寓馆于驲，予尝遇焉，见其法容洁修，律行坚巩，坐一室右经书，铅采

---

① 参见［日］和岛芳男《中世儒学》，东京：吉川弘文馆1965年版，第46页。

自陶，皆楚楚可观爱，非清然乎！与之辨空，则出所谓预修诸殿院之文，论教异同，以并吾圣人，遂性闲情安，不哗以肆，非净然乎！且来得名山水而游，贤士大夫而从，靡曼之色，不接于目；淫哇之声，不入于耳；而奇邪之行，不作于身；故其心日益清，志日益净，偶不期离而自异，尘不待浣而已绝矣。兹有归思，吾国与之文字交者，若太宰公及诸缙绅辈，皆文儒之择也。咸惜其去，各为诗章，以艳饰迴躅，固非贷而滥者，吾安得不序。皇明正德八年癸酉，五月既望余姚王守仁。

此序作于王守仁提倡良知之说之后，时年四十二，可算中日文化交流史上之一重要插话。但无疑乎桂悟以八十七高龄，很难说其传了阳明之学，不过日本学者则一向重视此一历史文件。井上哲次郎称："桂悟亲与阳明接触，为哲学史上决不可看过的事实。"川田铁弥说："如桂悟禅宗之外，兼传程朱之学余姚之学，论知行合一之义，为日本王学倡导之嚆矢，其在斯人乎！"武内义雄则简直在讲阳明学时，即从了庵桂悟开始。此亦可见此序的重要性。①

江户时代（又称为德川时代）即从1603年到1867年，日本史学家将这一时代称为"近世"。江户时代的儒学是日本儒学的全盛期也是儒学日本化时期。这一时期日本儒学的发展可分为三个阶段，即：第一时期（1603—1735）为日本朱子学时代；第二时期（1736—1788）为日本古学时代；第三时期（1789—1868）为日本阳明学时代。②

日本儒学与中国儒学和韩国儒学相比较，它的一个基本特征可以用四个字加以概括。这就是"化体为用"。"体"为本、为形

---

① 参见朱谦之编著《日本的古学及阳明学》，人民出版社2000年版，第210—211页。
② 参见朱谦之《日本的朱子学》，人民出版社2000年版，第173页。

而上,"用"为末、为形而下。所谓"化体为用"就是说将本体归为实用,将形而上演为形而下,也就是说日本儒学的一个重要特点是它的"尚形而下"性。

日本儒学的"化体为用"这一"尚形而下"的特点与日本社会的文化环境和文化心理有着密切的关联。从日本社会的文化环境来说,日本不像中国那样承受过"科举制"的沉重压迫。中国自隋唐以来实行的科举制像一条绳索,将无数追求功名利禄的文人士子引向脱离实际的故纸堆。这种现象自宋明以后愈演愈烈,由此将人们引入脱离实际、脱离自然和科学的考据、义理和空谈之中。在科举制的压迫下,士子们只能将它作为一块揭开仕途大门的敲门砖而已。为此,只有因循守旧,亦步亦趋。而"科举现象在日本从未出现过,因而也就无所谓科举制的压迫。人们的思想可以在自然中,朝着实用和科学的方向发展"[①]。从日本社会的文化心理来看,日本也不像中国那样具有深厚的文化传统。在中国,儒家文化可以称得上是传统文化的脊梁。先秦和两汉儒学宣扬的"君子喻于义,小人喻于利"及"利以养其体,义以养其生"的思想,至宋朱子学形成了"重义轻利""重德轻才"的传统文化心理。在这种文化心理的制约下,人们以修身养性、成圣成仁为高尚,鄙视事功,轻蔑才学。与此相反,由于日本没有深刻的传统文化影响,它是在基于对本民族有实际利益的基础上,积极摄取先进国家的优秀文化而形成了本民族的文化传统。因此,重实际、尚实用形成了日本民族的文化心理。在这种文化心理的作用下,深入自然、探索知识、尊重科学,蔚然成风。可见,在这种文化心理的影响下,日本民族热衷于探究形而下的一草一木、一物一事。从思维习惯上讲,日本的这种文化心理决定了日本民族的思维特点是"即物思维"。源了圆先生将它称为"日本人的

---

① [日]源了圆:《德川合理思想的系谱》,东京:中央公论社1972年版,第20页。

即物性格"①。这种"即物思维"就是讲究实际、贴近自然，在具体的现实中研究事物的性质和规律。因循即物思维决定了日本人讲究实际、实用、实践、实效。关于日本儒学的这一特点，中日学者都作过明确的揭示。

如北京大学的魏常海教授指出："日本人的特长，不在于创造丰富的思想理论，而在于日常行为方式的丰富性和有效性。"②

又如日本东京大学的平石直昭教授认为："透过整个日本思想史来看，人们对于形而上学的关心是很少见的。"日本思想史专家田原嗣郎对平石先生这一观点亦十分认同。他认为即便是江户儒学中成就颇高的古学派三杰素行、仁斋、徂徕的思考亦未能对"世界原因"作深入研究。③

再如日本东京大学的黑住真教授也曾指出："近代日本知识论之特征，一般来说具有以下三大印记，即非原理主义、非理想主义、非道德主义。"而且对幕末的日本人来说，所谓科学，指的是"能对应于现实的具有高级精准度和效能的个别应用技术而言"，而所谓"知识"，就是"专指实用技术而言，而不是被作为人生和世界的根本原理来把握"。④

日本儒学这种"化体为用"的基本特点具体到日本儒学的三种主要学派，则分别以不同的理论形态突出了"化道为术""化体为用"这一基本理论特性，可谓途殊而归同。

日本朱子学从即物观点出发，将儒学概念"理"阐释为经验型范畴。这样，"理"就具有了自然性、实在性的意义。所以，日

---

① ［日］源了圆：《德川合理思想的系谱》，第20页。
② 魏常海：《日本文化概论》，中国文化书院1988年版，第174页。
③ 参见［日］田原嗣郎《德川思想史研究》，东京：未来社1967年版；转引自［日］平石直昭《德川思想史像的综合构成》，第6页；转引自吴震《当中国儒学遭遇日本》，华东师范大学出版社2015年版，第112页注③。
④ 韩东育：《"化道为术"与日本哲学传统》，《概念史研究的亚洲转向——中国现代政治社会关键概念研讨会论文集》，2018年3月。

本朱子学总是强调一草、一木、一虫、一物中的具体的理，即经验性的理。以这种经验性的理为重心，日本朱子学很重视即物穷理、格物穷理。认为要把握住这一经验性的理，就必须接触具体事物，通过分析、调查、研究、实验等实证方法，穷尽事物之理。其穷经验之理的方法，就是对客观事物的本质、规律、属性、法则的探求。这种探求导致了日本朱子学对经验科学的兴趣。所以，日本朱子学从经验价值出发，围绕着自然、科学、实用、经世等问题展开。围绕自然问题，日本朱子学热衷于寻求自然中的实理，由此发展了日本的科学历史学、本草学、地质学等经验科学；围绕着科学问题，日本朱子学成为介绍西方自然科学的媒体；围绕实用问题，日本朱子学强调实学的重要性；围绕经世问题，日本朱子学提倡利国济民……这样，就形成了日本民族讲究实际、倡导实用的民族性和努力提倡经验科学、实证科学的社会风气。日本朱子学倡导的经验合理主义成为日本社会实现近代化的动力之一。由于日本朱子学不擅长形而上的思辨，而热衷于形而下的即物穷理，所以形成了日本民族轻思辨、重实用的民族特征。因此，就宇宙观而言，日本没有中国那样规模庞大的宇宙观理论；以辩证思维而论，中华民族精巧丰富的辩证思维，在日本也始终未出现过。但是，日本民族思维的特点在于重现实、尚经验、肯实践。从日本民族思维的这一特点出发，日本朱子学从格物、穷理、实理等方面改造了朱熹的理，使朱熹形而上之理向着经验合理主义方向发展。由此，开日本经验科学之端，并成为科学技术输入的桥梁。中国朱子学形而上之"理"被日本朱子学改造为形而下之经验合理主义，正是日本儒学"化体为用"的反映。

日本古学是最具有日本儒学特色的学派。按照中日学术界的一般观点而言，认为日本古学的三位重要代表人物山鹿素行、伊藤仁斋和荻生徂徕之间既无师承关系，也无任何特殊的联系，只是由于他们都提倡回归儒学古典，才将他们并称为日本古学派。

但笔者认为山鹿素行、伊藤仁斋、荻生徂徕在学术思想上有一种默契,即对"气"和"道"这两个儒学重要范畴都很重视。这种重视反映在他们站在朱子学的反面,对"理气"关系和"道"的内涵作了彻底的颠覆,由此完成了儒学的日本化,使具有日本特色的日本儒学形成了。"古学"成了"朱子学"的反命题。

日本儒学的品格集中体现于"尚形而下",而这一特点在日本古学中得到了充分表现。关于"气",山鹿素行就否认宇宙中存在一个作为本原的形而上的"理",他认为"理"和"气"不可分先后,主张"理气妙合"。而伊藤仁斋则公开讲:天地之间,唯有一元气而已。宇宙中的万化从气而出,品汇由气而生。"气"才是宇宙万物的本原,并且认真指出,关于"气"运动的所谓"根源""始源"那样的形而上学的理念是不存在的。这就颠覆了朱子学视"理"为"气"之所以能运行的形而上的传统观点。

关于"道",朱子学视"道"为形而上者,视与之相对的"器"为形而下者。"形而上者谓之道,形而下者谓之器。"与此相对,古学派化"道"为"术"。如山鹿素行认为朱子学所谓的高高在上的"道"实际上就像行走的路一样,我可行、你可行、古可行、今可行,是很实际、很实用的,提出了"道在物中""物外无道"的理念。又如伊藤仁斋在其"天地之间,一元气而已"的元气说的基本上,提出了"一阴一阳往来不已者"为"道"的学说。伊藤仁斋指出宇宙间的阴阳二气往来消长、运而不已,这就是"道"。这就意味着所谓的"道",就是指阴阳二气的自身的运动。可见仁斋思想中的"道"是形而下的。这种思维逻辑就反转了朱子学的"阴阳非道,所以阴阳者是道"的提法。进而,仁斋指出这种脱去形而上外衣的"道"就存在于人伦日用之中,甚至提出了"习俗就是道"的口号。再如荻生徂徕的道论。在徂徕的思想中,他认为所谓"道"是被"圣人"或"先王"制作出来的,故称为"圣人之道"或"先王之道"。他的"圣人之道"（"先王之道"）的基本内容是指"礼乐刑政"，是指《诗》《书》《礼》《乐》《易》《春秋》"六经"，是指礼、乐、射、御、书、数"六艺"，是指"安天下之道"等。这就表明了徂徕的"道"的"外在"性，因为这个"道"是被圣人"制作"出来的，所以它就不像朱子学所说的道是一种先天的、固有的、自然的、形而上的。另外，徂徕还指出"圣人"（"先王"）之所以要制作"道"就是为了以"六经""六艺"来教化百姓，就是为了以"礼乐刑政"来治理社会、整顿纲纪，就是为了安顿天下。可见，徂徕道论的实质就是一种治国理民的"制度"。也正是因为这个原因。徂徕的道论引起了日本明治启蒙期的代表人物如西周（1829—1897）、加藤弘之（1836—1916）等人的关注，使徂徕道论的"礼乐刑政"说在明治启蒙时期得以复活。徂徕像的复活一直持续到了日本近代社会，"到了丸山真男，其所唤起的徂徕像更是非同凡响"[①]。"徂徕学"的影响深远且持久，其中的一个重要因素就是通过他对"道"的理解和论述，彻底切断了"道"与形而上相关联的脐带，使朱子学的具有形而上性的"道"转化为形而下性的"用"或"术"，这一解释和重构的过程完成了中国儒学蜕变为日本儒学，标志着日本儒学的形成。这一解释和重构的过程，也凸显了日本儒学"化体为用"的本质。

由于德川幕府末期的倒幕维新、尊王攘夷运动的领导者和参与者多是阳明学者，又由于日本近代社会的一段不光彩的向外扩张挑起战争的帝国主义历史，日本近代阳明学呈现出复杂的情况。当代日本学者在对日本阳明学进行分析研究时，提出了"两种阳明学"的观点。例如沟口雄三（1932—2010）先生的"两种阳明学"。

沟口雄三先生是一位出色的中国学专家。他认为：阳明学的

[①] ［日］子安宣邦：《江户思想史讲义》，新知·读书·生活三联书店2017年版，第144页。

思想本质可以归纳为"心即理"和"致良知"这两个基本命题,而阳明思想的旨意在于打破朱子学的"定理"观,摆脱程朱理学以来既有的徒具形式的"理观念的束缚",以使活生生的现实的"吾心之理"显现出来。但是,"王阳明自身并没有到达构建新的理观的程度",其意是说,阳明学尽管解构了朱子学的"理",但却未能重构新理论形态的"理"。进而他认为阳明学表面上突出的是"心",而其实质却是"理本主义"。按照沟口的看法,日本阳明学表现为对"心"的重视,与中国阳明学企图重建"理"的思想旨趣根本不同。而日本阳明学所注重的"心",其实与日本思想史上的"清明心"这一绵延不绝的传统密切相关,同时,也与日本思想注重"诚"的精神可谓"同属一脉"。沟口吸取了日本思想史专家相良亨(1921—2000)将"清明心"与"诚"归约为日本文化特征这一重要观点,指出以"心""诚"为传统基调的日本思想才是"日本式阳明学"得以形成的重要根源。沟口断定中国阳明学虽称"心学",但其本质却是以"理"为中心主义的,因为中国阳明学的内发性、能动性、主动性无不指向"理的再生"。相比之下,日本阳明学由"内发"的、"灵动"的"心"出发,指向的却是"天我"。所谓"天我",是日本特有的说法,即认为天与我存在合一性,"天即我"。这种"天我"趣向又是以"清明心""诚"等观念为基础的,沟口判定中国阳明学是以"理"为指向的,日本阳明学才是以"心"为指向的。正是由于中日文化的根本趣向不同,所以建立在自身传统文化基础上的两种阳明学就不可能具有"同质性"。结论是,中日阳明学本来就是两股道上跑的车,不仅殊途而且不同归。

  日本近代(1868—1945)经历了在政治、经济、文化等方面向近代化成功转型的辉煌历史,同时又是一段并不光彩的向外扩张、挑起战争的帝国主义历史。特别是近代日本儒教推动的"国民道德"运动获得了上层政府的策援,积极主动地配合帝国主义意识形态的宣传需要，成为当时帝国主义、民族主义、军国主义的传声筒，扮演了御用学术的角色。因而第二次世界大战之后的日本学界，对于近代日本儒教尤其是近代日本阳明学，大多采取不屑一顾的态度，不认为其具有正面探讨的学术价值。

小岛毅（1962— ）的《近代日本阳明学》一书是少数几部以近代日本阳明学为研究对象的出色论著，另一部优秀著作则是荻生茂博（1954—2006）的遗著《近代·亚洲·阳明学》。

小岛毅在《近代日本阳明学》一书中也提出了"两种阳明学"的观点，即"白色阳明学与红色阳明学"。"白色阳明学"可以井上哲次郎为代表，他所追求的所谓理想的阳明学，须与当时的帝国主义运动积极配合，旨在抵御来自西方的对社会人心的侵蚀，目的是维护"国体"（即以天皇为核心的政治体制），重振国民道德，声张国粹主义。而"红色阳明学"则以幕末志士的一批阳明学者为标榜，更倾向于欣赏倒幕运动中那些信奉阳明学的志士仁人的革命激情，但在终极目标上，同样是以维护"国体"为宗旨。

荻生茂博认为，"两种阳明学"作为一种史实存在是毋庸置疑的，又强调指出：日本与中国的"阳明学"一方面共同拥有某种基础性的思想观点；另一方面，两者也存在根本差异，故不得不承认日本阳明学是另一种阳明学。及至近代，反过来对中国也产生了影响。荻生茂博不仅承认有"两种阳明学"，而且认为"两种阳明学"不应针对中国与日本的区别而言，更应该指向日本阳明学内部所存在的"近代阳明学"与"前近代阳明学"的巨大差异。他指出，"近代阳明学"以明治时期的阳明学运动为主要标志，是对明治以来政府的西方化政策的一种反驳，是在明治二十年代涌现的日本民族主义思潮中开始抬头的一种日本的"'近代'思想"，同时它又是一种包含各种时代主张而被制造出来的"'政治'言说"。荻生茂博以"近代"性和"政治"性来为日本的

"近代阳明学"进行定位,这个观点具有重要意义。要之,日本近代阳明学并不具有严格的学术意义。根据荻生茂博的看法,在"前近代阳明学"与"近代阳明学"这"两种阳明学"之间,存在着重大的历史性"断层"。

"两种阳明学"观点的提出,事实上是对近代日本阳明学的一种批判和解构,以便揭示日本阳明学的多样性、复杂性乃至保守性。尤其是近代日本阳明学绝不是对中国阳明学的传承与发展,而是与明治帝国主流意识形态的国家主义、民粹主义密不可分,应作清算和批判。从这个角度看,沟口雄三、小岛毅、荻生茂博等对"两种阳明学"的讨论具有重要的思想史意义。[1]

笔者在这里摘引了吴震先生大作《东亚儒学问题新探》一书中《关于"东亚阳明学"的若干思考——以"两种阳明学"的问题为核心》一文中的基本观点。其目的是表明日本阳明学尤其是日本近代阳明学的复杂性乃至保守性,这是需要格外注意的。

本书第三章第四节的"贵重实行的阳明学"只涉及了德川时代(江户时代:1603—1867),日本史学家称之为"近世",即江户时代的阳明学。江户时代日本阳明学者的基本特点是注重实行、崇尚实干。如中江藤树以践行"孝"德为其一生宗旨、熊泽蕃山以"改革派"著称、大盐中斋是"大盐平八郎起义"的组织者,是一位名实相符的"行动派"、吉田松阴积极参与"尊王攘夷"运动,是幕末维新运动的先驱,更是一位勇于行动的斗士。可以说,"贵重实行"是江户时代日本阳明学的一种身份标志。而"贵重实行"的理论意义是强调"作用""实用""功用",即崇尚形而下性,其学术价值就体现为"化体为用"。

笔者认为"化体为用"从理论上揭示了日本儒学的本质特点。正是由于日本儒学具有"化体为用"的特点,当这一文化上的特

---

[1] 以上参见吴震《东亚儒学问题新探》,附录二《关于"东亚阳明学"的若干思考——以"两种阳明学"的问题为核心》,第348—372页。

点反馈为日本民族性时，可以看到日本民族勤于实践、恳于钻研、注重实功、热于创造，由此使日本在20世纪成为亚洲最早进入发达国家的行列。可见，"化体为用"构成了日本儒学的本质特点，"化体为用"也彰显了日本民族的一大优势。

第二节　偏离朱子的朱子学

中国朱子学在日本的传播整整用了400年的时间。然而朱子学在其传播的400年中，始终从属于佛教，没有摆脱佛教的束缚。一直到了德川时代，朱子学才摆脱了佛教禅学的羁绊，走向了独立之路。在这个过程中，贡献最大的是藤原惺窝（1561—1619）。藤原惺窝是名门贵族藤原氏冷泉家的后裔，名肃，号惺窝。他七八岁时入景云寺为禅僧，30岁左右放弃佛教信仰，归依朱子学。惺窝弃佛归儒的一个重要原因是受到韩国朝鲜朝时期朱子学的影响。韩国朝鲜朝前期（1392—1637）是朱子学的黄金时代。1590年朝鲜朝通信使许箴之来到日本京都访问，惺窝前去拜访。因许箴之是朝鲜朝朱子学的权威代表李退溪门下三杰之一柳希春的高徒，由于"儒佛不同道"的缘故，许箴之作《柴立子说》送予惺窝。文中说道："你是佛释之流，我乃圣人之徒。儒佛不同道，故我不能触犯圣人戒律，陷入异端。"[①] 文中强调的"儒佛不同道"的思想，对于习惯于禅儒一致风气的惺窝来说，是一次很大的冲击。此后，1598年他又与作为丰臣秀吉侵朝俘虏的姜沆相会。姜沆也是一位造诣较深的李退溪学派的朱子学者。惺窝仰慕他的学识，向他请教朱子学。1599年，惺窝在姜沆的协助下，完成了《四书五经倭训》。这是日本第一部用朱熹观点解释四书五经的著

---

① ［日］阿部吉雄：《日本朱子学和朝鲜》，东京：东京大学出版会1971年版，第47页。

作。①《四书五经倭训》的编纂表明藤原惺窝从佛教转入朱子学。

弃佛归儒的藤原惺窝在日本朱子学发展史上占有重要位置。这是因为他使朱子学最终摆脱了禅学的束缚，走向了完全独立发展的道路，开一代朱子学新风。由此他被称为日本朱子学的开创者。黄遵宪在《日本国志》中说："自藤原肃始为程朱学，师其说者，凡百五十人。"②

藤原惺窝是从两个方面完成了使朱子学摆脱佛学的束缚，成为独立学派这一历史使命的。一方面，他对佛教采取批判的态度，他以"释氏既绝仁种，又灭义理，故为异端"③ 批判佛教的出世主义。他认为净土不在往生来世，而是在秽土现实，即在各自心的深处。这是以朱子学的现实主义批判佛教的出世主义。惺窝为了表明自己弃佛归儒，他曾对禅林旧友说："有佛者言之，有真谛，有俗谛，有世间，有出世。若以我观之，则人伦皆真也。"④

另一方面，他对朱子学采取弘扬态度。他遵照朱熹的观点解释"理"观念：理是形而上的根本，人和万物均以理为本。理是天道。理在还未赋予物以前叫天道，赋予物以后为理；理在还未明性以前叫性，明性以后为理。他还倡导程朱的"理一分殊"说，认为理是一般，这是理一，分散于个别事物之中，万物均以理为本这是分殊。⑤ 总之，惺窝对于朱子学只是宣传、继承，并无发展、创造，虽然仅此而已，但却使朱子学在日本成为独立的学派，标志着日本朱子学的成立。

在藤原惺窝时代，除了朱熹著作传入日本，陆象山、张载、

---

① 参见王家骅《日中儒学比较》，东京：六兴出版社1988年版，第145页。
② 黄遵宪：《日本国志》卷三十二，《学术志》1，上海图书集成印书局本。
③ 《藤原惺窝先生行状》，《林罗山文集》第4卷，东京：日本宽文元年序刊本，第4页。
④ [日]阿部吉雄：《日本朱子学和朝鲜》，第89页。
⑤ 参见[日]太田青丘《藤原惺窝》，东京：吉川弘文馆昭和六十九年版，第135、134页。

罗整庵、王阳明的著作也陆续传到了日本，所以惺窝在尊朱熹的同时，对于与朱子学相对立的陆王心学并不排斥，而是持兼收并蓄的态度。如他在《答林秀才》一书中明确表达了这种兼收并蓄朱陆的思想。惺窝说：

> 如朱夫子者继往圣开来学，得道统之传者也。后生区区，置异论哉！如陆文安（象山）者，有信而最学之者，有疑而未决之者，有排而斥之者。……紫阳质笃实而好邃密，后学不免有支离之弊。金谿（象山）质高明而好简易，后学不免有怪诞之弊，是为异者也。人见其异不见其同，同者何哉？同是尧舜，同非桀纣，同尊孔孟，同排释老，同天理为公，同人欲为私。①

惺窝认为朱熹与陆象山的学术观点虽然各不相同，但两人的相同点更多，只是人们只见其异未察其同。

他对陆象山的观点取认同态度，如他模仿陆象山的"宇宙即是吾心，吾心即是宇宙。东海有圣人出，此心相同，此理相同；西海有圣人出，此心相同，此理相同；南海北海有圣人出，此心相同，此理相同"的观点，在《重建和哥浦营神庙碑铭并序》中写道："知者为知，仁者为仁，先觉为觉，后觉亦为觉。东西海的圣人相同，南北海的圣人亦相同。"②

惺窝对王阳明的观点更是采取肯定的态度。朱熹在《大学章句》中将《大学》中"三纲领"的"亲民"改为"新民"。王阳明在《大学问》中又将朱熹改的"新民"重新订正为"亲民"。对此，惺窝没有采取朱熹的说法，而是赞成王阳明的观点，他说："亲民之中，有新民之意。"惺窝也非常喜欢王阳明的诗，称赞说：

---

① 参见［日］太田青丘《藤原惺窝》，第141—142页。
② 参见［日］太田青丘《藤原惺窝》，第143页。

"阳明诗洒落，可爱。"①

总之，藤原惺窝在主朱熹思想的同时，对于儒学各派观点亦持吸收的态度。对此，他在《惺窝问答》中说：

> 又问《说卦》曰穷理，《大学》曰格物，其立言不同何？曰圣贤千言万语，只要人理会得，故所示不同，所入即一也。且古人各自有入头处，如周子之主静，程子之持敬，朱子之穷理，象山之易简，白砂（沙）之静圆，阳明之良知，其言似异而入处不别。②

对于藤原惺窝这种兼收并蓄的学问观，佐藤一斋宣称："我邦首倡濂洛之学者藤公，而早已朱陆并取。"③ 正是由于藤原惺窝这种不偏执于朱子学的学问观成为他所开创的日本朱子学的一个基石，所以日本的朱子学者大都对学问持一种折中态度。

日本朱子学的另一位开创者是藤原惺窝的高足弟子——林罗山。林罗山（1583—1657）名忠，字子信，号罗山，祖籍加贺（今石川县），后徙纪伊（今和歌山县）。他是德川时代一位重要的政治家、哲学家和思想家，是德川文化的开创者，也是日本文艺复兴时期的重要人物。如果说藤原惺窝在日本朱子学发展史上的贡献是使朱子学摆脱了禅学的桎梏，走上独立发展道路的话，那么林罗山的功绩则是使朱子学成为德川时代占统治地位的主流哲学。

林罗山也是一位脱佛入儒的学者。他 18 岁时读《朱子集注》，心服之，于是聚徒讲解朱注。罗山 22 岁时慕惺窝大名，拜其为师，从此学业精进，成为惺窝门下第一流名儒。罗山 23 岁时经惺

---

① 参见［日］太田青丘《藤原惺窝》，第 144 页。
② 参见［日］太田青丘《藤原惺窝》，第 145 页。
③ 朱谦之：《日本的朱子学》，第 181 页。

窝推荐，谒见幕府将军德川家康。席间罗山应家康询问，辨析中国古事、规谏日本朝纲，颇中家康之意。以此为契机，罗山进入幕府统治阶层，历仕家康、秀忠、家光、家纲四代将军。自此，罗山协助家康用幕藩制①和朱子学，整顿了日本的政治机构和意识形态，使之制约和影响了德川前期人民生活的一切领域。罗山在幕府将军的庇护下，镇压朱子学之外的"异学"，使朱子学在德川前期儒学史上占有独尊的统治地位。

作为日本朱子学重要代表的林罗山的学术思想是怎样的呢？朱熹哲学理气观的基本观点是认为理为本，先有理后有气，理与气是二元的。林罗山的理气观与朱熹的理气观是基本一致呢还是有所不同呢？对于这一问题，日本学者作了深入的研究，其结果众说纷纭。日本著名学者石田一良教授将林罗山的理气观的发展变化作为自己的研究课题，认为林罗山的思想发展历程中存在着早期"向阳明理气观的倾斜"和后来的"逐步确定在朱子理气观上"这样两个时期，并明确指出："元和七八年（即1620年后）时，林罗山最终将他的思想确定在朱子的理气二元论的立场上。"② 石田一良教授的这种观点在学术界影响较大。

如上所述，日本朱子学的开创者藤原惺窝在学术思想上具有朱陆兼收的特点。作为惺窝高足的林罗山在学术思想上继承了老师这一特点，表现为元和六年（1620）前既吸收朱熹思想又收纳王阳明思想。这就是石田一良教授所说的早期"向阳明理气观的倾斜"。但1620年以后，林罗山又明确独倡朱子学。林罗山学术思想转变的一个重要原因是为了适应日本德川幕府统治的需要。

德川幕府的创立者德川家康趁其君主丰臣秀吉尸骨未寒，即消灭其寡妻弱子，夺取丰臣秀吉武力统一日本的成果，登上日本

---

① 幕藩制：通常指1603年德川家康开设江户幕府以来至1868年幕府灭亡阶段的国家政治体制。
② 龚颖：《"似而非"的日本朱子学》，学苑出版社2008年版，第52—53页。

最高统治者的宝座。1615年，他又公布《有关朝廷和朝臣的各种法令》，规定"天子以才艺和学问为第一"，迫使天皇完全脱离政治，给天皇的领地仅相当于最小的大名。按照旧的武士道德，德川家康消灭丰臣秀吉的寡妻弱子是悖逆主君的不义之举。这样，如何说明德川家康建立新武士政权——德川幕府的正当性，如何说明闲置天皇权力的合理性，便成为德川幕府面临的思想课题。

德川幕府创业功臣本多正信作《本佐录》，试图以儒学的天道观解决这一课题。《本佐录》认为德川家康并非凭借武力取得天下，而是"天"选择的"可治天下的有器量的人"，是"天"让德川家康成为"日本的主人"。天皇虽然仍保有来自天照大神的作为神之直系后裔的宗教权威，但来自"天"的世俗政治权力却已归于德川家康及其后代。由于这是"天"的选择，不仅德川家康消灭其主君遗孤属正当，而且剥夺天皇的政治权力也被视为合理。

然而，儒学的"天道"对德川氏来说却是一柄双刃剑。德川家康及其支持者固然可以利用它去消灭自己原来的主君，而德川家康的臣属也有可能以"天"作为后盾反叛乃至消灭他。为此，家康及其继承者实行士（武士）、农、工、商四民等级制，企图以此再建封建统治秩序。此外，德川幕府统治者尚迫切需要一种肯定现世秩序，有利于武士阶级政治统治的现世本位、武士本位的御用思想。在当时的日本思想界，具有影响力的有佛教、耶稣教，有儒学的朱子学和阳明学，还有神道。佛教在当时已失去吸引力，显然不适应新形势的要求。耶稣教当时在九州一带已有不少信徒，其"上帝面前人人平等"的主张显然与日本严格的身份等级制不符，甚至会成为农民起义的旗帜。因而耶稣教也应予以排斥和禁止。儒学中的阳明学讲"心即理"也有可能被改造成反对现存体制的思想，所以也不被幕府看好。唯有朱子学最符合德川幕府统治者的需要。因为朱子学将"理"（天理）置于至高无上的地位。这样，幕府统治者才能以"理"（天理）作为封建等级秩序万世不易的最高依据。元和六年（1620）以后，林罗山作为德川幕府的政治顾问、御用学者尽力使自己的理论符合维护封建秩序的现实需要。如他在《春鉴抄》中说："天尊地卑，天高地低，如有上下等别，人亦君尊臣卑，分其上下次第，谓礼仪法度。"认为唯有如此，才是"存天理"。①

在这一历史背景下，林罗山的儒学思想呈现出前后两个不同的阶段。元和六年即1620年前，林罗山在尊朱熹理气观的同时，他还主张"理气融合"和"神儒融合"。1606年林罗山与宣传耶稣教的修道士不干的一次辩论表明了他对朱熹理学思想的尊奉和运用。

> 春（林罗山）问："利玛窦天地鬼神及人灵魂有始无终，吾不信。有始则有终，无始则无终可，有始无终则不可。然又殊有可证者乎？"
>
> 干（不干）不能答。
>
> 春曰："天主造天地万物，造天主者谁耶？"
>
> 干曰："天主无始无终。"
>
> 春问："理与天主有前后乎？"
>
> 干曰："天主者体也，理者用也。体者前，理者后也。"
>
> 春指面前之器曰："器者体也，所以作器者理也。然则，理者前而天主者后也。"
>
> 干不解曰："灯者体也，光者理也。"
>
> 春曰："所以火为灯者理也，光者非理也。唯云之光而已。"
>
> 干不解曰："作器之一念起处为理，一念不起以前元无想无念而有体，然则体前理后也。"

---

① 参见王家骅《儒家思想与日本文化》，第88—91页。

春曰："不可也。不谓无想无念，唯言理与天主而已。无想无念之时，有理而存。"①

上述林罗山与不干关于"理"与"天主"的辩论表明他认为宇宙间"理"为先，"理"是第一位的。他明确指出"所以火为灯者理也"即是说"理"是所以然者；他断言"无想无念之时有理而存"即是说"理"为宇宙之本、之源。这种辩论的哲学意义在于林罗山用朱熹的理学思想批判神创说，也表明了林罗山的朱子学者身份。

林罗山在吸取朱子学的同时，由于或受罗钦顺《困知记》的影响（阿布吉雄的观点），或受阳明学的影响（石田一良的观点）②，对朱熹的理气学持怀疑态度而倾向于"理气融合"。下面四条语录反映了林罗山的"理气融合"思想。

　　1. 太极，理也；阴阳，气也。太极之中本有阴阳，阴阳之中亦未尝不有太极。五常，理也；五行，气也，亦然。是以或有理气不可分之论，胜虽知戾朱子之意，而或强言之，不知足下以为如何？③

　　2. 程子曰："论性不论气不备，论气不论性不明，二之则不是。"古今论理气者多矣，未有过焉者，独大明王守仁云"理者气之条理，气者理之运用"。④

　　3. 理与气一欤？二欤？王守仁曰："理者气之条理，气

---

① ［日］堀勇雄：《林罗山》，日本历史学会编辑，东京：吉川弘文馆发行，昭和三十九年版，第116—118页。
② 参见龚颖《"似而非"的日本朱子学》，第62页注④、注⑤。
③ 《寄吉田玄之》，《林罗山文集》卷二，东京：ぺりかん社（鹈鹕社）1979年版，第18页。
④ 《随笔四》，《林罗山文集》卷六十八，第852页。

者理之运用。"①

4."理气一而二，二而一"，是宋儒之意也。然阳明子曰："理者气之条理，气者理之运用"，由之思焉，则彼有支离之弊。由后学起则右之二语不可舍此而取彼也。要之，归乎一而已矣，惟心之谓乎！②

上述第一条语录在庆长九年（1604）林罗山写给吉田玄之请他转交藤原惺窝的第三份书信中。③ 这条语录的中心思想是要表明林罗山的"理气不可分"之论。林罗山认为太极为理，阴阳为气。太极与阴阳即理与气是怎样的关系呢？他直言"太极之中本有阴阳，阴阳之中亦未尝不有太极"，即"理中本有气，气中亦本有理"。这就是说"理"与"气"不可分，"理气融合"。林罗山说知道这一观点与朱子不符，但却"强言之"，以此征求惺窝的意见。惺窝对于朱陆观点均不排斥并兼收并蓄，而林罗山的这条语录则从理论上阐明了他的理气观，即理气融合不可分。

上述第二、三、四条语录是林罗山在庆长至元和④这段时间的论述。这三条语录的共同点是林罗山都以王阳明的"理者气之条理，气者理之运用"为其"理气融合"的理论依据。林罗山认为讲"理"与"气"关系的学者很多，但唯有明代的王阳明说得最透彻。理是气运行的依据和规律，气是理的作用和表现。二者相互依存、相互联系，只能"归乎一而已"，即理气二者只能相互融合。为此，他将朱熹的"理先气后"称为"有支离之弊"。他在称赞阳明理气学说时竟然指出理气归一于心，这简直就是王阳明的心学了。

---

① 《随笔三》，《林罗山文集》卷六十七，第832页。
② 《随笔四》，《林罗山文集》卷六十八，第844页。
③ 参见龚颖《"似而非"的日本朱子学》，第62页。
④ 参见龚颖《"似而非"的日本朱子学》，第64页。

但在元和六年（1620）以后，林罗山的儒学思想有了较大的变化，完全站在了朱熹理学立场上并对阳明学有所批评。

例如宽永七年（1630），林罗山为给自己的儿子讲授《大学》，亲自编写了一部附有日本通俗注解的教材——《大学谚解》。他在该书的"跋"中写道："此《谚解》，本《章句》并《或问》，尊程、朱也。"表明该书是以朱熹的《大学章句》和《大学或问》为依据，站在二程、朱熹的立场上编著而成的。在这部《大学谚解》中，林罗山对"理"作了如下解释："自天地之运至于鸟兽草木之类，物物必有其当然之处和只能如此的原因。此即为理。"这表明林罗山认为宇宙中的万物万事之所以是这样的，此终极性的存在根据就是"理"。这也就是朱熹所讲的理是事物的"所以然之故"和"所当然之则"。林罗山对"理"的这种认识也表明了他视"理"为先、"气"（事物）为后。

又如宽永十六年（1639），林罗山为当时的加贺藩（今金泽藩）藩主前田光高编著了一部名为《性理字义谚解》的书籍。林罗山的这本书是用当时的日语口语体对朱熹高徒陈淳的《性理字义》又名《北溪字义》进行的翻译和阐释。《性理字义谚解》由两大部分内容组成，一是对陈淳原书的日译，另一部分则是林罗山根据自己的理解对原文进行的疏证和补充说明。这一部分内容凸显了林罗山的朱子学理学观。他在释译"太极"一语时写道：

> 按：王弼、康伯等注《易》，皆以老、庄之旨加以解释，故或以太极为气，或以为无，不知太极为理之事。……按：汉唐诸儒说《易》者，皆不知太极之实义，至朱子，直指理为太极。

这里，林罗山批评朱熹之前的诸儒或将太极解释为"气"，或解释为"无"，都不知"太极之实义"，直到朱子时，"直指理为太极"。言辞之中流露出他对朱子的仰慕。他在记录自己思想活动的《随笔》中还明确指出："朱文公云：太极理也，阴阳气也。按：先儒指气为太极，非是。"可见，他坚持朱子学的态度很明朗。①

再如宽永八年（1631），林罗山写成《理气辨》一文。②林罗山在《理气辨》中对"性""情""心""善""恶""理""气"等朱子学的重要理论范畴引经据典地进行解释，指出仁义礼智"四端"出于"理"，为善；喜怒哀惧爱恶欲"七情"出于"气"，有善有恶，同时也对"理"与"气"的相互辩证关系进行了论述。这篇文章显示林罗山站在朱熹的立场上，用程朱思想对理学一系列重要理论问题的探讨。③ 1620年，林罗山信奉朱熹的理气论思想，声称自己"今崇信程朱，乃以格物为穷理之谓"④。作为一名日本的朱子学者，林罗山还主张神儒融合。林罗山从朱子学"理"的角度阐释"神道"与"儒道"的相融相合。他说：

> 或问神道与儒道如何别之？曰：自我观之，理一而已矣。……呜呼，王道一变至于神道，神道一变至于道。道，吾所谓儒道也；外道，佛道也。⑤

从"理"的角度看，神道与儒道是"理一"，所以"王道"（指儒道）一变为"神道"，而"神道"也可以一变为"王道"（儒道）。具体讲，"神道"与"儒道"怎样融合？林罗山说：

> 神意人心本是一理，以器而言之，剑、玺、镜也，以道

---

① 参见龚颖《"似而非"的日本朱子学》，第66—68页。
② 参见龚颖《"似而非"的日本朱子学》，第68页。
③ 参见《藤原惺窝·林罗山》，《日本思想大系》28，东京：岩波书店1975年版，第161—171页。
④ 《藤原惺窝·林罗山》，《日本思想大系》28，第423页。
⑤ 《随笔二》，《林罗山文集》卷六十六，第804页。

言之，勇、信、智也。……即是王道也，儒道也，圣贤之道也，《易》云"圣人以神道设教而天下服"。①

文中的剑、玺、镜是神道的三件神器，勇、信、智是儒学的三种美德。林罗山认为这三种神器与这三种美德是相互对应、相互融合的，因为"神意"与"一心""本是一理"。所以，当圣人以神道设教时，"天下服矣"。这就是林罗山的"神儒一理"或"神儒一道"。为此，林罗山将自己创立的神道取名为"理当心地神道"。林罗山在《文录附录》卷三中说："本朝神道是王道，王道是儒道，固无差等。所谓惟一宗源，理当心地，最当尽意。"他在《神道传授》中又说："神道即理也。"② 林罗山作为德川幕府的重要学者，将朱子学与神道教结合在一起，为幕府的长期统治提供了坚实的理论依据。

日本朱子学经过藤原惺窝和林罗山的开创期，终于迎来了自己的鼎盛期。鼎盛期的日本朱子学由于从不同侧面改造、发展了朱熹思想，所以形成了诸多学派。如日本学者阿部吉雄将日本朱子学分为两个系统：（1）主知博学派（主气派——知识主义派），（2）体认自得派（主理派——精神主义派）。源了圆将日本朱子学分为（1）经验的合理主义，（2）思辨的合理主义（价值合理主义）两大学派。③ 中国学者朱谦之将日本朱子学按地域分为（1）京师朱子学派，（2）海西朱子学派，（3）海南朱子学派，（4）大阪朱子学派，（5）宽政以后朱子学派，（6）水户学派六派。④

王家骅认为日本朱子学派在林罗山死后，沿着两个不同方向

---

① 《神祇宝典序》，《林罗山文集》卷四十八，第560页。
② 参见朱谦之《日本的朱子学》，第188页。
③ 参见王家骅《日中儒学比较》，第174页。
④ 参见朱谦之《日本的朱子学》，第3页。

发生分化。其中一派浓化了朱子学的唯心主义色彩，更加强调其封建伦理学侧面，并进一步密切了与神道教的同盟关系。另一派则强调朱子学的合理内容，表现了对自然科学和"经世致用"学问的兴趣，逐渐接近唯物主义。①

在以上学者观点的基础上，笔者依据日本朱子学对朱熹"理"范畴的不同发展，将日本朱子学划分为（1）客观经验理派，（2）主观道德理派。②

朱熹哲学是"综罗百代"的结果，它具有较高的理论思维水平。"理"范畴是朱熹哲学的核心范畴之一，剖析朱熹"理"范畴的建构，具有三重意义。

一是作为形而上本体的理。关于"理"的形而上意义，朱熹视"理"为"道"，将日月星辰、山川草木、人物禽兽看作形而下之器（物），而把这形而下之器中的道理，判为形而上之道（理）。这样，便把物（器）与"理"（道）对峙起来，并把形而下之物看作形而上之理的使然。

二是作为伦理道德的理。"理"还是伦理道德的准则。朱熹把三纲（君为臣纲、父为子纲、夫为妻纲）五常（仁、义、礼、智、信）概括为先天的理，用来论证封建制度的合理性。另外，他还认为理是"心之本然"。这两层意义的"理"就是伦理道德的理。

三是作为客观经验的理。为了反对佛教"一切皆空"的思想，朱熹提倡"实理"说。"佛说万里俱空，吾儒说万理俱实。"③ 他的"实理"主要指事物的规律。朱熹认为，"理"为事物之理，作为规律是不能脱离事物的。为此，又提出了"理在事中""理不外事"等命题。寓于事中之理的"理"，由于具有与"气"合

---

① 参见王家骅《儒家思想与日本文化》，第91页。
② 参见李甦平《圣人与武士：中日传统文化与现代化之比较》，第49页。
③ 《朱子语类》卷十七，第2册，第380页。

的特点，所以才成为"虚"而不"空"的"实理"。朱熹思想中的具有形而上性质的理，并不是与现实客观世界没有任何关系的超越性存在，而是寓于现实客观世界之中的超越性存在。这重意义的"理"，就是作为客观经验的理。

日本朱子学中的客观经验理派就是将朱熹"理"范畴的第三个层面即客观经验之理进一步改造、发展，使之嬗变为具有经验合理主义色彩的朱子学派。此派主要代表儒者有贝原益轩、新井白石、佐久间象山、安东省庵、水户学。

贝原益轩（1630—1714）名笃信，号益轩，筑前（今福冈）人。贝原益轩博学多才，著书颇丰且通俗易懂，妇孺皆喜。益轩一生主讲程朱之学，尤其对朱熹十分崇拜。他在《自娱集》中作《异学诽朱子辨》说："朱子诚是真儒，可谓振古豪杰也。……后之学者，讲习于经义，讨论于道理，而所以为学者，皆是依于朱子开导之功，故古今天下之学者，无不以朱子为阶梯。"[①] 益轩作为一代名儒，他最大的特点在于对朱子学说既信奉但又不盲从。如他在《慎思录》中讲："大抵后儒之论朱子，其失有二焉。其一，以朱子为不足信，而贬义焉；其二，以朱子为圣人，而不可加焉。以朱子为不足信者，固是冤枉也；以朱子为圣人者，亦是阿其所好也。此二者不知朱子之过也。"[②] 贝原益轩指出后世儒者对待朱子学说存在两种偏颇，一种是以朱子学说为不足信，另一种是以朱子学说为不可加。这两种错误看法都不能正确学习、理解朱子学，也阻碍了学术的发展。他认为对待朱子学说的正确做法是"疑"。因为朱子就说过："大疑则可大进，小疑则可小进，不疑则不进。"[③] 按照朱熹的这一教导，益轩将他学习、讲授朱子

[①] 参见朱谦之《日本的朱子学》，第248页。
[②] 《慎思录》卷五，《日本伦理汇编》，东京：育成会出版部明治四十一年版，第8册，第140页。
[③] 《大疑录卷上》，《日本的名著·贝原益轩》14，东京：中央公论社昭和四十四年版，第163页。

学时的疑问在他85岁临死之年书诸笔端，完成了《慎思录》和《大疑录》两部重要著作，由此奠定了他在日本儒学史的显要地位。

贝原益轩对朱子学的"疑"主要表现在他对朱熹"理"范畴的改造上。益轩改造朱熹"理"范畴的途径是：首先吸取了罗钦顺关于"气"的思想，在林罗山"理气合一"的思想基础上，用"理气合一"论批判朱熹的"理一元"论，并批判地继承了朱熹的"格物穷理"说，然后以此为根基，当他的"穷理"思想与"实学"志向相结合时，就为日本朱子学找到了一条与中国朱子学不同的道路——向着经验合理主义方向发展。

罗整庵是中国明代主气论的重要学者。他的代表著作《困知记》的朝鲜翻刻本早在丰臣秀吉侵朝战争（1592—1598）时就已传入日本并被广泛传播，贝原益轩亦深受其影响。在益轩的《大疑录》中，关于罗整庵的条目就有两条。如他在《罗整庵的理气说》这一条目中写道："罗整庵之学，其说不阿于宋儒。其言曰：'理只是气之理。'又曰：'理须就气上认取。'窃谓宋儒分开理气为二物，其后诸儒，阿谀于宋儒，而不能论辩。只罗氏师尊程朱而不阿其所好，其所论最为正当。"[①] 从益轩的上述论述中，可见他对罗整庵的"理只是气之理"，"理须就气上认取"的气学思想很认可，认为这一论述"最为正当"。在罗整庵这一思想影响下，贝原益轩的理气观是怎样的呢？

贝原益轩在《大疑录》中有三个条目主要谈理气问题，表明了他的理气观。其一是在《大疑录卷上·宋儒的非正统性》条目中说：

> 宋儒之说，以无极为太极之本，以无为有之本；以理气

[①]《大疑录卷上》，《日本的名著·贝原益轩》14，第480页。

分之而为二物，以阴阳为非道，且以阴阳为形而下器；分明天地之性与气质之性以为二。以性与理为无死生，是皆佛老之遗意，与吾儒先圣之说异矣。①

这里，益轩从"两分"角度对宋儒（实指程朱学）的理本体哲学进行了批评。他指出，以无极为太极之本，以无为有之本，以理与气为二，以天地之性与气质之性为二，以性与理为无生无死等都不是先儒圣贤的思想，而是佛教、老庄的遗意，实质上这种批评是对程朱学本体论的非议。

在对程朱理学本体论批评的基础上，贝原益轩在《大疑录卷下》的《理和气》和《理气不可分论》两个条目中集中阐明了自己的理气观。

如他说：

理即是气之理。气通过四季的流动，是正常的秩序，从生长到收获都不混乱。理应该在气的自体中确认。比如水，水清和水向下流都是水，不能分为二物。因此，阴阳二气秩序不混乱即为道。②

在这里，益轩指出"理就是气之理"，"理应该在气的自体中确认"。这是明显的"理气一本"论思想。他以日常生活中的"水"的"清"与"流"举例说水的清澈和流动都是"水"，就像水的清与流一样，都不是二物，而是水一种物。"理"与"气"就是这样，不是二本，而是一本。进而，益轩还指出，由于阴阳二气有秩序地正常地运行，这才是"道"。这一论述更贴近罗整庵的气学思想。

---

① 《大疑录卷上》，《日本的名著·贝原益轩》14，第163页。
② 《大疑录卷下》，《日本的名著·贝原益轩》14，第496—497页。

贝原益轩在《大疑录》的最后一个条目《理气不可分论》中从本体论角度讲述了他对"理"和"气"关系的观点。

益轩认为：所谓太极的"太"是最上的意思，所谓"极"是究极的意思。太极就是道的本原、万物的根柢。一气运动运行称为阳，这是太极的动。运动量微小称为静，静的状态是凝集，称之为阴，这是太极的静。由静到动，由动到静，又由静到动，循环不已。因为这是阴阳一气的动、静，所以气不能分为二。阳是一气的发动，阴是一气的凝集，两者即是太极的动和静。所以，太极是一气混沌，阴、阳未分时的称谓，阴、阳是太极分化以后的名称，实际上无二分。阴阳流动的规则就是太极中的"理"，这就是《易经》说的"一阴一阳之谓道"。这个"道"与"路"是一个思想，即通行的意思。因为有一气的流动，所以才有道之名。阴阳二气的流动一丝不乱，很正常，这就是道。可见，所谓道就是二气的本然。春温、夏热、秋凉、冬寒这一正常现象称为天道。一年之中，从生长到收获这一不变的顺序是阴阳流动之道。柯尚迁（明代儒者）说："气的运动的本然就是理。"所以，理气绝对是一，不能分为二。这就是说，无气即无理，同样无理也即无气，不存在时间的先后关系。这就是理气不能分为二物的理由。因此，理气无二分、无离合。理只能作为气的理，作为气纯粹、正常流动之道，即为理。在朱子的《给刘叔文书信》中有"理、气绝是二物"的话。这与圣人所说的"一阴一阳之谓道"的意思相反。这是我一直困惑不解的问题。[①]

在《理气不可分论》中，贝原益轩从宇宙本体太极讲起，太极动为阳，静为阴；阴阳二气的正常运行即阴阳二气运动的规律即为理。理气无先后、无离合、无二本，只能是无气即无理、无理即无气的一本关系。这就是他的"理气观"。这种"理气观"

[①] 参见《大疑录卷下》，《日本的名著·贝原益轩》14，第497—499页。

与罗整庵的"理气观"如出一辙。所以，在本条目的最后部分益轩指出朱熹的"理气二分"说与圣人之说不符。贝原益轩作为一名真儒，虽然在理论上对朱子学有"疑问"，但在情感上对朱熹还是十分尊崇，尊程朱为道学正统。他在《大疑录》中说：

> 故孟子以后，程朱之功甚高矣，而朱子之功最大矣。然则孔孟之后，惟此二子，诚可以为知道之人，学者之所当为宗师也。①

贝原益轩在"理气一本"的唯物论基础上，又吸取了朱熹的"格物穷理""格物致知"学说中的合理因素，认为"格物致知之功，乃博学广闻之事"②。从这种格物穷理思想出发，他重视对经验科学的研究，成为一名经验的自然科学家。如他著的《大和本草》，是研究实物的结晶，成为日本中草药学和植物学的基础；他写的《筑前土产制》，是通过实地调查，从化石研究地壳变化。益轩站在经验科学的立场上，将"穷理"精神与经验科学相结合，赋予了朱子学以经验合理主义色彩。

贝原益轩经验合理主义思想的形成，还有其心理动机，这就是他的"实学观"。③ 益轩将学问分为有用之学和无用之学，倡导以有用之学为志向。益轩所追求的有用之学，就是经世致用之学。这种经世致用的实学观成为他穷万物之理的先导意识，而格物穷理又成为他实学志向的实践指南。为了追求经世致用的有用之学，所穷之理，必然是寓于万事万物之中的理，即经验的理；通过对具体事务的格穷，所得到的理，又必定具有实有价值，即是经世

---

① 《大疑录卷上》，《日本的名著·贝原益轩》14，第464页。
② 朱谦之：《日本的朱子学》，第260页。
③ 参见［日］源了圆《德川合理思想的系谱》，东京：中央公论社1972年版，第32页。

济民的学问。这样，"穷理"与"实学"，两者相得益彰，由此形成了贝原益轩的经验合理主义思想。

新井白石（1657—1725），名君美，号白石，江户（今东京人）。新井白石着重发挥了朱熹的"穷理"思想，认为"穷理"就是对真理的追求，就是对自然规律的追求。由于朱熹最终所要探求的是形而上的先验的理，所以穷理的结果仍然是先验的。而新井白石则将"穷理"作为追求一切真理、认识客观事物的手段和途径。

通过"穷理"在历史学中，他力图揭示日本社会历史发展的规律，成为日本科学历史学的先驱；通过"穷理"，在自然科学中他了解了西方自然科学的价值，对经验科学产生了浓厚兴趣，成为日本西学的开祖；通过"穷理"，在经济学中他成为德川时期经济论的三大创始人之一和著名的经世家。为此，日本学者骄傲地称他为德川思想史上的一颗明星。

对于历史研究，白石不满足于对历史事件只作编年式的记述或只作伦理的评价，而是力图从"理"的观点，合理主义地对历史上的因果关系，作出客观的说明。如他研究神代史，从"神者人也"这一命题出发，凡属传说是神的所作所为，都作为"人事"加以解释。这与以前把日本历史作为神统相比，是很大的进步。他参考中国历史，认为日本历史上的所谓"神代"，大体上相当于中国周末秦初时期。这是他对日本历史的合理主义考证。又如他分析织田信长统一日本的原因是：所居地方好（"居肥沃之地"）；执行政策好（"行富强之术，以耕战为事，兵财并丰"）；交通方便（"四通之地，接近京师"）；时机好（"借足利氏数十代之余荫而兴起"）。这种合理的客观分析，不能不说是一种卓见。由此可见，白石的历史观具有两个特点：一是不停留于尚古，而是面对现实，与中国春秋公羊派（常州学派）相似；二是带有合理主义、实证主义色彩，由此使他成为日本科学历史学的先驱。

白石的《西洋纪闻》是他通过同潜入日本的意大利传教士西多蒂①的对话而写成的。由于白石主张应最大限度地发挥朱子学的"穷理"精神，将"穷理"思想贯彻于一切领域之中，所以在这部著作中大力提倡和宣传西方先进的自然科学和技术。他在《西洋纪闻》中说："其字母仅二十余个，贯通一切发音，文简而义广，其妙天下无遗音。……此外，自天文、地理，直至技艺之小者，无不悉皆有学。"他把西方的自然科学同基督教有关造物主、天堂、地狱、不灭的灵魂等观念区别开来，承认前者的优越性和后者的非科学性，明确了西方"形而下"的文化是有价值的，是和基督教有所不同的。这种卓有远见的观点打破了当时日本禁教时一说起西方文化，便认为与基督教分不开的偏见，同时也启发了日本政府后来的文化政策：主张虽然禁止基督教，但是还应该移植西方自然科学和技术。同时，白石还亲身实践朱子学的"穷理"精神，在实际考证基础上，他在本草学、地理学、军事学等自然科学方面都有较深的造诣，并写出了许多论著，促进了经验科学的勃兴。白石从合理主义方面发挥了朱子学的"穷理"精神，成为弘扬西学的先驱，并为以后日本移植西方科学技术提供了思想准备。②

在朱子学"穷理"精神指导下，为探究实际有用的学问，使得新井白石对经世济民抱有浓厚兴趣，成为一位经世家。③ 在德川政府财政困难之际，他提出了治国理民的五条纲领，如改铸货币的理论等。虽然他的建议未被德川幕府全部采用，但他提出的货币论的基本精神，使他同熊泽蕃山、荻生徂徕一起被后来的学者视为德川时期经济论的三大创始人。

---

① 西多蒂（1668—1715），意大利人，耶稣会会士。1708年抵日，因违反日本锁国规定，被捕监禁于江户（今东京）。
② 参见王守骅、卞崇道《日本哲学史教程》，山东大学出版社1989年版，第57—58页。
③ 经世家：日本江户时代，对在民间宣传经世济民方策的知识分子的称谓。

新井白石的"穷理"思想还反映在他用"气一元"论解释鬼神、生死问题。《鬼神论》是白石唯一的一篇哲学著作，在这篇著作中，他从"气"的角度解释了鬼神和灵魂的形成，代表了当时日本儒者关于鬼神、灵魂最明智的看法。如他说："神、祇、鬼其名各异，而同为阴阳二气之巧妙的作用，通称为鬼神。所谓阴阳二气，元来是一气之屈伸。气伸则为阳（例如春夏），归而屈则为阴（例如秋冬）。"白石直接指出所谓鬼神就是阴阳二气的巧妙作用而已，实际上本没有鬼神。他又说："阴阳的作用十分明显，故在地为祇，有显现之义（朱子说如此）；在人为鬼（鬼与归声相近）。人死其魂必归天，其魄必归地，魂魄归于天地，故有鬼之名。"他指出，人之生死不外乎阴阳二气的离合聚散。生则为人，死则为鬼神，即其魄归地为鬼，其魂升天为神，这就是所谓的鬼神。[①]

总之，新井白石从经验的、唯物的方面最大限度地扩展了朱熹的"格物穷理"思想。他的"穷理"，是对历史发展规律、科学发展实际、社会发展线索的追寻。白石倡导对事物进行实事求是的研究，注意到了自然科学的价值并积极主张引进西学。这种经验合理主义思想为日本吸取西方先进科学技术知识奠定了浓厚的思想基础。

佐久间象山（1811—1864）名国忠，号象山。他把西方的科学技艺之"实理"与朱子学的格物致知之"穷理"相结合，使朱子学的客观经验之理进一步朝着经验合理主义方向发展，为日本引进西方科学技术创造了更为成熟的条件。

1840年中国在鸦片战争中失败一事，给崇拜朱子学的象山以很大刺激。面对如何抵抗外来侵略，如何保全日本的独立这一关键问题，他想：西方各国精研学术频频得势，甚至周公、孔子之

[①] 参见朱谦之《日本的朱子学》，第229—230页。

国亦为其所败，这是什么原因呢？根本原因是彼所得其要，我所学不得其要。多数人或溺于高远空疏之谈，或流于训诂考证之末，丧失了穷万物之理的求实学风，陷入了言行相违的歧途。于是，象山主张要重新反省朱子学。他认为："为学之要，在格物穷理。"而"宇宙实理无二。斯理所在，天地不能异此，鬼神不能异此，百世圣人不能异此。近年西洋所发明许多学术，要皆实理，祇足以资吾圣学。而世之儒者，类皆凡夫庸人，不知穷理，视为别物"①。这里，象山把西方的科学技术称为"实理"，其实质就是朱子学的客观经验之理。象山进一步指出，这种"实理"只有与朱子学的"格物穷理"说相结合，才能创造出有用的学问。如他说："西洋穷理亦符合程朱之意，故程朱二先生格致之说放之四海而皆准。依程朱之意，西洋学术皆吾学之一端，本非他物。"② 可见，象山努力将朱子学的"格物致知""格物穷理"思想与西洋的科学技术相结合。由此，使朱子学的"穷理""致知"的内涵发生了重要变革，这种"穷理""致知"已十分接近于近代科学的实验或实证的方法。为此，佐久间象山提出了"东洋道德，西洋艺术（科学技术），精粗不遗，表里兼该"这一著名口号。在这一口号指导下，幕末维新志士强烈要求幕府"开国"，积极提倡学习西方先进的技艺，以促成日本的富强。在象山以"穷理"探究"实理"精神的指导下，迎来了明治初年全面学习"西学"的高潮。

日本朱子学派中的客观经验理派就这样一步一步地将朱熹客观经验之理引向经验合理主义。至明治初年，日本近代哲学之父——西周用西方的实证主义进一步改塑了朱熹客观经验之理，使之成为日本资本主义现代化的指导思想，领导了明治初期的日

---

① 《象山全集》第一卷，东京：信浓教育会昭和九年版，第60页。
② 参见王家骅《儒家思想与日本文化》，第156页。

本社会。西周也因此被誉为日本"理"思想集大成者。①

日本朱子学的客观经验理派还有安东省庵和水户学。他们的朱子学思想与明末遗民朱舜水有直接的传承关系。

朱舜水（1600—1682）名之瑜，号舜水，浙江余姚人。学者称舜水先生。据梁启超《朱舜水先生年谱》记载："先生在江户时，源光国敬礼之，不敢称其字，欲得一菴、斋之号称之。先生答言无有，三次致言，乃曰：'舜水者，敝邑水名也，古人多有以本乡山水为号者。'舜水自称始此。"② 朱舜水作为明清嬗代之际的一位爱国知识分子，表现了强烈的民族气节和情操。为了匡复明室，驱逐清廷，他曾三赴安南（越南），五渡日本，奔走于厦门、舟山之间，效申包胥借兵复楚之举，向日本乞师复仇。耿耿忠心，一腔至诚。永历十三年（清顺治十六年，1659年）五月，朱舜水衡量当时的局势，不禁浮起了一个悲壮的观念：声势不可敌，失地不可复，与其在内地做异族的奴隶牛马，不如蹈海全节，以保存民族正气。于是，他学鲁仲连不帝秦的精神，东渡日本，留居长崎，时年舜水60岁。朱舜水定居日本后，每日向南而泣血，背北而切齿。正如黄遵宪在《日本杂事诗》中所描述的那样：

　　海外移民意不归，老来东望泪频挥，
　　终身耻食兴朝粟，更胜西山赋采薇。③

朱舜水从60岁起流寓日本讲学，一直到83岁去世为止，前后二十三年时间，造就了无数日本学生，"与日本近代文化极有关系"④。在日本，朱舜水以渊渊之学术、烨烨之文采、笃笃之实

---

① 关于西周对"理"的改造，请见拙文《朱熹"理"范畴在日本的嬗变及其与日本现代化的关联》，《中国人民大学学报》1989年第4期。
② 《朱舜水先生年谱》，《朱舜水集》附录一，中华书局1981年版，第644页。
③ 参见李甦平《朱舜水》，台北：东大图书股份有限公司1993年版，第13页。
④ 《朱舜水先生年谱》，《朱舜水集》附录一，第729页。

情、殷殷之慈心，为中日文化交流作出了重要贡献。对此，梁启超说："朱舜水以极光明俊伟的人格，极平实淹贯的学问，极纯挚和蔼的感情，给日本全国人民以莫大的感化。"① 当代日本著名史学家木宫泰彦高度评价朱舜水对日本精神文化的影响。他说："给日本精神文化以最大影响的是明朝遗臣朱舜水。……凡当时学者无不直接间接受到他的感化，给日本儒学界以极大的影响。"② 为此，朱舜水被日本人民尊称为日本的孔夫子。

安东省庵（1622—1701）字鲁默，号省庵，筑后（今福冈市）人。省庵初学于朱子学者松永尺五先生，后拜朱舜水为师，学益富，行益修，渐成为名德优行的醇儒，被称为"关西硕儒"。

安东省庵的朱子学思想主要来自朱舜水。朱舜水发扬了中国古代唯实、唯物的优良传统，与其同时代的黄宗羲、顾炎武、王夫之等共开中国思想界一代新风。朱舜水的学问宗旨可以用"学问之道，贵在实行"来概括。具体讲，在政治和经济思想上，他主张"经邦宏化，康济艰难"；在史学观上，他高倡"下学上达，得史求经"；在道德教育上，他倡导"性成于习，德立于诚"；在宗教观上，他提出"恍惚之事，不入言论"；在哲学思想上，他力主"圣贤要道，止于彝伦"。朱舜水这种唯物、唯实的学风对安东省庵的儒学思想产生了极深的影响。

当朱舜水为抗清复明奔波忙碌于日本和舟山之间时，安东省庵闻其事，慕其人，作诗赞他：

> 远避胡尘来海东，
> 凛然节出鲁连雄。
> 励忠仗义仁人事，
> 就利求安众俗同。

---

① 梁启超：《中国近三百年学术史》，中华书局（上海）1943年版，第81页。
② 《中日文化交流史》，商务印书馆1980年版，第703—704页。

昔日名题九天上，
多年身落四边中。
鹏程好去图恢复，
舟楫今乘万里风。①

当朱舜水决定定居日本，苦于日本禁留外人，因而辗转徘徊时，安东省庵苦苦恳求，四处央人，八方求情，最后使日本当局特为朱舜水开四十年不留外国人的禁令。对此事，友人赞誉安东省庵："其留住先生于崎港一事，尤彰灼在人耳目。其间多少窒碍，多少调停，悉心经营，遂成搢绅美谈。"②但安东省庵却说：

守约尝读文丞相"我亦东随烟雾去，扶桑影里看金轮"诗，慨叹以为假令丞相来日本，则虽为之执鞭，所忻慕焉。然惜丞相不来，又不得同时也。今先生之来，盖丞相之意，而幸得同时，然不得供役承教，则向之所慕，亦叶公之龙耳。先生素知守约之丹心，勿以为虚饰也。③

当朱舜水初来长崎，时人不知其学时，安东省庵前往就师，成为朱舜水的第一位日本学生。

当朱舜水生活贫困，受灾遇难时，安东省庵将自己的薄俸之半相送。他说："老师高风亮节，必不受不义之禄。岂以守约之所奉，为不义之禄乎？守约百事不如人，惟于其舆，欲尽心以合理。若拒之则为匪人也，岂相爱之道哉！"④

1663年，长崎发生一场大火。朱舜水的住所被焚毁殆尽，只

---

① 《朱舜水和安东省庵》，《朱舜水纪念会刊》，东京：神田印刷所1912年版，第91页。
② 《与山崎玄硕书》，《朱舜水集》附录三，第762页。
③ 《上朱先生书二十二首·四》，《朱舜水集》附录三，第747页。
④ 《舜水先生行实》，《朱舜水集》附录一，第617页。

好寄居于皓墓寺的屋檐下，风雨不避，盗贼充斥，不保旦夕，处境十分狼狈。安东省庵闻讯后说："我养老师，四方所俱知也。使老师饿死，则我何面目立乎世哉？"① 于是，不顾病危的妹妹，立即赶到长崎，替老师另筹新居，情谊绸缪。

朱舜水对他的这位日本高足感激不已。对安东省庵的苦留、分俸之事，朱舜水终生不忘，并在给孙男毓仁的信中告诫他的子孙后代永远铭记："此等人中原亦自少有，汝不知名义，亦当铭心刻骨，世世不忘也。"②

朱舜水做了水户侯的宾师后，亦不忘守约倾心之笃，常寄黄金衣物，以表情愫。对安东省庵与他脉脉相通、心心相印的情缘，朱舜水将不轻易许人的"知己"二字送给他，表示师徒二人志同道合的趣向。

安东省庵尊朱舜水为"大恩师"，朱舜水称安东省庵为"贵国白眉"；守约在舜水的祭文中写道："我得其知遇，天也，亦神助也，千百世而一相遇者也。恩如父子，岂非族之云乎？"舜水在给守约的信中说道："不佞之心，光明如皎日霁月，自信无纤毫云翳，而与贤契相信如金石。"据《朱舜水集》所载，朱舜水与安东省庵来往书信八十余封，探讨学术问题不下四十余次。在他们二人的往来书信中，有政治见解的研讨，亦有娶妻生子的祝贺；有学术观点的探索，亦有冷热病丧的关怀。他们就是这样，在生活上相互关心，在学术上互相倾慕。

朱舜水通过施教自由学风和经世致用思想将安东省庵造就为"关西巨儒"。在《朱舜水集》中有这样的记载：

> 问：朱、陆同异，不待辩说明矣。近世程篁敦《道一编》、席元山《鸣冤录》，其证甚矣。然"尊德性""道问

---

① 《舜水先生行实》，《朱舜水集》附录一，第617页。
② 《与孙男毓仁书》，《朱舜水集》卷四，第48页。

学"，陆说亦似亲切，奈何？

答："尊德性""道问学"。不足为病，便不必论其异同。生知、学知、安行、力行，到究竟总是一般。是朱者非陆，是陆者非朱，所以玄黄水火，其战不息。

问：阳明之学近异端，近世多为宗主，如何？

答：王文成亦有病处，然好处极多。讲良知、创书院，天下翕然有道学之名；高视阔步，优孟衣冠，是其病也。①

在学术思想上，守约虽属朱子学系统，但又不固执于朱子学，对朱子学采取了分析、批评的态度。他在一篇文章中论朱陆异同说：

朱陆鹅湖之议论不合，其门人不知其师之渊源。左袒朱者，以陆为禅寂；右袒陆者，以朱为支离。互相姗议，随身雷同，彼坚我白，操戈入室，其流弊甚于洪水之泛滥矣。

朱陆之同异，其说纷纷，终成千古未了之谈。余尝不揣，为作辩曰：天下之水一，其支分派别不同者，流之然也，其源未尝不一也。圣贤之道亦然，其立教或由本达末，或溯末探本，其所不入同，其所至一也。

盖朱子以博文而渐次归约为教，陆子以顿悟而一跃至道为教。夫以博文为支离，则经礼三百，曲礼三千，何者非烦碎？以顿悟为禅寂，则一贯忠恕，何者非简易？其博文所谓溯末，其顿悟所谓探本，其归约至道，未始非从本末。然则本末之非有二，况其师尧舜，尚仁义，去人欲，存天理，其心同，其道同，是其支离禅寂，特其末流之弊而已。②

上述三条论述表明安东省庵对待朱子学和阳明学的客观公允态度。

---

① 《答安东守约问三十四条》，《朱舜水集》卷十一，第396—397页。
② 朱谦之：《日本的朱子学》，第241—242页。

他的这一博采各家之长的学风还表现在他于宽文八年（1668）写作《初学心法》时曾引用过众多先圣之语。如《立志篇》引用朱熹、王阳明之语；《存养篇》引用朱熹、陈北溪、罗整庵之语；《省察篇》引用陆九渊、陆澄之语；《勉学篇》引用杨龟山、陆九渊、朱熹、薛敬轩、王阳明之语；《教知篇》引用朱熹、黄勉斋之语；《力行篇》引用朱熹、薛敬轩之语；《克己篇》引用尹和靖、朱熹、王阳明之语；《慎言篇》引用李延平、薛敬轩之语；《既道篇》引用真西山、王阳明之语；《杂论篇》引用杨龟山、李延平、朱熹、张南轩、吕东莱、真西山、许鲁斋、罗整庵之语。① 这表明安东省庵不拘于一家之学，能够站在超然于朱子学的学术高度，弃各家之弊，取各家之长。这种学风体现了日本朱子学者对朱熹儒学的一种偏离和超然。

安东省庵作为日本朱子学派中客观经验理派的一名重要代表学者，对朱子学的重要范畴——"理"与"气"作出了"理气合一"的解释。他这样说道：

> 天地之间唯理与气，以为二不是，以为一亦不是。先儒之论，未能归一，岂管窥之所及哉？罗整庵曰："理须就气上认取，然认气为理便不是，此处不容间发，最为难言。要之人善观而然认之，只就气认理，与认气为理，两言明白分别，若于此看透，则多说亦无用。"
>
> 理只是气之理，当于气转折之处观之。往而来，来而往，不知其所以然而然，若有一物主宰，其间而使之然，此即所以有理之名。《易》有太极，即谓此。若于转折之处，看得分明，自然头头皆合。②

---

① 参见［日］菰口治、冈田武彦《安东省庵·贝原益轩》，东京：明德出版社1985年版，第34—35页。
② ［日］安东守约：《耻斋漫录》，见朱谦之《日本的朱子学》，第243页。

安东省庵的这种"理气合一"论是针对中国朱子学的"理一元"论而发的。中国朱子学的"理一元"论强调"理"的本体性、形而上性。对此，安东省庵赞同明代儒学的罗整庵的观点，认为"理只是气之理"。这一观点标示着安东省庵不是把"理"，而是把"理气合一"或"气"视为根本。这诚如日本哲学家井上哲次郎所指出的：守约这种"理气合一"论，是主张理随气而有，与"气一元"论的见解甚为接近。[①]

日本水户学派的定义，众说纷纭。有人说，水户学是水户藩第二世德川光国的行动及其编纂《大日本史》的精神。也有人说，它是水户藩中期以后的尊王攘夷运动及其理论。还有人说，它是水户藩所设"弘道馆"的建学精神。更有人说，水户学是水户藩的尊王思想。总之，各陈其说，莫衷一是。笔者以为水户学是从德川光国编纂《大日本史》开始的，历230年时间所倡导的巩固封建社会制度的大义名分之学。其宗旨是：第一，国本主义，即水户学的爱国精神，强调一君万民，尊王贱霸；第二，文武不歧，即文武合一，既奉武神，又设孔庙；第三，尊崇历史，即寓经世之学于明史、鉴史之中；第四，提倡科学，即反对巫术迷信，倡导文明开化。其特点是不尚空言、重实行、忠君爱国、尊王攘夷。由此，能够领导时代潮流，推动时代发展。

水户学派分为前期和后期，前期发展了水户史学，主要代表者为德川光国、安积觉等；后期发展了水户政教学，主要代表者有会泽正志斋、藤田东湖等。不论前期还是后期，都提倡大义名分主义和历史哲学，与朱子的《通鉴纲目》关系密切，所以水户学被视为朱子学派。

水户学与朱舜水亦有着密不可分的关系。在朱舜水流寓日本

---

① 参见［日］井上哲次郎《日本朱子学派之哲学》，东京：富山房1905年版，第158—159页。

讲学的二十三年中，有十七年是在水户藩度过的。他不仅被聘为德川光国的"宾师"和编纂《大日本史》的顾问，而且他的学术思想更影响、左右着水户学。

崇忠孝：朱舜水亡命日本时期，始终服明朝衣冠，怀鲁王勒书，其恢复明朝之志，固时时铭记。他为人刚毅严肃，不苟言笑，谈必忠，言必孝。而水户学崇尚忠孝不二，讲究大义名分，实乃朱舜水启发之功。

重实行：朱舜水之学，即实行之学，其学力避空论，务求实行。故水户学的崇尚实行，实是受朱舜水的感化，绝非过词。

好学问：朱舜水学问渊博，通晓古今制度立法，对于房屋建筑、酒酱酿法、耕稼播种等事，亦无所不知，且好学不倦，从不自满，纵令风烛残年，依然手不释卷。其丰厚知识和好学精神，有助于水户学派极多。

总之，朱舜水的思想和学说，演绎成了水户学派的学旨；朱舜水的德行和学风，嬗变成了水户学派的品节。他与水户学派血肉相依、心心相印。

德川光国（1628—1700）是水户学的创建者，字子龙，号梅里，为常陆水户城主赖房第三子。光国6岁时被定为世子，31岁时因父病逝而继位。但他以越兄为嗣而心不自安，袭封前一日跪拜父亲神主前请求以侄儿为嗣。诸弟恐有不测，乃劝之许久。光国继位就藩后，请割封内垦田分与兄弟诸人。而且，德川光国天资颖悟，自天象、地理、济民、行兵之要，至制度、典故、击箭、医药、算术、鸟兽、草木之微，尽综而贯之，著而学术。他倡尊王、正名分、尽心修史，修成巨著《大日本史》，德川光国随之彪炳于史。

作为朱子学者，德川光国在《常山文集》中说：

一之为义也，吁嗟至哉！不可得而言焉。推而说之，则道也，理也，无极而太极，乃一而已。《易》曰："太极生两仪，两仪生四象，四象生八卦，八卦成六十四卦"；无物而不易，无事而不一。日月星辰得之以辉，人兽草木得之以生，森罗万象，无不自此流出矣云云。①

很明显，这是朱熹的理本论的思想。但在同一文中，他又讲阳明的心本论思想。如他说：

夫心者天地之至理，天下之达道也。其在于天之谓命，其赋人之谓性，其主身之谓心。命也性也心也，名异而实一而已矣。……所谓明德而具众理应万物者也。其初无不善，发于事而后为意，因而有善有不善，恰如月与水，月者得水以明，水者以月而清，水若浊则月不能明，是其所以月与水不映彻也。学者能察之而使其意如其心，则其本心炯然发于事事物物，而无不洁矩云云。②

德川光国这种既说朱子学又讲阳明学的思想，无疑是受朱舜水自由学风的影响。

德川光国的水户家和纪伊、尾张的德川家一起作为"御三家"处于特殊地位。但是水户家不仅官位比其他两家低，领土也不过那两家的一半，因而在保持御三家之一的体面上，有些困难。由于这种关系，从德川光国时代就发生了家臣团的派系争执。光国不仅是封建政治家，而且还是学者。所以为了确立名分思想用来作为控制家臣团的手段，他试图发起修史事业。在《梅里先生碑阴并铭》中，德川光国自序编史的目的是：

---

① 朱谦之：《日本的朱子学》，第447页。
② 朱谦之：《日本的朱子学》，第446页。

> 自早有志于编史，然罕书可征，爰搜爰购，求之得之，征遴以稗官小说，据实阙疑。正润皇统，是非人臣，辑成一家之言。①

这是光国的卓识。他从31岁设彰考馆招致天下俊才编纂《大日本史》起，以后二百三十余年间水户学者受光国精神的感化，完成了修史事业，开日本史学界新纪元，更造就了水户学一大学派。幕府末期随着藩内下层武士势力日渐强大，及全国各地方的倒幕力量逐渐壮大，水户学派被倒幕维新志士推上了反对幕阁派的上层地位。在这一背景下，水户学派及《大日本史》的尊王攘夷精神，对明治维新运动发挥了重要作用。

安积觉（1656—1737）号澹泊，世仕水府，《大日本史》的总编辑。安积觉从13岁束发时便奉父亲及德川光国之命，师事朱舜水，形同父子。朱舜水授之《孝经》《小学》《大学》《论语》句读，诱掖提诲，严立课程，逐日登记。安积觉晨读夕诵，用力周挚，才思盖世。他尤锐意史学，得朱舜水史学真传。日元禄六年（1693），安积觉出任《大日本史》总编辑，定修史例，构立纪传，中其规矩，纵横贯穿，为编纂《大日本史》立下头功。德川光国为了表彰他的功劳，将朱舜水生前珍爱的小李将军画轴送给他。安积觉对此特别珍爱，晚年告诫子孙不可将此画沦落丧失，要小心爱护。

作为朱舜水嫡传的安积觉以朱舜水的纯忠尊王、大义名分的伦理思想和借古鉴今以振纲纪的史学思想为编纂《大日本史》的指导精神，由此《大日本史》具有了三个显著特点。

第一，史书体例——仿中国史籍。《大日本史》的体裁，有过多次变动。1683年曾编出纪传104卷，但因其书体裁不满德川光

---

① 朱谦之：《日本的朱子学》，第448页。

国之意，于是"易稿重修"。直至安积觉担任史馆总编辑之后，该书体裁才基本确定，即参考中国史籍，取编年纪传之长。《大日本史》的内容记述及考核严谨之风，皆师《资治通鉴》。安积觉所以有如此作为，显然是受了朱舜水的影响。他在《朱文恭遗事》中说：先生"好看《陆宣公奏议》《资治通鉴》。及来武江，方购得京师所锓《通鉴纲目》"①。朱舜水生前对《资治通鉴》的爱好与重视，成为日后安积觉治史的指导思想之一。

第二，治史方法——史学第一。德川光国指示安积觉对于《大日本史》的编纂务必做到"编纂要勤，考核要精，所引史事，务使核实"。为此，安积觉在《帝大纪议》中写道："夫有英明之人，能立不朽之事，卓识伟论，迥出众人之上，然非备大公至正之义，则不足臣服众人之心，而破万事之惑也。本邦上古之事，舍《旧事记》《古事记》《日本纪》，无足为征者，而《日本纪》又其尤也。然神功皇后未尝践位，列之帝纪；帝大友储贰承传，黜而不书，编年记事既不足以考信，崇虚仰实，又不可以为训。今所修撰名实抑彼扬此，出于上公之明断，遂成千古之定论，不足伟哉！"② 安积觉这种崇实抑虚、据事直书、名实相符的方法成为治史的基本方法。为使《大日本史》做到史实正确，他受光国之命，派人到全国各地收集散佚书籍。对于古典所载史实，尽量加以考核；对于虚无的传闻，不作为史实载入史册，对于私家文书、日记，虽"核实该赡，可以考信"，但因"年月不备，残缺相踵"，则"难辄为用"；对于僧侣撰写的编年书籍，因"非旧史之体，彤管之文，华实难付"，则"广搜旁罗，以待良吏之笔削"。从现存《大日本史》可以看出，在安积觉主持下，彰考馆诸儒的治史态度是十分严谨的。这种注重史实、精勤考核的严肃治史的态度和治史方法，显然是出于朱舜水"史实""史明""史

---

① 《朱文恭遗事》，《朱舜水集》附录一，第625—626页。
② 《澹泊史论》卷上，第7页；载朱谦之《日本的朱子学》，第452页。

近"的史学思想。

第三，基本史观——大义名分。儒家的大义名分思想贯穿于《大日本史》全书。日本自镰仓幕府建立后，以天皇为首的朝廷，大权旁落，威信渐衰。而水户学派公开尊重王权，安积觉就认为"春秋之义，尊王为大"。综观整个《大日本史》，就是要改变君臣颠倒、权臣专制的现象，以正润皇统、整饬纲纪。因此，从《大日本史》在三件史事的处理上，严格地贯彻了大义名分思想。第一件事是将历来被尊为天皇的神功皇后列入后妃传。其理由是未践位。第二件事是将天智天皇的儿子大友皇子列入本纪，因为大友实是天智帝的储贰，据《怀风藻》《水镜》之文，"创帝大友纪"。第三件事是将日本南北朝时的南朝作为正统皇系，由此也改变了对一些历史人物的评价。如对南北朝时期的忠王之臣楠木正成的评价，史书历来因他尊奉南朝、反抗北朝，而被视为逆臣。《大日本史》以南朝为正宗，其理由是象征天皇权威的三种神器均在南朝。因此，楠木正成得以正名。德川光国表彰楠木正成是忠臣，安积觉更进而称其是忠孝两全。

总之，水户学派和《大日本史》在幕府末期成为倒幕维新运动的一面旗帜，安积觉功不可没。

如果说前期水户学以德川光国和安积觉为其代表，那么，后期水户学派则以会泽正志斋和藤田东湖为其代表人物。如果说前期水户学是以名分论的史学为其特征的话，那么，后期水户学则以宣扬攘夷论为其特点。

会泽正志斋（1782—1863）是后期水户学的理论家。他是"尊王攘夷"论的倡导者，水户学的集大成者。他一生著述甚多，而《新论》宣扬尊王攘夷，最能代表他的思想。此书因触幕府忌讳，最初不敢公刊，以无名氏写本传世。明治维新志士非常喜爱，将它与卢梭的《民约论》相媲美。此书把前期水户学基于儒家名分论的尊王攘夷主义从政治理论上加以定型化。即：第一宣扬忠孝一本、祭政一致、一君万民，通过尊王抑藩，使日本从封建割据走向统一；第二，排斥洋教和洋学；第三，尊尚儒家的王道主义和重农主张，提倡通过农本主义振兴国道、广用贤才、禁止奢侈，以达富国强兵的目的。这样，会泽正志斋在理论上就完成了前期水户学提出的尊皇爱国、王政复古的思想，即"尊王攘夷"的理论。

会泽正志斋的尊王攘夷理论主要表现于两个方面，一个方面是皇室中心主义，另一个方面是日本中心主义。所谓皇室中心主义是说在日本封建社会的内部矛盾中，幕府代表了封建割据的一面，皇室代表了封建社会统一的一面。两者比较，拥护皇室的思想，更接近于民族意识的觉醒。而这种尊皇思想的根源亦是对于外国入侵、压迫的反抗，所以具有号召革新的意义。因此，这种皇室中心思想也就成为维新志士思想的前导。正志斋以儒家的忠孝伦理思想和"天人合一"思想为其皇室中心主义的理论基础。所谓日本中心主义在积极方面则表现为以日本中心主义为基础的富国强兵政策。他以为日本唯有走兵强国富之道，才能免受夷狄之侮，才能称霸于世。正志斋的富国强兵政策在锁国主义保守观的局限下，是不符合新兴商业资产阶级要求的，是保守的农本政策。总之，会泽正志斋的"尊王攘夷"论其积极方面是影响了幕末一代维新人物。由于它主张反对帝国主义侵略，主张尊皇统、讲名分，主张富国强兵，这就为明治维新奠定了理论基础，作好了思想准备。其消极方面是它的锁国主张对保守人物的影响，使日本走向了自己曾经反对过的帝国主义侵略的道路。

如果说会泽正志斋是后期水户学的理论家，那么藤田东湖则是后期水户学的实践家。东湖遵循后期水户学"学问与事业不殊其效"的教义，强调学问即事业，矢志于理论与实践的统一。

藤田东湖（1806—1855）是后期水户学元祖、创始人藤田幽谷的儿子，亦是他思想的继承人。他从父亲那里继承的忠孝精神和政治素质，为他以后从事勤王实践活动打下了基础。东湖一生的精力贯注于尊王攘夷的实践活动。为此，他曾三度出生入死。第一次是攘夷之事，19岁的东湖为振国风，奉父之命，孤胆潜入夷船，质问夷狄。第二次是拥立德川齐昭。1829年当水户藩主哀公（齐修）病逝，举国上下一片混乱之时，东湖以"志士授命报国之秋"亲赴江户，举荐德川齐昭。德川齐昭继位就藩后，以其杰出之才，鼓舞一世。德川齐昭时代君臣上下倡导水户一脉的尊皇论，使明治维新一代豪杰如西乡隆盛、吉田松阴等皆闻风兴起。这些都是东湖的功劳。第三次是德川齐昭因改革藩政而被谤者伤，东湖亦不可免。在谪居生活中，他写了《和文天祥正气歌》。诗文中那种"死为忠义魂，极天护皇基"的慷慨之情，使日本不少忠义孝烈之辈随之兴起，致使维新三杰之一的西乡隆盛称东湖为"先师"。从以上三件史实中可以看出，东湖一生就是以这样一种忠诚的政治活动震动一世，给幕末的勤王运动以极大的影响。

无论是前期水户学还是后期水户学，其一脉相承的"尊王攘夷"思想对日本近世社会发生了重要影响。如德川末期发生的关系到日本社会命运的尊王倒幕运动，水户学派功不可没。

关于日本朱子学中的主观道德理派，所谓主观道德理派是指对朱熹伦理道德之"理"朝着主观主义、实践伦理主义和神学主义方向发展的一大学派，这就是以山崎闇斋为代表的崎门学派。①

山崎闇斋（1618—1682）是崎门学派的创立者，他名嘉、字敬义、号闇斋，晚年信奉神道，又号垂加。

日本朱子学的创立者林罗山为了德川幕府的政治需求，在传播朱子学的过程中，更加强调朱子学中的理气思想，由此给人以深奥、难懂的印象。针对这一情况，山崎闇斋提出"回归朱子"的口号。其主旨就是要恢复和弘扬朱子学中的伦理道德之"理"。

---

① 崎门学派的主要代表者为山崎闇斋（1618—1682）及其三位高足，即浅见绸斋（1652—1711）、三宅尚斋（1662—1741）、佐藤直方（1650—1719），号称"崎门三杰"。

他认为这才是朱子学的精髓和核心。因为朱子学中的伦理道德之理是儒家道德纲常——三纲五常的代表。为此，闇斋一生尊朱熹若神明，认为朱熹是"孔子以后第一人"，甚至"学朱子而谬，与朱子共谬也，何遗憾之有？"如他对门人说道：

> 我学宗朱子，所以尊孔子也，尊孔子以其与天地准也。《中庸》云：仲尼祖述尧舜，宪章文武。吾于孔子、朱子亦窃比焉。而宗朱子，亦非苟尊信之，吾意朱子之学，居敬穷理，即祖述孔子而不差者，故学朱子而谬，与朱子共谬也，何遗憾之有？是吾所以信朱子，亦述而不作也，汝辈坚守此意而勿失。（《年谱》）[①]

山崎闇斋为了重新回归朱子学的根本精神——人伦道德之理主要从三个方面着手努力。

第一个方面是主张倡明伦、重正名、论正统。闇斋十分强调要"明人伦"。因为道德本性发端于五伦之中，所以他视朱熹《白鹿洞书院揭示》中的"父子有亲，君臣有义，夫妇有别，长幼有序，朋友有信"为明伦之要。他的学生浅见䌹斋从宇宙之大法、自然之至理高度，亦强调五伦的重要性，认为五伦是"自然之准则，生生之本法"（《白鹿洞书院揭示讲义》）。因为君臣之义是吾伦之根本，为此闇斋非常重视正名分。他重正名的用意在于强调臣事君的忠贞不贰、纯粹无杂的忠诚。正名的结果必然是对"正统"的阐述。所谓"正统"，就是儒家的"君君、臣臣、父父、子子"纲常名教。闇斋主张倡明伦、重正名、论正统的结果，使得朱子学的伦理道德之理深入人心，它不仅成为日本近世以来武士献身的道德，而且还成为对德川幕末勤王思想产生极大影响

[①] 朱谦之：《日本的朱子学》，第296页。

的《靖献遗言》①的滥觞。同时对于日本民族忠君爱国性格的形成，也具有深刻作用。

第二个方面是提倡"敬义内外"说。"敬义"是山崎闇斋思想特征的一个重要标识。日本当代著名学者子安宣邦在评价山崎闇斋的学问方法时说："闇斋将自家的学问方法强调为'祖述'和'体认'。所谓'祖述'，正如《年谱》中'学朱子而谬，与朱子共谬也'一语所显示的那样，是以对师的人格式倾倒为基础的学问继承。所谓'体认'，指的是排除单纯的语句训诂和注释式理解，以体得实践和主体之学。体现闇斋及其学派独特性格的'日本朱子学'，于是乎得到确立。"② 关于闇斋的"祖述"如前所述。关于闇斋的"体认"，则充分表现在他所提倡的"敬义"思想方面。山崎闇斋认为中国元明理学家只是将朱子学作为纯学术来研究，而不付诸实行。为了从切身的实感中、从生活日用间体认、践履朱子学的伦理道德之理，根据《易传》的"敬以直内，义以方外"的思想，提倡"敬义内外"说。闇斋视"敬义"为自己的座右铭。如他作《座右铭》云：

惩怒窒欲，惟德惟力；敬义夹持，是仁之则。③

他在《藏柱铭》中又云：

敬以直内，义以方外。敬义夹持，出入无悖。④

---

① 《靖献遗言》为浅见䌹斋所作，主要内容是对屈原、诸葛亮、文天祥等人事迹的评论，以此宣扬勤王忠义精神。
② [日]子安宣邦：《江户思想史讲义》，第42页。
③ 《山崎闇斋全集》下卷，日本古典学会本，第821页；载朱谦之《日本的朱子学》，第302页。
④ 《山崎闇斋全集》上卷，第53页；转录载朱谦之《日本的朱子学》，第302页。

这表明闇斋将"敬义"作为实践道德的根本原理和基本功。山崎闇斋的两位高足对"敬"也非常重视。如佐藤直方在谈到"居敬"时说：

> 敬者，吃紧着力，堂堂端坐之意也。敬而端坐者，唯心静身谨，方能身心收敛。是居敬之根本也。①

这里，佐藤直方从实践工夫方面讲了"居敬"的要义。浅见䌹斋则提出了"万事唯敬"。他说：

> 毋庸赘言，所谓敬者，离开日用孝悌，无从谈起。万事唯敬……不参杂余事。不拘日用如何，克己也罢，穷理也罢，此果心法一术之心法。亦可依此对克己、穷理者做出评议，诸如评议齐家、事亲、治国者。此道一以贯之，克己是敬，究理是敬，治家治国者无非是敬，至极处，不杂余事。日用全备，一生处己之旨，尽在《敬斋箴》矣。②

这里，浅见䌹斋将"敬"推到了极致。从日用杂事到克己穷理，从齐国到事亲再到治国，无不以"敬"一以贯之。这就是他的"万事唯敬"思想。佐藤直方和浅见䌹斋关于"敬"学说的思想都是对山崎闇斋"敬"学说的发展。因为闇斋认为"敬包身心"，敬不能只是心上工夫，更重要的是身体力行。这就强调了行敬、居敬的实践性。为此，他将"义"解释为"笃实"，这就进一步突出了道德的实践性。在这一思想指引下，闇斋将《易传》的"内"指"心"，"外"指"身"的观点，修正为"内"指"身"，"外"指"家、国、天下"。这样，"敬内"就是"修身"，"义

---

① ［日］子安宣邦：《江户思想史讲义》，第50页。
② ［日］子安宣邦：《江户思想史讲义》，第56页。

外"就是"治国"。如他在《朱书抄略后》中说：

> "敬以直内，义以方外"八个字，一生用之不穷。朱子岂欺我哉！《论语》"君子修己以敬"者，敬以直内也；"修己以安人，以安百姓者"，义以方外也。孟子"守身守之本者"，敬以直内也；"君子之守，修其身而天下平者"，义以方外也。《大学》"修身"以上，直内之节目；"齐家"以下，方外之规模。明命赫然，无有内外，故欲明明德于天下也。《中庸》九经"修身也，尊贤也"。此直内之事，其余则方外之事也。……夫成己内也，成物外也，是故程子曰："敬以直内，义以方外，合内外之道也。"又曰："敬义夹持，其上达天德自此。"夫八字之用不穷如此，朱子不欺我矣！①

闇斋之所以作这一修正，是为了突出人的自主能动性，强调道德的笃实性。他认为身联系着五伦和五常，只有在日用实践中进行居敬锻炼，才能积累正义的道德行为，才能以义正家、国、天下。这里，闇斋强调了道德之理的笃实信念和实践道德的重要作用。闇斋非常欣赏自己赋予新意的"敬义内外"说，故另起一名为"山崎敬义"。日本已故著名学者冈田武彦认为：如果说周子以太极、邵子以数理、张子以太虚、程朱以理气、陆子以心、阳明以良知为学术宗旨，而各为一派的话，那么闇斋则以"敬义"为其学术宗旨，而为"敬义"派。② 将朱子学伦理道德之理向着实践伦理主义方向发展，成为崎门学派的一大特色。

第三个方面是创立垂加神道。山崎闇斋在把朱子学伦理道德之理实践化的基础上，进一步神学化，创立了神理合一的"垂加

---

① 《山崎闇斋全集》上卷，第90页；载朱谦之《日本的朱子学》，第302—303页。
② 参见[日]冈田武彦《江户时期的儒学》，东京：木耳社1982年版，第16页。

神道"。"垂加"二字意为：

> 神垂以祈祷为先，冥加以正直为本，此神托出《镇座传记》《宝基传记》《倭姬世记》。嘉（即闇斋）自赞：神垂祈祷，冥加正直。我愿守之，终身勿忒。①

他根据"土金之传"是儒家伦理道德，天地、阴阳、人道都生于土金的道理，将"敬"释为"土"、"义"判为"金"，认为神道的根源亦在于此。闇斋作诗云：

> 理气凝来一寸心，
> 寸心敬守莫相侵。
> 莫相侵去入神道，
> 神道家源在土金。②

这表明他将神道教与儒家伦理结合在一起。"理气"凝为"心"，心以"敬"相守而不能侵，最终"心"与"神"相结合，这就是入"神道"。这表明闇斋认为"理"为"心"、"心"为"神"。他的另一首诗中对此作了更明确的表白：

> 永言神妙在心根，
> 敬直义方道尚尊。
> 俯仰乾坤惟一耳，
> 更于内外示宗源。③

---

① 《山崎闇斋全集》上卷，第4页；载朱谦之《日本的朱子学》，第306页。
② 朱谦之：《日本的朱子学》，第306页。
③ 《山崎闇斋全集》上卷，第50页；载朱谦之《日本的朱子学》，第305页。

这是说当"神"与"心"为一时，才能达到最理想的"敬义"道德境界。所以，道德之"理"与"心"同。闇斋进一步将朱子学伦理道德之理视为日本神道中的本源神国常立尊，其他诸神都是这一理（本源神）的具体体现。"理"产生"神"，"神"体现"理"，这就是神理合一的垂加神道的根本内容。《先哲丛谈》三引闇斋的话说：

> 伊奘诺尊伊奘册尊顺阴阳之理，正彝伦之始，嗣之天照大神，以三种神器治海内。夫神者天地之心，人者天地之神物，盖天人惟一，而其道之要在土金之敬而已。土即敬也，土与敬倭训相通，而天地之所以位，阴阳之所以行，人道之所以立，皆出自此。①

闇斋认为神为天地之心，人是天地之神物，这就是"天人惟一"。而此道在土敬之理。所以，天地之位，阴阳之行，人道之立，都出自此道，这就是山崎闇斋的神儒合一的垂加神道。崎门学派就是这样将朱子学道德之理向着神学主义方向发展的。

日本朱子学的主观道德理派使道德之理实践化、主观化，成为日本武士道德的标准和日本国民忠君爱国的品德；而他们神学化的道德之理，最终走上了神儒合一的道路，成为德川时代最具影响力的神道教。

之所以称日本朱子学是"偏离朱子的朱子学"是因为从日本朱子学的开创者藤原惺窝和林罗山始起，他们在信奉、宣传朱熹思想的同时，还广泛吸收儒家各派各学，持一种不执着于朱熹思想的学问观。这种观点成为他们所开创的日本朱子学的根基，由此日本的朱子学者大多都对学问抱一种自由、折中、开放的态度。

---

① 《先哲丛谈》第3卷，第1—2页；载朱谦之《日本的朱子学》，第305—306页。

无论是日本朱子学中的客观经验理派还是主观道德理派都是如此，只不过他们是从不同的方向"偏离"了朱熹思想。如客观经验理派在强调朱子学的"格物穷理""格物致知"思想的指导下，朝着实践性、事功性、知识性方向发展，对日本社会的发展产生了一定的影响。而主观道德理派在凸显朱子学的道德之理的基础上，向着道德实践主义和神学主义方向发展，对日本国民的忠君爱国思想的形成，起到了一定作用。

第三节 化"道"为"用"的古学

日本古学派化"道"为"用"的理论思想最能体现日本儒学"化体为用"的特点，充分体现了日本文化与日本民族的心理特点。日本古学派的主要代表有古学派的先驱山鹿素行、古学派的重要代表伊藤仁斋和古学派的另一位重要代表荻生徂徕。

日本古学派形成于德川时代中叶。自17世纪始，日本就处于德川幕府的封建统治之下。德川幕府明令划分社会为"士（武士）、农、工、商"的所谓"四民"等级。"士"属于统治阶级，农、工、商是被统治的平民，上下尊卑，等级森严。为巩固这严格的封建等级秩序，日本朱子学在幕府保护下，占据着特殊的独尊地位。但到了18世纪享保期（1716—1735）以后，随着商业高利贷资本的生长并侵入农村，使农村经济衰落，农民起义频繁。由此引起德川幕藩制在政治上、经济上的动摇和崩坏，封建主义逐渐瓦解，近代思想从封建思想体系中滋生并发展起来。这首先表现在学术思想上的分化，即古学派与正宗朱子学的对立。

古学派在政治上代表被闲置的贵族和中小地主阶级，与占掌权地位的幕府官方势力相对而言，属于在野的民间势力。因此，面对居统治地位的朱子学，它只有求助于中国的古代圣贤，借用他们的名字、口号、服装，以便穿着这种久受崇敬的服装，用这种借来的语言，演出世界历史的新场面。所以，古学派是一个以古代经典为依据的哲学派别，企图以复古的名义，从朱子学一统天下中解放出来。名为复古，实为革新。

日本古学派的主要代表是山鹿素行、伊藤仁斋、荻生徂徕。中日学术界普遍认为他们之间无任何师承关系，也无特殊的联系，只是由于他们都在提倡古典学说的旗帜下，以经世致用之学反对朱子学的义理之学，才将他们包括在"古学派"的名称之下。笔者认为古学派的三位重要代表人物拥有一个重要的共性，就是主张将"道"形而下化。

关于古学思想的学脉来源，日本古学派不像日本朱子学那样单一，直接来自朱熹思想，而显出较复杂的情况。对此，中日学者有种种不同的解释。如中国学者朱谦之、衷尔钜、王守华、卞崇道等都认为日本古学派受到中国明代吴廷翰思想的影响，日本学者永田广志也持同样看法。① 但井上哲次郎等认为这种观点是一种诬妄。② 朱谦之还提出古学派的荻生徂徕与颜李学派极相似的观点。③ 中国学者王家骅针对日本学者将古学派与中国清代戴震相比较而提出了新的观点，认为古学派应与中国明清之际的顾（炎武）、黄（宗羲）、王（夫之）相比较。④

笔者认为日本古学派的思想来源与明末流寓日本二十余年的朱舜水有直接的关联。在《朱舜水集》中载有他直接或间接写给

---

① 参见朱谦之编著《日本的古学及阳明学》，第9—10页；衷尔钜《吴廷翰哲学思想》，人民出版社1988年版，第170页；王守华、卞崇道《日本哲学史教程》，第93页；[日] 永田广志《日本哲学思想史》，商务印书馆1978年版，第36页。
② 参见 [日] 井上哲次郎《日本古学派之哲学》，东京：富山房1902年版，第199—202页。
③ 参见朱谦之编著《日本的古学及阳明学》，第14页。
④ 参见王家骅《日中儒学的比较》，第234页。他说："在日本学者中，认为日本的古学与中国清代的考证学，特别是伊藤仁斋和清代学者戴震相比较的观点较多。……但我认为日本古学与顾、黄、王的学术思想和治学方法非常相似，他们的共同点，第一是对宋儒理论的批判，第二是对古典解释的方法，很相似。"

古学派三位代表人物的信函。朱舜水对日本古学派的影响，表现在三个方面。

第一，提倡古学。朱舜水认为朱子学崇尚玄理，是导致国家崩溃的重要原因，所以他竭力斥朱子学，而大张孔孟古学。第二，提倡经世致用。朱舜水的学术思想以"实践实学"为标志，反映在学风上就是主张经世致用之学。这种学风深刻地影响了日本古学。第三，提倡"道在彝伦日用"。朱舜水针对朱子学的"天理"说，提倡"道在彝伦日用"，即指实实在在的具体事物的理、具体事物的道。在此思想影响下，日本古学者提出了"道""气"等具有古学特色的范畴。

山鹿素行被称为古学派的先驱，之后古学派分为两大主流学派：即由伊藤仁斋开创的崛川学派（古义学派），主要代表有伊藤东涯等；另一学派即由荻生徂徕开创的萱园学派（古文辞学派），主要代表有太宰春台等。

一 山鹿素行的道论

山鹿素行（1622—1685）名高与，字子敬，号素行，陆奥（今青森）会津人。素行以品学卓越而冠绝古今，又以洽闻强识，通达干练而声震朝野。自王侯至庶人，出入于门者，日数十百人，称其门人者，殆四千有余。

据《先哲丛谈》记载，他6岁进私塾，8岁能背四书五经，9岁从林罗山学朱子学，才华出众，有神童之称。在研究朱子学的过程中，他认为程朱的持敬工夫埋没人才，滞息社会，不足以救世。于是，由偏袒程朱转向质疑程朱。40岁以后，有疑于理气、心性之说，宽文六年（1666）春，著《圣教要录》三卷和《山鹿语类》四十三卷，刊行于世。素行非斥程朱，辩驳排诋，无所忌惮，其意盖在于讽刺崇奉宋学者。当时世人，由王侯到庶人，尊信程朱为神明。山鹿素行对朱子学的批评使他获罪，被幽禁于播州赤穗整十年。为此，朱舜水对他很尊崇，特意作《子敬箴——为山鹿素行轩作》。舜水称赞素行说：

> 问学如何？征乎素行。
> 素行如何？希贤希圣。
> 匪敢僭逾，勉承来命。
> 尧舜可为，人皆此性。
> 儒道非难，养至德盛。
> 懿美内涵，闻望外令。
> 文武张弛，维人无竞。
> 温恭诚允，端庄静正。
> 不在他求，是在子敬。①

朱舜水称赞素行是一位文武双全、温恭诚实、弘扬古学的"希贤希圣"。

朱舜水对朱子学的批评对素行有一定的影响。井上哲次郎曾在《日本古学派之哲学》中引松宫观山的话评价素行是日本破理学之魁。文中写道：

> 有甚左卫门山鹿子者，出自我先师之门而成家，著《圣教要录》，梓行于世。非陆也，非朱也，此方破宋学者，素行子其嚆矢也。世人皆以原佐藤子（即伊藤仁斋）为破理学之魁，不知素行子在其前也。②

山鹿素行对朱子学的批评，矛头首先指向朱子学的基本核心范

---

① 《子敬箴》，《朱舜水集》卷二十，第 578 页。
② 参见［日］井上哲次郎《日本古学派之哲学》，东京：富山房 1902 年版，第 58 页。

畴——理气。在理与气的关系上，朱子学主张"理先气后"说。对此，素行提出了"气一元"论和"理气妙合"说。

例如素行在《山鹿语类》和《圣教要录》中说：

1. 理的性质是条理。不论多么小的事物，都有理，这就是一物有一物之理。宇宙间不存在一个统一的理。①

2. 凡理与气对，有此气则有此理，有此理则有此气，不可论先后。②

3. 上天无形象，惟一气而已。③

4. 盈天地之间以为造化之功者阴阳也，阴阳者天地人物之全体也。互消长往来屈伸，生生不息。④

5. 天地者，阴阳之总管也。而阴阳者，天地之所以为天地也。⑤

6. 天地生生不息，唯自强不已也。复之见天地之心，终而复始，无始终也。⑥

上述第一条语录表明素行认为所谓"理"就是具体事物的条理、规律、性质。他否认朱子学所说的宇宙间存在一个作为本原的形而上的"理"。在否定了"理"是先验的、形而上的基础上，关于"理"与"气"的关系，素行持两种观点。一是认为"理气妙合"。如第二条语录所讲有此理，则有此气，有此气，则有此理，二者相对而不可论先后。二是讲"气一元"论。如第三条语录说

---

① 《山鹿语类》第36卷，《日本的名著·山鹿素行》，东京：中央公论社昭和五十年版，第438页。
② 《山鹿语类》第36卷，《日本伦理汇编》，东京：东京育成会明治四十一年六月版，第4册，第351页。
③ 《山鹿语类》第40卷，《日本伦理汇编》，第4册，第477页。
④ 《圣教要录》卷中，《日本伦理汇编》，第4册，第23页。
⑤ 《山鹿语类》第40卷，《日本伦理汇编》，第4册，第471页。
⑥ 《圣教要录》卷中，《日本伦理汇编》，第4册，第24页。

的，宇宙只是一元气而已。同时，素行认为生生不息的阴阳之气是万物生生不息的终极原因。所以，阴阳之气动而不息，妙合而凝为天地人物。这就是第四、五条语录的内容。第六条语录表明素行从气之生生不息的观点出发，认为阴阳之气无始无终、生化流行，所以天地亦无始无终。以此反对邵雍"天地以十二万九千六百年为一元"的天地有始有终说。素行还从气之生生不息的观点出发，反对宋儒"无极而太极"的说法。素行认为阴阳之气相根相因、气化流行的结果，使太极者象数已俱，人人共见。所以，以"无极而"三字居太极之上，有悖于圣人之原意。这实际上是以生生不息之"气"为宇宙本原的观点，反对朱子学以"理"为本原的说法。

宋儒好言"理"，素行好言"道"。他认为古人只言"道"，而宋儒专言"理"，这是去圣人之教，贵清谈之风。其实，理可思可言，道可言可行。何谓"道"？素行在《圣教要录》中说得很明白：

> 道者，日用所共由当行，有条理之名也。天能运，地能载，人物能云为，各有其道，不可违。道有所行也，日用不可以由行则不道。圣人之道者，人道也；通古今，亘上下，可以由行也。若涉作为造作，我可行，彼不可行；古可行，今不可行，则非人之道，非率性之道。
>
> 道名从路上起，人之行必有路，大路者都城王畿之路，而马车可通，人物器用可交行，天下之人民，各欲出其路。[1]

这段语录讲了三层意思。其一是说所谓"道"就是日用所行之路，如天运、地载、人行等，各有其道是不可违逆的。因此，道有条

---

[1] 《圣教要录》卷中，《日本伦理汇编》，第4册，第20页。

理之名。所以，有所行才为道，不可行则不为道。素行的意思是强调"道"就在日用之中，就是行之路。

其二是强调圣人之"道"为人道。作为圣人之道的人道是通古今、亘上下，可以行的。否则，作为造作之道，则非人道。素行的意思是将高高在上的圣人之道作为我可行，你也可行，古可行，今也可行的日用间的人之道。为了强调圣人之道就是人之道，就存在于日用事物之中，他还在《山鹿语类》中更明确地说：

> 圣人所志之道者，人道也。……故道者，究尽其极，止其至善，行其实地大路，是圣人之道也。不在作为造设，不在取外索远。①

这里，素行再次强调圣人之道不是高深不可企及的，它的最高境界就是善，如同行走在大路上一样，是实实在在的，不是作为造设，也不是取外索远。

其三是举例说明"道"就犹如行走之"路"。人行走要有路，大都城有大路，马车可以行，天下之人都可以走，这路就是道。这就是道名从路上起。素行这样以路喻道的意思就是再次强调"道"的具体性、实用性。也就是说山鹿素行强调的是"道"的形而下性。具有这种性质的"道"，在素行的《山鹿语类》中还有许多条论述。比较典型的论述有：

> 1. 有天地则有天地之道，有人则有人之道也。物之外无道之语，尤得当。②
> 2. 圣人之教，悉就这形气论出，形气之外有道之可言，是非圣人之学。天地也，人物也，各形气之器，而道惟在这

---

① 《山鹿语类》第36卷，《日本伦理汇编》，第4册，第339—340页。
② 《山鹿语类》第36卷，《日本伦理汇编》，第4册，第343页。

里来也。①

第一条语录讲的是天地宇宙间人人、物物、事事皆有其道，"道"在"物"之内，也就是说"物之外无道"这句话说得很中的、很正确。人类按人之道行事，如修身、齐家、治国、平天下；事物按物之道运作，如春→夏→秋→冬四季交替，日→夜黑白更换等。这就表明了道在物中，物外无道。素行的这一思想与其主张的"气一元"论相契合。第二条语录表明素行认为宇宙间唯一气而已，宇宙、天地、人类、事物，悉就这形气论出，而道唯在形气之中，形气之外无道。气是具体的、实际的、形而下的，所以道亦存在于天地运行之中、人物日用之间。

"道"在朱子学中具有形而上的性质，它是事物的本体和本原。而"道"在山鹿素行的思想中是道在日用之间，道不离事物，它只是天地运行、事物运作的条理。这就将作为本体的、形而上的道化为实用的、形而下的道。这是山鹿素行道论的基本内容。

山鹿素行的这种具有形而下性、实用性的"道"思想还体现在日本"士道"论之中。山鹿素行不仅是一位倡古学的儒学者，而且还是一位兵学家。他完成了以"道的自觉"为基本内容的"士道"论。

日本学者相良亨将近世的日本武士思想分为"士道"和"武士道"两类。如他说："近世之武士思想，有以道之自觉为核心的士道与以死的觉悟为核心的武士道两种。"② 相良亨以山鹿素行提倡的"道的自觉"为"士道"论，以山本常朝（1659—1719）主张的"死的觉悟"为"武士道"论。③

---

① 《山鹿语类》第36卷，《日本伦理汇编》，第4册，第349页。
② ［日］相良亨：《武士的思想》，东京：ぺりかん社1984年版，第74页。
③ 参见张昆将《德川日本"忠""孝"概念的形成与发展》，台北：乐学书局2003年版，第171页。

日本镰仓、室町时代的武士提倡临战时应"忘我""忘亲""忘家"的献身思想。因而,有的学者认为以忘我献身为主要内容的镰仓、室町时代的武士道是"死的觉悟"的武士道。进入江户时代(1603—1868)后,武士的社会机能与生活方式都发生了重大变化。江户幕府统一日本后,出现了较长的和平时期。幕府统治者为巩固统治,实行"兵农分离"和严格的士、农、工、商四民等级制。武士们作为最高等级的"士",大多离开农村领地住进城市过寄生生活。他们的主要职能不再是战斗员,许多人成为行政官僚。由于武士社会职能与生活方式的变化,以往"死的觉悟"的武士道已不适用。为此,幕府第一代将军德川家康和一些儒者都曾努力创立新的武士道理论。而对于创立新的武士道理论贡献最大的人还是山鹿素行。

山鹿素行曾著有《武教小学》《武教本论》《武教要录》等,在《山鹿语类》中也有关于武士道德方面的论述。如他在《山鹿语类》中的《士道篇》中讲:武士应知自己的"职分"。关于武士的"职分",素行说:"凡所谓士之职,在于省其身,得主人而尽效命之忠。交友笃信,慎独重义。然而己身有父子、兄弟、夫妇等不得已之交接,此亦天下万民悉不可无之人伦。而农工商因其职无暇,不得经常相从以尽其道。士则弃置农工商业而专于斯道。三民之间苟有乱伦之辈,速加惩罚,以待正人伦于天下。是故士必须具备文武之德知也。"其中实际规定了武士的两大职分:一是要像过去一样,对主君尽忠;二是应自觉地实践"人伦之道"。为完成武士的职分,山鹿素行还主张要"立本""明心术""自省""详威仪""慎日用"等。所谓"明心术"和"自省"就是要加强内心的道德修养,"详威仪"和"慎日用"则是要严守日常生活中的种种礼仪。山鹿素行还对"明心术"和"详威仪"的内容作了许多详细的规定,如"慎视听""慎言语""慎容貌"

"节饮食之用""明衣物之制""严居宅之制""详器物之用"等。[①] 山鹿素行的这种"道的自觉"的"士道"论强调武士要在日用生活人事之间自我修养、提高觉悟，也就是说他强调的是一种人伦之道。这种人伦之道讲的是"道"的实用性和实践性。其实质突显的是"道"的形而下性。

二 伊藤仁斋的道论

伊藤仁斋（1627—1705）名维桢，号仁斋，又号古义堂。其书室名"诚修"，故又叫作伊藤诚修。他是日本古学派的创始者。因为仁斋在京都崛川办学，故他开创的古学又称为"崛川学派"；又因为仁斋的住所叫"古义堂"，所以他的古学也被称作"古义学派"。

据《先哲丛谈》记载：仁斋自幼颖异挺拔，是位异群儿。他一生主要在京都崛河家塾收徒讲学，长达四十年之久，受教育者多达三千人，被誉为一代儒宗，使天下学者四面来归之。在学术宗旨上，仁斋青年时代笃信朱子学，中年以后逐渐放弃宋学而倾向古学。

仁斋之所以能放弃朱子学在中年后开创古学，是因为他受到了朱舜水"实学"思想的影响。最初，伊藤仁斋从朱舜水的弟子安东省庵那里知道了朱舜水，颇有从学之意。于是，仁斋给安东省庵写信说：

> 承闻明国大儒越中朱先生，躬怀不帝秦之意，来止长崎。……闻先生近以亲藩之招，将赴于武城（指武藏，即今东京、崎玉县一带），仆又欲竢侍养有人，德从先生于武城，不知先生许之否？若获为仆言之于先生，实大幸也，至恳

[①] 参见王家骅《儒家思想与日本文化》，第301—302页。

至恳。①

信中表达了伊藤仁斋向朱舜水求学的诚恳心情。但在当时，由于仁斋主治朱子学提倡的"心性之学"，与朱舜水主倡的"实践实学"相抵牾，故朱舜水曾复信安东省庵，对仁斋的求学之意力辞再三。朱舜水与安东省庵书写道：

> 伊藤诚修学识文品，为贵国之白眉，然所学与不佞有异。不佞之学，木豆、瓦登、布、帛、菽、粟而已；伊藤之学，则雕文、刻镂、锦绣、篡组也，未必相合。
>
> 伊藤诚修贵国之翘楚，颇有见解。……彼之所谓道，自非不佞之道也。不佞之道，不用则卷而自藏也。万一世能大用之，自能使子孝臣忠，时和年登，政治还醇，风物归厚，绝不区区争斗于口角之间。……前书所问，以此为己。②

朱舜水的这些话，既是对讲究心性之学的批评，又是对伊藤仁斋的开导和规劝。这诚如梁启超在《朱舜水先生年谱》中所云：

> 安东守约欲介伊藤诚修来见，先生数书止之。……先生于当时日本士大夫皆取"来者不拒"态度，独于此人绝之。如此其亟，殆必有故。先生痛恨晚明讲学家门户主奴之习，其与黄梨洲同县，同在舟山军中，而始终不相闻问，似亦有不愿轻与作缘之意。右与安东守约两札，最足表先生自守之狷介，及其学风之平实真切。③

---

① 《答安东省庵书》，《朱舜水集》附录三，第781页。
② 《答安东省庵书·二十五首》，《朱舜水集》卷七，第162、160、167页。
③ 《朱舜水先生年谱》，《朱舜水集》附录一，第697—698页。

正是在朱舜水这种平实真切学风的开启下，仁斋的学术思想发生了重要变化，他怀疑宋儒之学与孔孟之旨不同，于是开门讲学，挂孔子像于壁，鞠躬致拜。他认为《论语》是"最上至极宇宙第一书"，抬高《论语》和《孟子》而贬低朱子学者最为重视的《大学》和《中庸》。[1] 因为仁斋认为《论语》表明了人之日常生活方式为"实"，他是近世第一个明确作此理解的学者。但是，在发现"实"就存在于人的日常生活中之前，仁斋曾经历了一个漫长的苦斗过程。正是这番苦斗的过程，使他转向对朱子学的批判，并最终成就了他的古义学。[2]

伊藤仁斋在三十七八岁时，迎来了人生的一个巨大转机。他从"语孟"二书中发现了"古义"之学。据其自述，当于"熟读精思语孟二书，使圣人之意能了然于心目间焉"[3]。仁斋先后撰写了《论语古义》《孟子古义》《语孟字义》和《童子问》，由此完成了他的古学思想体系。

伊藤仁斋的古学思想体系由气论和道论两部分内容构成。

（一）伊藤仁斋的气论思想

伊藤仁斋的气论思想受到中国明代主气论者吴廷翰气学思想的影响。例如江户时代的日本学者太宰春台的《圣学问答》、尾藤二洲的《正学指掌》、太田锦城的《九经谈》、多田义俊的《秋斋闲话》、那波鲁堂的《学问源流》等，都认为伊藤仁斋的气学思想得益于吴廷翰的思想，唯有山县周南持否定说法。进入明治时代以后，井上哲次郎和大江文城等人也持否定说。但中国学者如衷尔钜在《伊藤仁斋对吴廷翰哲学思想的发展》（《中州学刊》1983 年 1 期）一文中指出，伊藤仁斋的气学思想曾受到吴廷翰的

---

[1] 参见王家骅《儒家思想与日本文化》，第 132 页。
[2] 参见［日］子安宣邦《江户思想史讲义》，第 68 页。
[3] ［日］子安宣邦：《江户思想史讲义》，第 78、79 页。

影响，但其成就却比吴廷翰高。而且，伊藤仁斋的门人中江岷山祖述师说的《理气辨论》中，有四处直接引用了吴廷翰的著作。由此可以推测仁斋在教授门人时确曾言及吴廷翰思想。①

伊藤仁斋关于气学思想的论述主要集中于《语孟字义》和《童子问》中，最具代表性的论述有以下五条：

> 1. 盖天地之间，一元气而已。或为阴，或为阳，两者只管盈虚消长往来感应于两间，未尝止息。此即是天道之全体，自然之生机，万化从此而出，品汇由此而生，圣人之所以论天者，至此而极矣。②

> 2. 何所谓天地之间一元气而已耶？此不可以空言晓。请以譬喻明之。今若以此六片相合作匣，密以盖加其上，则自有气盈于其内。有气盈于其内，则自生白醭，既生白醭，则又自生蛀蟬，此自然之理也。盖天地一大匣也，阴阳，匣中之气也。万物，白醭蛀蟬也。有匣则有气，无匣则无气。故知天地之间，只是此一元气而已矣。③

> 3. 故知天地之间，只是此一元气而已矣。可见非有理而后生斯气，所谓理者，反只是气中之条理而已。夫万物本乎五行，五行本乎阴阳，而再求夫所以为阴阳之本焉，此不能不必归之于理，此常识之所以必至于此不能不生意见，而宋儒之所以有无极太极之论也。……大凡宋儒所谓有理而后有气，及未有天地之先，毕竟先有此理等说，皆臆度之见，而画蛇添足，头上安头，非实见得者也。④

> 4. 理本死字，在物而不能宰物，在生物有生物之理，死

---

① 参见王家骅《儒家思想与日本文化》，第133—134页。
② 《语孟字义》卷上，《日本伦理汇编》，第5册，第11页。
③ ［日］子安宣邦：《江户思想史讲义》，第90页。
④ 《语孟字义》卷上，《日本伦理汇编》，第5册，第12页。

物有死物之理，人则有人之理，物则有物之理。然一元之气为本，而理则在于气之后，故理不足以为万化之枢纽也。①

5. 圣人以天地为一大活物，异端以天地为死物，此处一差，千里之缪。盖天之所以为活物者，以其有一元之气也。一元之气，犹人之有元阳，饮食言语，视听动作，终生无息，正为其有元阳也。若元阳一绝，忽为异物，与木石无异。惟天地一大活物，生物而不生于物，悠久无穷，不比人物之有生死也。②

仁斋的上述五条语录主要表达了四层意思。其一，天地之间，一元气而已。仁斋在《语孟字义》中开篇就说：天地之间只有一元之气，即阴气和阳气。阴阳二气此盈彼虚、此消彼长、此往彼来，从未间断。阴阳二气如此运动，就是自然之生机；其结果，就是万化出、品汇生。为什么说天地间唯有一元之气呢？

仁斋在第二条语录中作了一个生动比喻，深入浅出地阐明了"天地间唯一元气"的真意。仁斋将天地比作"一大匣"，即拿六块板子做成一个匣子，再紧紧地盖上盖子，匣子中充满了"气"。在这一密闭的空间中，慢慢生出霉菌，而后又会生出小虫子。这里，匣子是天地之喻，匣子中的"气"是阴阳。由于阴阳之气的运动，生出霉菌、小虫子。这一比喻深刻揭示了天地就是一大匣，阴阳之气即匣中之气，万物即霉菌、小虫。所以，"气"是"无所从而生，无所从而来"的，"有匣则有气，无匣则无气"。有宇宙，便有一元之气；它无所生，无所来；气的往来运动，造就了万物。因此，气与天地同在。"气"本身就是宇宙的本体，气本身亦是宇宙的根源。所以，在"气"之外再去寻找所谓宇宙的本体，宇宙的根源的形而上思维是错误的。这就是"天地之间，一元气

---

① 《童子问》卷中，第68章，《日本伦理汇编》，第5册，第131页。
② 《童子问》卷中，第67章，《日本伦理汇编》，第5册，第130—131页。

而已"的真意。①

其二，气之分化、流行、对待，使万化出、品汇生。仁斋在第一、二条语录中指出：阴阳之气浩浩荡荡，两者盈虚、消长、往来，不肯滞息，如同流水永流不止。这表明元气充塞宇宙，在时间和空间上无限存在，无生无灭，无消无息。所以，气化流行、生生无穷，是一元之气的存在状态。在气之生生无息的气化过程中，天地间的万事万物由此产生，这就是"万化出""品汇生"。如同大匣子中由于"气"的作用，产生了白醭、蛀蟫一样。这表明仁斋认为天地间万事万物产生的真正原因是"气"的运动即气化的结果，也就是说在"气"往来不已的运动层面上，并不存在"根源"性的道理，也不存在使"气"运动的"始源"性的究极之处。仁斋宣称，在圣人的言语当中，找不到围绕关于"气"运动的诸如"始源""根源"那样的形而上言辞。②

其三，理为气之条理。在朱子学中，"理"范畴的内涵较丰富，在本章第二节中已有论述。朱子学在某些情况下，也认为"理"为事物的规律、规则等，但一般情况是将"理"视为宇宙的本原，即视"理"为形而上者，为形而下"气"的主宰。这种理论是伊藤仁斋坚决反对的。他在第三、四条语录中对这种观点进行了分析和批评。伊藤仁斋从他的理论基础——"天地之间，一元气而已"出发，指出万物出自五行，五行出自阴阳之气，而如果非要寻找所以阴阳之气者，那就会陷入先有理后有气，未有天地之前先有此理的说法。这种视"理"为形而上终极根源的思想，就如同画蛇添足，头上安头。那么，"理"是什么呢？仁斋指出：所谓理，只是气中之条理而已，这就是说"理"就是万物中的规律、规则等。由此表明"理"在物中即在"气"中。理在气中，只能作为物的规律、规则呈现出来，这就是"在物而不能宰

---

① 参见［日］子安宣邦《江户思想史讲义》，第90—91页。
② 参见［日］子安宣邦《江户思想史讲义》，第89页。

物"。因为生物有生物之理,死物有死物之理,人有人之理,物有物之理。死物之所以为死物,生物之所以为生物,物之所以为物,人之所以为人的根源在于"气"的生化流行,这就是以"一元之气为本"。在这重意义上,仁斋称"理本死字","理不足以为万化之枢纽",意为理不是形而上的万物产生的根源。

其四,天地为一大活物。"天地为一大活物"说是伊藤仁斋气论思想的理论核心。宇宙之间只有一元之气,大化流行,未尝止息。气化流行是气自身的一种机能,宇宙万物是一元之气生化流行的结果。正是在一元之气盈虚、消长、往来、感应而使宇宙万物得以生生化化、永不止息的基础上,仁斋讲"天地为一大活物"。仁斋的"天地为一大活物"论也是为了批评朱子学将"理"规定为宇宙万物之所以产生的形而上的根源的观点。朱子学也讲气的生化流行,但更强调"理"是"气"所以生化流行的形而上根源。仁斋指出,"理本死字","在物而不能宰物",理"不是万化之枢纽",因为万物由"气"而出,品汇由"气"而生,宇宙间不存在形而上的终极根源。伊藤仁斋"天地一大活物"论的实质是批评朱子学将"理"视为宇宙本原的形而上观点,而提倡形而下"气"的作用、功能、价值。

(二)伊藤仁斋的道论思想

伊藤仁斋关于"道"的理论逻辑继承了他对于"气"的论述方式,一方面批评朱子学关于"理"的形而上性;另一方面力挺"气"的功用,主张"天地之间,一元气而已",在"气"的大化流行之中,产生了宇宙万物,因此"气"为"万化之枢纽"。本着这一思路,仁斋的道论亦建立在他的"气"学基础之上。

关于何谓"道"?仁斋解释说:

> 道犹路也。人之所以往来通行也。故凡物之所以通行也,

皆名之曰道。其谓之天道者，以一阴一阳往来不已，故名之曰天道。《易》曰："一阴一阳之谓道。"其各加一字于阴阳之上者，盖所以形容夫一阴而一阳，一阳而又一阴，往来消长，运而不已之意也。①

子安宣邦认为仁斋这一解释是试图以"道犹路也"这样一个隐喻，来阐明"道"的意义。②所谓"隐喻"，笔者以为仁斋以人和物往来通行的"路"比喻"道"，其意是想说明"一阴一阳"的往来消长、运而不已就如同人和物通行的路，即为"道"；其深意是想以此批评朱熹的"阴阳非道，所以阴阳者是道"的形而上观点。如他说："考亭以为阴阳非道，所以阴阳者是道，非也。"③这就表明仁斋认为"道"就是"一阴一阳的往来不已者"④，而不是一阴一阳往来不已的主宰者，即朱子学所谓的"所以阴阳者"。朱子学认为"所以阴阳者"为"道"，为形而上；而"一阴一阳"的往来运行，为形而下。而仁斋的论述对朱子学的这一经典命题作了一次"反转"。他视"一阴一阳往来不已"为"道"，就使"道"失去了形而上的意义，完成了对"道"的脱形而上学化。

脱去形而上意义的"道"，在仁斋的思想中是什么样的呢？他认为：

> 凡圣人之所谓道者，皆以人道而言之。至于天道，则夫子之所罕言。⑤
> 孟子曰："夫道一而已矣。"夫欲外人伦而求道者，犹捕

---

① 《语孟字义》，见［日］子安宣邦《江户思想史讲义》，第80页引文。
② 参见［日］子安宣邦《江户思想史讲义》，第81页。
③ 载吴震《东亚儒学问题新探》，第207页。
④ 载吴震《东亚儒学问题新探》，第207页。
⑤ 《语孟字义》卷上，《日本伦理汇编》，第5册，第19页。

风捉影，必不可得也。"①

在上述两条语录中，仁斋以圣人孔子和孟子的话表明，他所谓的"道"主要就是指"人道"。"人道"就是人伦日用当行之道，也就是人之所以为人之道。因此，他认为"人外无道，道外无人"。为什么唯有"人道"呢？他回答说：

> 问："何谓人外无道？"曰："人者何？君臣也，父子也，夫妇也，昆弟也，朋友也。夫道者一而已，在君臣谓之义，父子谓之亲，夫妇谓之别，昆弟谓之叙，朋友谓之信。皆由人而显，无人则无以见道，故曰人外无道。何谓道外无人？曰道者何？仁也，礼也，智也。人囿于其中，而不得须臾离焉，离焉则非人也，故曰道外无人。"②

在上述语录中，仁斋从"人外无道"和"道外无人"两个方向解释了为什么只有"人道"。就"人外无道"来说，仁斋指出何谓"人"？"人"就是君臣、父子、夫妇、昆弟和朋友。这些人与人之间的关系靠什么来维系呢？靠的是君臣有"义"、父子有"亲"、夫妇有"别"、昆弟有"叙"、朋友有"信"。而义、亲、信等就是由人而显的"道"。就"道外无人"而言，仁斋讲什么是"道"？"道"就是仁、礼、智等伦理道德。而人与这些伦理道德是须臾不可分离的。而这两个方向实际上都指向了一个问题，即"道"在人伦日用之中，"道"不离仁、礼、智，所以"道"不远人。从道不远人出发，仁斋认为"道"不能脱离人们的世俗生活，就存在于人们的日常行为之间。如他说：

---

① 《童子问》卷上，《日本的名著·伊藤仁斋》，东京：中央公论社昭和五十二年版，第456页。
② 《童子问》卷上，《日本的名著·伊藤仁斋》，第456—457页。

> 信是人道的根本。①

仁斋认为如果不讲信（信义、信用），那么世界连一天都不能存在。因此，"信"作为一种德目，它是人道的根本。

> 祭祀之礼是人道的根本。②

仁斋认为祭祀要有诚意，没有诚意之礼的祭祀，则人道是不完全的。

> 所谓圣人之道，不过就在人们日常生活的道德之中。③

仁斋认为"道"只有一个，就是以"五常"（仁、义、礼、智、信）为首的人们日常的道德纲纪。上述三条语录表明仁斋认为，所谓"道"就存在于人们的道德条目之中。人们所尊奉的儒家的道德纲纪就是"人道"。

> 君子之道，万事通用之道。④

仁斋认为君子之道就是圣人之道。圣人之道存在于人们世世代代的生活之中，温健而中庸，万事通用。这条语录表明仁斋认为"道"能超越古今，永远通用。

---

① 《论语古义》卷一，《日本的名著·伊藤仁斋》，第76页。
② 《论语古义》卷二，《日本的名著·伊藤仁斋》，第89页。
③ 《论语古义》卷二，《日本的名著·伊藤仁斋》，第111页。
④ 《论语古义》卷三，《日本的名著·伊藤仁斋》，第128页。

"道"没有一定的形式。①

仁斋认为"道"不拘泥于一定的形式，它以各种各样的形式存在于各个方面，不受时间和空间的限制。

> 夫道也者，夏葛而冬裘，晨兴而夜寐。虽无吾说，后来固当有知之者，此予之所以自恃而自安也。②

仁斋认为人们夏穿葛冬着裘，朝起夜眠等殊异的形式，都是"道"。上述两条语录表明"道"是不受形式的限制的，如夏有夏衣冬有冬装，晨起夜睡等，虽形式不同，但都是"道"。仁斋认为"道"是超空间和时间的，它以不同的形式存在于人们的日常生活之中，实在而具体。

> 世间的"习俗"（日文为"习惯"）都是"道"，"习俗"之外别无"道"。因此说："君子之道，始于夫妇。"故尧舜让帝位，众人之心相从；汤武征讨桀纣，众人之心相随。因此，众人之心所归即"习俗"。所以，没必要在"习俗"之外去求"道"。外"习俗"而求"道"是异端之流，不是圣人之"道"。③

仁斋认为"习俗"即人们的习惯、世俗等，就是"道"。这表明仁斋认为"道"就存在于人们的世俗社会和生活习俗之中。吴震先生认为"这是仁斋'道论'的终极之论，出彩之处"④。

---

① 《论语古义》卷五，《日本的名著·伊藤仁斋》，第204页。
② 《童子问》卷中，《日本伦理汇编》第73章，第5册，第134页。
③ 《论语古义》卷五，《日本的名著·伊藤仁斋》，第205页。
④ 吴震：《东亚儒学问题新探》，第208页。

由此可以看出，伊藤仁斋道论的主旨在于强调"人道"。他所谓的"人道"，指的就是儒家的伦理道德纲常，指的就是人伦日用当行，指的就是人们的生活习俗和世俗社会。因此，仁斋的"道"是具体的、实在的，是不拘泥于形式的，因而是普遍存在和永久适用的。这样的"道"，没有形而上学的色彩，唯有人间日常生活中真真切切的"实"。这就是伊藤仁斋道论的特色和基本内涵。

三 荻生徂徕的道论

荻生徂徕（1666—1728）名双松，号徂徕，自称物茂卿，江户（今东京）人。他是日本古学派的重要代表者，亦是日本实学的著名学者。

日本学者源了圆认为，日本历史上的"实学"思想大致经历了四个发展阶段，而荻生徂徕以他的政治、经济、学术诸方面的实证思想而成为日本实学思想发展第一时期的重要代表人物。① 可以说，徂徕的"实学"思想间接地受到了朱舜水的影响。虽然在《朱舜水集》中没有朱舜水与徂徕的来往书信及记载，但据朱舜水的弟子安积觉在写给徂徕的信中说：

> 文恭（即朱舜水）务为古学，不堪尊信宋儒，议论往往也不合者，载在文集，可征也。当时童蒙，不能知其所谓古学为何等事，至今为憾。②

由此信可以推测，徂徕对朱舜水及其学术思想不但有所闻，而且在某种程度上还受益于朱舜水。

在日本学术史上，徂徕豪迈卓识，雄文宏词，笼盖一世，加之博览强记，聪颖好学，精力无比，著书宏富，创古文辞的"徂

---

① 参见［日］源了圆《实学思想的谱系》，东京：讲谈社1986年版，第69页。
② 《安积觉》，《朱舜水集》附录五，第819—820页。

徕学"而风靡一世，由此成为开日本学术界一代新风的学者。

日本享保十三年（1728）正月，荻生徂徕辞世，享年63岁。据说，那日大雪纷纷。徂徕当时对身边的人说："海内第一流人物物茂卿将终焉。天亦令此世界为银矣。"徂徕自称是日本"第一流人物"，这与他开创的闻名一世的"徂徕学"有着密切的关系。

何谓"徂徕学"？所谓"徂徕学"即由徂徕开创的日本古文辞学，也就是日本古学中的萱园学派。下面，就"徂徕学"的方法论古文辞学及其核心理论道论进行论述。

（一）"徂徕学"的方法论——古文辞学

中国的典籍和先进的文化在日本中世以前就被引入日本社会。当时无论是中央的大学寮还是地方的国学、私学等各级教育机关，教学内容都以中国儒学经典为主，而教授经典的方法是先"素读"后"讲义"。"素读"就是用汉音诵读经典原文，"讲义"就是以法定的注释解说经文。这种办法，只有具备了相当深厚的中国语言文字修养的日本人才能阅读汉文的经典，这就使汉文化的传播局限在贵族和上层知识分子的阶层。

14世纪初，日本五山禅僧为《四书集注》作了和训。他们创立的汉籍读法成为日本社会中世以后阅读中国文献的新方法。其基本特点是在汉文原著上，按照每一个字的训诂意义，标注上日文假名，这种方法实际上是把"汉文直读"变成了"汉文译读"，从而使汉文程度不高的人们也能理解原著的内容，是日本人汉文化普及史上的一件大事。此后日本人教授、讲解经典时也多采用这种把汉文加以"训读"的方法，就是把汉文颠倒过来，按照日语的语序来读。

这种汉文训读法虽然对普及汉文化有功，但却造成读者根据和训者的解释去理解文献的意思，即经典的原意也许只是和训者的理解，而与原著者相背离。荻生徂徕就指出，这种和训其实是一种翻译，而翻译是译者再创作的过程，无论怎样忠实的翻译都不可避免地会与原文产生各种各样的偏差和误解。徂徕指出：

> 此方学者以方言读书，号曰和训，取诸训诂之义，其实译也，而人不知其为译也……是以和训回环之读，虽若可通，实为牵强。

为了绝对忠实地理解经典，徂徕坚决主张以文本的发音和语调，按照文本的语序来阅读，在写作上也是无论用词还是内容都以模仿为主。也就是把文本的语言当作自己的母语来使用。徂徕自己身体力行，他拜他的学生也是长崎税关唐通事（即汉语翻译）冈岛冠山为师，于1711年组织了中国语讲习会——译社学习汉语，与同好者一起切磋中国语的发音和语法。[①]

荻生徂徕从44岁始专事汉语研究。据他自己说"藉天之宠灵"，知道了中国明代"后七子"的李攀龙（1514—1570）和王世贞（1526—1590）及他们提倡的"古文辞"。

> 不佞藉天之宠灵，得王李二家之书以读之，始识有古文辞。[②]

凭借着天的宠灵，读到了王世贞和李攀龙的著作，开始认识了"古文辞"。这件事决定了徂徕学术志趣的转向。

在中国明代文学史上，出现了一股提倡复古主义的文学运动，以前七子和后七子为其代表，李攀龙和王世贞是后七子的主要代

[①] 以上参见王青《日本近世思想家荻生徂徕研究》，上海古籍出版社2005年版，第27—28页。

[②] 《弁道》第1条，《日本的名著·荻生徂徕》，东京：中央公论社昭和四十九年版，第101页。

表人物。这场复古运动的重心，就是七子提出的"文必秦汉，诗必盛唐，不读宋以后之书"的口号。其中的"文必秦汉，诗必盛唐，不读宋以后之书"这十五个字，就是徂徕所说的始识的"古文辞"。

这种"不读宋以后之书"的提法对徂徕产生了很大的影响。因为徂徕在40岁以前，他也像当时的大部分儒者一样，儒学尊朱子学，文学则崇尚重义理和议论的中国宋代文学。而徂徕本来就质疑日本的和训其实质是一种翻译并不能忠实反映原典的本义，故他积极提倡学习中国语。徂徕认为七子提出的"文必秦汉，诗必盛唐，不读宋以后之书"的说法同样可以理解为孔子以后尤其是宋儒的注释和说法也很可能与儒家原典的本义有出入，是靠不住的。故他提出"以古言征古义"的解释儒学原典的方法。① 他在《论语征》的题言中说：

> 余学古文辞十年，稍稍知有古言。古言明而后古义定，先王之道可得而言已。②

这就是说首先要明白古言的意思，古言之义明白了，那么原典的本义也就确定了；明确了原典本义，就意味着领悟到了先王之道，这就是徂徕的"以古言征古义"。为了达到"以古言征古义"的目的，徂徕开创了日本的古文辞学。

在徂徕的古文辞学中，所谓"辞"，就是指中国的六部儒学经典：《诗》《书》《礼》《乐》《易》《春秋》即六经的一套语言体系、言说系统。徂徕对此有一套基本定义："凡言之成文，谓之辞。"可见，"辞"与"文"有关但又不同。那么，什么是"文"呢？徂徕明确指出："文者，物相杂之名。"他所说的"物相杂"

---

① 参见吴震《东亚儒学问题新探》，第132页。
② 载吴震《东亚儒学问题新探》，第132页注③。

一语出自《易·系辞下》的"爻有等，故曰物；物相杂，故曰文"一说。这里的"物"指的是卦中的"爻"，"爻"分"阴爻"（--）和"阳爻"（—）。"物相杂"就是说卦中之爻交相错杂即"阴爻"（--）和"阳爻"（—）交互相杂，其结果生出了许多卦画，如乾（☰）、坤（☷）、震（☳）、巽（☴）、坎（☵）、离（☲）、艮（☶）、兑（☱）。其中，表示乾的☰，表示坤的☷等卦画就是"文"。《易传》作者认为八卦主要象征天、地、雷、风、水、火、山、泽八种自然现象。八卦的八种卦画再相杂，结果产生了六十四卦。六十四卦象征着自然社会和人类社会的一切现象，可谓"广大悉备"。以上是"物相杂，故曰文"的本义。徂徕借此推演认为"文"是一个内涵非常广泛的概念，包含了"圣人之道"以及礼乐文化制度。如他说："盖孔子之道，即先王之道也。先王之道，先王为安民立之。故其道有仁焉者，有智焉者，有义焉者，有勇焉……有礼焉者，有乐焉，有兵焉，有刑焉，制度云为，不可以一尽焉，纷杂乎不可得而究焉，故命之曰文。"① 这里的"文"指由圣人制作的整套礼乐制度，也就是"圣人之道"。故徂徕反复讲"夫圣人之道曰文"，"文者道也，礼乐也"，"古者道谓之文，礼乐之谓也"等。② 进而，徂徕指出："六经是具体的事物，'道'就存在于其中。"③ 徂徕非常重视六经，他认为六经中有"圣人之道"，有礼乐刑政。为此，他又说："故吾退而求诸六经，所求之物都是具体的事物。"④ 可见，徂徕认为六经所涵盖的内容是广大而具体的，通过六经可以直探"圣人之道"。

综上所述，可以看到徂徕的古文辞学主要指西汉以前的古言及古义所构成的一套成文系统，其中以儒家的"六经"为载体。

---

① 转引自吴震《东亚儒学问题新探》，第126页注⑥。
② 转引自吴震《东亚儒学问题新探》，第126页。
③ 《学则》第3条，《日本的名著·荻生徂徕》，第91页。
④ 《学则》第3条，《日本的名著·荻生徂徕》，第92页。

在这套古文辞学当中，存在着"徂徕学"的终极价值即"圣人之道"。所以，凭借古文辞学的方法，可以最终把握"圣人之道"。这就是荻生徂徕所开创的日本古文辞学。①

可见，古文辞学成了"徂徕学"的一种方法论，即徂徕通过古文辞把握"圣人之道"的一种方法。这种方法，徂徕认为是"天"赐予他的。为了感谢"天之宠灵"，徂徕在其大作《弁道》第一条的末尾处特意写道：

> 吾已过五十有余，此时如果浑浑噩噩，不再鞭策自己的话，上天赋予我的使命会怎样呢？因此，闲暇之时写了这篇文章，以报答天之宠灵。将我理论的基本观点写成数十条，以示门人弟子。②

（二）"徂徕学"的核心理论——道论

"道"的理论是"徂徕学"的核心理论。徂徕关于"道"的论述主要集中于《论语征》《弁道》《弁名》这三篇文章中。其基本内容围绕着"道"这一主题，涉及了四个方面：即何谓"圣"，何谓"政"，何谓"道"，对宋儒"理"（道）的批评。

何谓"圣"？徂徕认为所谓"圣人"就是"道"即制度、文物的制作者。③ 所以，"圣人"是作者的一种称谓。而制作之道是神圣的，故命制作者为"圣人"。从尧、舜制作礼乐，以至于禹、汤、文、武、周公，因前代礼乐有所损益，以维护数百年风俗。"以其事业之大，神化之至，无出于制作之上，故命之曰'圣

---

① 参见吴震《东亚儒学问题新探》，第125—127页。
② 《弁道》第1条，《日本的名著·荻生徂徕》，第101页。
③ 参见《弁名·圣》条，《日本的名著·荻生徂徕》，第151页。

人'。"①"圣人"的神圣事业就是制作"道"。徂徕也将"先王"视为"圣人","圣人之道"又称为"先王之道"。因此"道"不是先天的、不是本然的、不是自然的，它是由"圣人"制作出来的。所以，徂徕思想中的"道"具有鲜明的外部印迹。

何谓"政"？徂徕认为"政"为安民知人之政。他指出，为政的要诀是《书经·皋陶谟》的"在安民，在知人"。他认为此句是"圣门的万病丸"，"安民"是仁，"知人"是智。为此，他认为此二句是治国安邦平治天下的要诀。同时，徂徕又指出圣人所设立的"道"就是为了"安民"这一目的。可见，徂徕思想中的"道"具有治国安民这一实用性。

徂徕曾经讲：他没什么嗜好，而唯一的嗜好就是一边嚼着炒豆，一边诋毁宇宙间人物而已。自誉为"海内第一流人物"的徂徕是一位狂儒，除了孔子之外，子思、孟子、程朱、陆王和日本大儒伊藤仁斋都不在他的视野之内，均是他批评的对象。② 尤其是对中国朱子学的批评，在他的著作中随处可见。如徂徕讲，他之所以要写《弁名》，就是因为"孔子既没，百家纷涌，各以所见以名之，使物与名相舛。汉代人异经，经异家；唐有韩愈而文古今相殊；宋有程朱而学古今殊焉，且理者，莫不适者，吾以我意而自取之，安能得圣人所为物哉？名与物失，而能得圣人之道者，未之有也。故程朱所说的名，是其自己所自见，不是孔子之道，也不是古先圣王之道。所以，要求圣人之道，必求诸六经，以识其物；必求诸秦汉以前的书，以识其名，名与物不舛而后可得圣人之道。为此，我要作《弁名》"③。徂徕指出：孔子之后，各家各派涌起，都说自己秉承了圣人之道，尤其是程朱学派的"理"说，实是吾以我意而自取之，是自取自见，不是孔子之道，也不

---

① 《弁名·圣》条，《日本的名著·荻生徂徕》，第152页。
② 参见吴震《东亚儒学问题新探》，第101页。
③ 《弁名·序》条，《日本的名著·荻生徂徕》，第131—132页。

是古先王之道。徂徕在《弁名》中专门设立了"理气人欲"一条。在这一条中，他对宋儒的"理"思想进行了分析和批评。

又如，徂徕在另一篇重要著作《弁道》中，也对宋儒的"理"（道）进行了批评。他认为：宋学的先驱周敦颐的学说根据《易·系辞传》的"形而上者谓之道，形而下者谓之器"的"道""器"说而展开。之后，宋代儒者将"道"解释为必然的"理"，又提出了"格物穷理"说。他们所谓的"格物穷理"说就是在自我思考中去探究那个必然的"理"，并据此制作礼乐刑政。但是，只有先王是圣人。只有圣人才能制作礼乐刑政。其他的人，不管是谁，企图握有制定先王的礼乐的权限，都是僭越，都是妄想。[1] 徂徕直斥宋儒将"道"解释为"理"是错误的，据"理"制定礼乐刑政更是一种僭越行为，是妄想。

再如，徂徕在写给三浦子彬的第一封书信中，更是表达了他对朱子理学的厌恶。

> 理学（即朱子学）是错误之说，但世人意识不到这一点。世间的儒者沉醉于理学之中，道德啦、仁义啦、天理啦、人欲啦，冲口而出。而我听到这些感到反胃，想要呕吐。还不如弹琴啦、吹笙啦、吟诵《诗经》的"关关雎鸠"，以洗去那些污垢。[2]

那么，徂徕思想中的"道"是怎样的呢？徂徕关于"道"的论述非常丰富，大致归纳起来有三个方面。

第一，圣人为什么要制作"道"？如上所述，徂徕给"圣人"的定义就是制作"道"的人。那么，圣人为什么要制作"道"

---

[1] 参见《弁道》第3条，《日本的名著·荻生徂徕》，第103页。
[2] 《徂徕集》卷20，《与三浦子彬书》之一，《日本的名著·荻生徂徕》，第267—268页。

呢？徂徕有四条语录进行了解释。

> 1. 盖先王知言语之不足以教人，故作礼乐以教之。知政刑之不足以安民，故作礼乐以化之。①

这条语录的意思是说，先王（圣人）知道只靠言语是不能教化人的，因此制作礼乐来教化；知只凭政刑是不能安民的，故制作礼乐感化民，这就清楚地表明"道"（礼乐）是圣人有目的制作的，是为了教化人，为感化民，即为了安天下的目的才制作的。可见，这样的"道"不是自然的、不是固有的，是圣人有意而为之的。这就使"道"具有了浓厚的外在性和实用性。

> 2. 伏羲、神农、黄帝（尧、舜以前的圣王）也是圣人。他们制作了利用厚生之"道"。经过颛顼、帝喾（继黄帝之后的圣王）之后，到尧、舜时开始确立了礼乐。又经夏、商、周时代，礼乐开始完备。可见，"道"是经数千年，由数位圣人的精神和智慧制作出来的。②
> 3. 所谓"道"，经上古圣人，到尧、舜时代确立，又经殷、周时代才最后完备。可见，"道"是在数千年间经数位圣人以他们的心力和智慧才完成的。③

以上两条语录的内容基本一致，都是讲"圣人"制"道"的经历。从圣人制"道"的经历可以看到"圣人之道"是经历各个时代的具体情况而逐渐完备、完善的。

---

① 《弁名·礼》条，《日本的名著·荻生徂徕》，第157页。
② 《弁道》第4条，《日本的名著·荻生徂徕》，第104页。
③ 《弁名·道》条，《日本的名著·荻生徂徕》，第133页。

> 4. "先王之道"是先王制作的，不是天地那样自然固有的。①

这条语录说明"先王之道"（"圣人之道"）是经先王（圣人）创造出来的，而不是像天地那样自然而然地存在着的。

上述四条语录表明徂徕认为"道"是圣人在漫长的历史中，根据各个时代的具体实际情况创造出来的。因此，"道"不是原本就存在着的。可见，这样的"道"是人为的，是后天的。

第二，"道"的内容。徂徕的"道"包含什么内容呢？对此，他讲：

> 1. 孔子所说的"道"是"先王之道"。"先王之道"是安天下之"道"。
> 2. 六经就是"先王之道"。②
> 3. "道"是一个总名称，礼乐刑政由先王所建，合而命之也。离开礼乐刑政，别有所谓"道"也。③
> 4. "先王之道"是安天下之"道"。这个"道"分几个方面，但归根结底是要安天下。
> 5. "先王之道"包含多个方面。其中特别要指出的是在政治上，禁止乱暴；在军事和刑罚上杀人，这算是仁吗？但重要的是这些都是为了安天下。④
> 6. 古代将"道"称为"文"，礼乐的意思。⑤
> 7. 六艺（礼、乐、射、御、书、数）也是先王之

---

① 《弁道》第4条，《日本的名著·荻生徂徕》，第104页。
② 《弁道》第2条，《日本的名著·荻生徂徕》，第101—102页。
③ 《弁道》第3条，《日本的名著·荻生徂徕》，第102页。
④ 《弁道》第7条，《日本的名著·荻生徂徕》，第107页，109页。
⑤ 《弁道》第17条，《日本的名著·荻生徂徕》，第118页。

"道"。①

8. 先王之道亦是术。②

上述八条语录基本涵盖了徂徕关于"道"的基本内容。综观这些内容，可以看出徂徕强调的是"道是安天下之道"。他认为圣人制"道"，就是为了治国、教化百姓、安顺天下，所以"道"是个总名，包含"六经"（《礼》《乐》《诗》《书》《易》《春秋》）和"六艺"（礼、乐、射、御、书、数）等"术"，以此教化百姓；亦包含礼乐刑政，以此禁止乱暴，罚恶扬善，安治天下。由此可以看出，徂徕的"道"是具体的，是实用的，是事功的。从哲学层面来分析，徂徕的"道"是形而下的。徂徕站在形而下的"道"的立场，对宋儒（朱子学）将"道"与"器"对置，视"道"为形而上、"术"为形而下的二分观点进行了批评。他指出："宋学者们的观点是将'道'精致化，将'文'（术）粗杂化的二分观点。"③ "先王之'道'古代称'道术'。礼乐包含在其中。后世儒者（宋儒）嫌弃'术'。但实际上，先王的政治使天下之人天天向善。"④ "后世儒者（宋儒）重知，讲穷理，这就破坏了先王、孔子的'道'。"⑤ 这里，徂徕直斥宋儒（朱子学）将"道"视为与形而下的"器"相对立的观点。他的道论明确指出："道"是被"圣人"制作出来的，不是先天存在的，不是抽象超越的。"道"是个总名称，具体内容包括"六经"、"六艺"、礼乐刑政等"术"，这就斩断了"道"与形而上的关联。他这种观点的实质就是化"道"为"术"、化"道"为"用"、化"体"为"用"。荻生徂徕将宋儒（朱子学）形而上的"道"改造成形而下

---

① 《弁名·道》条，《日本的名著·荻生徂徕》，第137页。
② 《弁名·道》条，《日本的名著·荻生徂徕》，第138页。
③ 《弁道》第17条，《日本的名著·荻生徂徕》，第118页。
④ 《弁道》第20条，《日本的名著·荻生徂徕》，第120页。
⑤ 《弁道》第21条，《日本的名著·荻生徂徕》，第121页。

的"道",这是"徂徕学"的根本内容。

第三,"道"的施政。所谓"道"的施政,是讲徂徕欲将"圣人之道"("先王之道")在治国安民的实践中加以实行、运用。

荻生徂徕在德川幕府第八代将军德川吉宗(1684—1751)时代有机会接触到了将军吉宗,并献上了关于政治经济改革的两篇重要文章《太平策》和《政谈》。《太平策》是关于改革的纲领性文章,《政谈》则是具体的改革措施。

徂徕根据"圣人之道"("先王之道")在《太平策》和《政谈》中,集中提出了两项改革主张。一是"土著",一是"制度"。

徂徕认为德川幕府初期,各项政治制度尚未完善,但由于武士在幕府初期因为脱离土地的时间不久,生活还很俭朴,对商品经济的依赖程度不高,所以统治秩序尚好。而现在太平日久,风俗变化,武士逐渐适应了城市的消费生活,心性也变得"柔且愚",流于奢华和形式主义,武风日薄。虽然幕府屡次发布了《简约令》,却因无章可循,无法落实到行动上,最后不得不半途而废。①

面对这一情况,徂徕根据"治理天下家国最好的莫过于古代圣人之道。古代圣人尧、舜、禹、汤、文王、武王、周公善治天下,并将治道流传后世。不遵循这个'道'就无从知晓拯救目前状况的方法"②,一针见血地指出问题的根源在于"制度未立"和"旅宿境遇"。所以,"建立制度"和终止"旅宿境遇"是解决武家经济穷困化以及因此而导致的统治危机的关键。其根本措施就是改"旅宿"为"土著",改"无制度"为"立制度"。

关于"旅宿境遇",徂徕指出:各大国的大名必须隔一年到江

---

① 以上参见王青《日本近世儒学家荻生徂徕研究》,第87—88页。
② 《政谈》卷之二,龚颖译,中央编译出版社2004年版,第54页。

户城来居住一年。他们是一年住在自己的领国,第二年就要羁旅江户。大名的妻子常住江户,女眷们就等于是常住在"旅宿"。大名们的家臣大都聚居在各藩国大名居城所在的城镇,而不是住在自己的领地内,他们也等于是住在"旅宿"。这样,凡可称为武士的人已经无人不是处于"旅宿境遇"了。而这"旅宿"之人生活开支极大,武士们的俸禄都被商人榨取殆尽了。由此,武士的经济命脉掌握在他人手中,现状令人悲哀。为了改革这一状况,徂徕提出了"武士土著论"。他希望武士重新回到乡间生活,在维持社会正常生活、摆脱贫困、重建"自给自足"经济方面,发挥他们的作用。与之相配合的是确立户籍制度,把全国的人口都固定在他们的原籍。徂徕认为,这样社会就会变得像古代圣人的治世一样了。人们说"井田制"是王道之本,其实"井田制"就是这种做法。①

关于"立制度",徂徕依据"古代圣人之治是建立制度,以此来确立上下等级的差别,这是抑制奢侈之风,使社会富足的妙方",指出制度即法制,节度之事。所谓制度,即是在服饰、住宅、用品以及婚礼、葬礼、信件往来、礼品赠答、随从人员的数量规模等方面根据人们的贵贱、俸禄的多少、官位的高低来确定等级。关于如何"立制度"?徂徕还指出要注意两点。一是"真正的制度是要借鉴古今,思量未来,最终为达到使天下长治久安社会富裕的目标。将军有意识地建立起来的制度,要借鉴往古,一般来说,'人之情'不随时代变化而改变,古今一致。古代圣人深谙人之情,懂得人之情既可以使人趋善,又可以使人流向险恶之地,要了解控制人之情的道理,察看古代的做法就能够认识清楚。而且随着时代的变化,必须对制度稍有增减的道理也如《论语》中'有所损益'所说的,但总体来看,一切做法都在古代圣

---

① 《政谈》卷之二,第55—56页;《政谈》卷之一,第18页;《政谈》译者前言,第4—5页。

人那里完全具备了"。二是"建立制度要作长远打算，要考虑到只要不改朝换代，这些制度就应该能够永远遵守下去。如果建立起过于朴素禁欲的制度，人们最终会打破制度选择奢侈排场的做法，过分追求简朴的制度肯定不会使制度持久。另一方面，喜好奢华是人之常情，制度建立得过分追求华美，国家财政难以维系，制度也不会长久。因此，应当取'文'和'质'的中庸之道来建立制度"。"这就是在圣人之道中为什么治理天下国家的精髓全都于'礼乐'上的缘故。"①

荻生徂徕提出的"土著"论和"制度"论集中体现了他的政治哲学思想。

由古文辞学和道论构成的"徂徕学"在日本思想史上构成了一场"事件"且产生了振聋发聩的影响。之所以这样说，是因为"徂徕学"一问世便"风靡一世"，在之后的明治启蒙期和现代日本，"徂徕学"都成为各个时代日本学者议论的话头。提倡者有之，批判者有之，赞同者有之，反对者有之，因为徂徕的学说对日本儒学蜕变的完成、对明治早期的启蒙思潮、对日本的近代性等关键问题，都引起了各个时代学者的争论，成了一个时代话题。②

"徂徕学"不仅在日本引起了强烈反响，而且还对中国和韩国具有一定的影响。如：清代学者俞樾通读徂徕的《论语征》之后，从书中摘录通达可喜者十七条。在《东瀛诗记》卷中说：

> 余尝见其所著《论语征》一书，议论通达可喜者多……余已取数十条，入《春在堂随笔》矣。

---

① 《政谈》卷之二，第63—64页。
② 关于这方面的具体内容可参看吴震《东亚儒学问题新探》第103—106页；[日]子安宣邦《江户思想史讲义》第139—150页。

另一学者李慈铭在读《春在堂随笔》时，看到了俞樾摘录的徂徕说十七条，亦很感慨，在《越缦堂日记》中作了如下记录：

> 如记日本物茂卿所撰《论语征》诸条云云，皆有关系实学。

后来，他又看了徂徕的《萱园随笔》五卷之后，评论道：

> 其言颇平实近理。
> 皆有特识。
> 此段议论颇为正大。①

这是"徂徕学"对中国学者的影响。从朱舜水—荻生徂徕—俞樾、李慈铭这条传播与反馈的链条中，可以看到历史上中日两国学者的相互仰慕。

又如，"徂徕学"还传到了韩国。在韩国朝鲜朝时代，李德懋、柳得恭、金正喜等学者均执笔赞美"徂徕学"，而丁茶山、金迈淳等学者则对"徂徕学"加以痛击。可见，日本的"徂徕学"给韩国朝鲜朝时代的学术界注入了一脉生气。②

自诩为"海内第一流人物"的荻生徂徕确实是日本儒学史上一位不同凡响的人物。笔者认为徂徕思想的学术价值最主要的是他对朱子学重要范畴"道"的彻底颠覆，完成了中国儒学日本化的最后努力。在朱子学中，作为哲学范畴的"道"具有形而上性，而徂徕站在"制作"论的立场上，认为"道"是被圣人、先王制作出来的，所以"道"的基本内容就是"礼乐"，就是"制度"，就是"安天下"。这样的"道"就具有了外部性、实用性、事功

---

① 朱谦之编著：《日本的古学及阳明学》，第164—165页。
② 参见朱谦之编著《日本的古学及阳明学》，第167页。

性、形而下性。由此,日本化的日本儒学形成了。无外乎丸山真男评价荻生徂徕的学术思想说:"徂徕学是朱子学的反命题。"①

第四节　贵重实行的阳明学

在日本儒学史上,日本阳明学没有一个系统的传承学脉,而是间断性地陆陆续续地呈现出来。

日本学者认为,中江藤树是日本阳明学的元祖。藤树门人中的佼佼者是熊泽蕃山(1619—1691)。蕃山去世后,日本阳明学进入沉寂阶段,近百年时间未出现有重大影响力的阳明学者。直至18世纪末19世纪初,即江户时代后期,日本阳明学才出现复兴趋势,其代表人物是佐藤一斋(1772—1859)和大盐中斋(1792—1837)。佐藤一斋的门下和再传弟子中涌现出了许多活跃于德川幕府末期政治舞台上的思想家和政治家,如佐久间象山②、吉田松阴(1830—1859)、西乡隆盛(1827—1877)等,史称"幕末阳明学者"。③

中江藤树(1608—1648)是日本阳明学的真正开创者。他曾经当过武士,近江(今滋贺县)人,因常在藤树下讲课,故被称为"藤树先生"。中江藤树跟踪中国儒学在日本传播的足迹,由朱子学转趣阳明学,开日本阳明学之端。他亲书"致良知"三个大字,揭于楣间,并设令其徒皆攻读《王文成公全书》。他以日本阳

---

① [日]丸山真男:《日本政治思想史研究》,东京:东京大学出版会1952年版,第115页。

② 对于佐久间象山是属于朱子学者还是属于阳明学者的评价问题,在日本学术界持有不同观点。如源了圆先生认为他是朱子学者。但荒木见悟先生认为象山既是朱子学者,又是阳明学者。荒木先生举例说,这从他的名字也可以看出来。"象山"在日文中有两种读法,发音不同,象山认为怎么读都可以。由此也可以看出他既是阳明学者,又是朱子学者。笔者认为象山在学术思想上,对朱、王兼而取之,在学谱上又是幕末阳明学中的重要环节,故亦认为象山既是朱子学者,又是阳明学者。

③ 参见王家骅《儒家思想与日本文化》,第115页、117页、119页、120页。

明学创始人的身份，在日本儒学史上占有重要地位。中江藤树作为一位阳明学者，活动的时间只有五年。然而，他在这五年中提出的"全孝心法"或称"藤树学"彰显了日本阳明学的特色。

藤树认为"孝"是儒家第一心法，每日清晨拜诵《孝经》，谓可以养平坦之气。他甚至以"孝"为当下"良知"，说："孝个是人根，若灭却，此心则其生也如无根之草木，倏不死者，苟幸免而已。当下良知便是。"① 藤树视"孝"为"良知"，为"心"，是人的根本。如"良知"不明，即"孝"不存，则人即便苟活，也如无根之草木。为此，藤树的"全孝心法"把"孝"作为他哲学思想的最高范畴。如他说：

> 天地万物皆由孝生。(《孝经心法》)②
>
> 孝以太虚为全体，经万劫无终而无始。无无孝时，无无孝者。(《翁问答》)③
>
> 义，孝之勇也。礼，孝之品节也。智，孝之神明也。信，孝之实也。(《孝经心法》)④

可见，藤树将"孝"这一日常道德规范，不仅说成人类社会的最高道德准则，而且说成万事万物的根本道理和宇宙万物的本原。⑤

藤树之所以崇拜"孝"，始于他对父母恩德的感念。如《翁问答》记有：

> 欲明孝德者，宜先观念父母之恩德。自胎育始十月间，

---

① 朱谦之编著：《日本的古学及阳明学》，第222页、226页。
② [日]井上哲次郎：《日本阳明学派之哲学》，东京：富山房1938年版，第45页。
③ [日]井上哲次郎：《日本阳明学派之哲学》，第72页。
④ [日]井上哲次郎：《日本阳明学派之哲学》，第73页。
⑤ 参见王家骅《儒家思想与日本文化》，第117页。

> 母受怀孕之苦，十病九死之身。父为保全孕子，忧心竭力，以祈产育安稳。其千辛万苦，不可或忘于心。至于临产，母身承撕裂之痛，父心受烦热之煎。幸若母子安稳，则有一命再续之喜。母卧于濡湿，子奉于裀席。子酣眠而母身不敢屈伸，至天明而几无沐浴之暇。衣破而缮补，抽茧而不辍，舍子之安稳，而别无他念也。①

藤树认为对母亲十月怀胎之艰辛，对父亲终身教导之辛苦的最好回报，莫过于"孝"。他认为五六岁的幼童都应懂得这个道理，都应行孝。因为"孝"就在人身之内，离身无孝，离孝无身。作为阳明学者的藤树不仅在思想上重视"孝"，更重要的是他努力付诸实行，被称为"孝子藤树""近江圣人"。

中江藤树"孝养老母"的事情，以少年故事的形式被村井弦斋写在《近江圣人》一书中。日本著名学者和辻哲郎读了这本书后被藤树的行孝行为深深感动，他在《自叙传之尝试》一书中写道："我在入小学之前，这本书就已经读过多遍，而且如实地讲，每次都深受感动。上小学之后，我几乎把它视如珍宝，从来就没让它离开过身边。"②

令和辻哲郎视如珍宝的《近江圣人》一书是如何描述藤树孝敬母亲的呢？其书写道：

> 十二岁的孝子藤太郎（即藤树），因母亲患皲手之疾而忧心如焚。当他从天主教信徒那里讨来妙药后，便长途跋涉，奔往近江。快到乡里时已是深夜，加以风雪凛冽，几乎冻死在路上。翌日天明时，他终于回到了母亲家里。没想到，他

---

① ［日］子安宣邦：《江户思想史讲义》，第35页。
② ［日］和辻哲郎：《自叙传之尝试》，东京：中央公论社1961年版。转引自［日］子安宣邦《江户思想史讲义》，第20页。

的突然返乡之举，却遭到了母亲的严厉呵斥，并责令他立刻返回伊予。①

可见，藤树因母亲患手疾破裂而忧心如焚。他长途跋涉，迎着凛冽风雪，冒着被冻死的风险给母亲送治手疾之药，其孝心委实让人感动。这里更重要的是从哲学层面解读"孝子藤树"为母亲送药之事，可以看到他将对母亲的"孝"由内心的一种伦理感情"孝德"转化为一种"孝行"的贵重实行的实践性。这样，藤树的"孝"不仅具有伦理意义，还具有实践意义。从"孝"的实践性出发，藤树主张全社会都要行"孝"：

  天子行孝，诸侯行孝，卿大夫行孝，士行孝，庶人行孝。②

全社会行"孝"的目的就是通过行孝的工夫化、实践化，将每个人心中的"孝德"激化为外在的"孝行"的实用和躬行。进而，追求一种在"孝行"基础上的普遍的社会平等。为此，藤树在《孝经启蒙》中将《孝经》中的"民"彻底注释为"人"。

如藤树对《孝经》的末尾处的"生民之本尽"一句的注释如下：

  "生民之本尽。"《易》曰："天地之大德曰生。"民，人也。经曰："天地之性人为贵。"故曰生民。"生民"，犹言生性活泼人也。"本"，根柢也。人之有孝德，犹木之有根柢。

---

① ［日］子安宣邦：《江户思想史讲义》，第19—20页。
② ［日］源了圆：《近世初期实学思想的研究》，东京：创文社1980年版，第354页。

故以孝为生命之本。"尽",至其极而无遗之谓。①

这里,藤树把天地之大德的生生状态化为自我之性的人。因为"生民"是指生性活泼之人,而人之所以能够生性活泼的根源是因为人有孝德,"孝"为人之生命之根柢,是生命之本。在这重意义上,他断言"民"应是"人"。藤树将"民"注释为"人",从哲理来讲,具有两重哲学意义。一是藤树强调这里的"人"是以"孝"为生命之本即以"孝"为己性的人。这样的"人"就不同于《孝经》中所讲的作为道德教化对象的一般的"民"。藤树认为以"孝"为己性的人亦是践行"孝"的实践者。强调"孝"的实践性是藤树释"民"为"人"的第二重哲学意义。藤树在注释"生民之本尽"的"尽"时说:"尽,至其极而无遗。"《孝经》的结尾处为"生事爱敬,死事哀戚,生民之本尽矣,死生之义备矣,孝子之事亲终矣"。这段话的意思是说:"父母在时,事以敬爱;父母辞世时,不忘悲悼。唯此,则人类根本的孝道,才能完全尽守。生事亲,死亦事亲的道理,于是而完全具备。孝子对父母的全部事情,至此则完全终了。"② 这段话表明"事亲""行孝"的行为不论父母在世还是去世,都必须"完全尽孝",孝子之行孝才算完善。这里讲的是"孝"躬行、践行、实行,即"孝"的实践行为。藤树注释"尽"为"至其极而无遗"的意思也是强调"孝"行为的至极、至顶而达"无遗憾"的境界。

而且,藤树将《孝经》中的"民"注释为"人",这个"人"是指天下所有之人而言。如他在《孝经启蒙》中对《孝经》开篇所说的"子曰:参,先王有至德要道,以训天下,民用和睦,上下亡怨"中的"民"字,注释说:民指人,指诸侯、卿大夫、

---

① [日]子安宣邦:《江户思想史讲义》,第36页。
② [日]林秀一:《孝经》现代语译,东京:明德出版社1979年版。转引自[日]子安宣邦《江户思想史讲义》,第36页。

士、庶人等天下之人。这里，藤树从阳明学的立场出发，将孔子语境中教化对象的"民"解释为孝德是自身固有之至德——孝德，并主动欣然践行"孝"的"人"的价值有三个方面。

其一，藤树这里的"人"实指"天下所有之人"。这些"人"视孝德为自己的本性并将之付诸实行，通过天下人行孝的平等途径起到了宣传天下人人平等的目的。这是建立在"孝"基础上的一种平等观念。

其二，藤树将"民"解释为"人"，实质上是一种站位的转移。作为"民"，是处于《孝经》的被教化的对象；作为"人"，则是视"孝"为自己的本性，并一心一意要诉诸行孝的实践之中。这种站位的转移，一方面凸显了至上之道德——"孝"存在于人心之中，这就是"藤树学"的"全孝心法"。另一方面，突出了"孝"在实践哲学中的重要性。无孝心，则无孝行；而只有孝行，才能印证孝心。在这里，"孝"成为心与行统一的基础。这就是"藤树学""孝"的力行哲学。

其三，通过把"民"重解和诠释为对等之"人"的方法，确立起自己的学术基础。如上所述，藤树诠释后的"人"，根据《易》"大德曰生"之意，指生性活泼之人。之所以是生性活泼之人，是由于"孝"是其生命的本根。"孝"德存在于人心之内，是人的自性，这是伦理道德之"孝"。但同时，藤树更加强调"行孝"的实践意义。他认为作为"人"，必须将"行孝"这种行为做到至尽、至极、至终，这是实践之"孝"。可见，"藤树学"可以总结为是一种"伦理—实践"哲学。在这种哲学模式中，"藤树学"中的"人"是"孝心"与"孝行"的合一体。孝心是孝行的根据，孝行是孝心的反映。只有通过这种外在"孝"行为的反映，才能证明内心"孝"的真实性。可见，"藤树学"的学术基础就是强调"孝"实践的贵重性。①

中江藤树贵重实行的思想不仅对其弟子和普通人有影响,甚至还影响了小偷贼人,使其改邪归正。《先哲丛谈》就记录了藤树用阳明学的"知行合一"说教导贼人的故事。

> 藤树笃信王文成致知之学,先躬行,后文词,每引四民训谕之,人无贤愚皆服其德,莫不兴起于善。今世诸儒,绝无近似者。尝夜自郊外归,有贼数人突从林中出,遮路曰:"客解橐以供我饮酒。"藤树乃熟视,举钱二百授之,贼拔刀叱曰:"所以求客者,岂止是而已哉,速卸衣裳及佩刀,否则不须多言。"藤树神色不变曰:"姑缓之,吾虑其授与不,孰是?"乃瞑目叉手,少顷曰:"战者必先以姓名告,我近江人中江与右卫门也。"于是,贼大惊,投刀罗拜曰:"敝乡虽五尺童子,莫不知藤树先生为圣人者。吾党虽攘攫为活,岂得施之圣人哉!"藤树曰:"人谁无过,过而能改,善孰大焉。"乃说之以知行合一之理,贼咸感泣,遂率其党为良民。②

关于藤树如何用"知行合一"说教育贼人,不得而知,但这段论述证实了藤树对阳明学"知行合一"说的重视和实际应用。

阳明学者中江藤树不仅在理论上提出了"全孝心法",而且还一生亲自践行孝德,被世人称为"近江圣人""孝子藤树"而彪炳日本史册。

熊泽蕃山(1619—1691)平安(今京都)人,是继藤树之后的德川前期最大的阳明学者。他青少年时是个勤奋习武的武士,以后深感学业未就,慕名从学于藤树门下。之后,在冈山藩从仕藩主池田光政。由于熊泽蕃山的努力,扩大了阳明学在日本的影

---

① 以上参见[日]子安宣邦《江户思想史讲义》,第36—38页。
② 朱谦之编著:《日本的古学及阳明学》,第235—236页。

响。在蕃山对阳明学的宣传下，池田光政也逐渐倾向阳明学，并邀请中江藤树的长子一起研讨阳明学。蕃山还为他们的研讨会作"花园会约"学则，其第一条便是"今，诸子之会约，以致良知为宗"。熊泽蕃山在回忆这段生活时说："其时，专于良知之旨。"可见，蕃山对"致良知"说的热心宣传。之后，蕃山又随从池田光政去了江户。江户的一些大名和幕吏也慕名向蕃山求教。由此，使阳明学的影响日益扩大。

熊泽蕃山以事功派而闻名，他提出了许多经世济民的改革措施。如他从经世济民出发，对于佛教和耶稣教采取排斥政策。他针对幕府"公七私三"的赋税，提出恢复古代的"十抽一"制。他为了挽救诸侯的贫困，提倡减轻交替参觐的负担。他发展了藤树的"时、处、位"思想，并付诸实行。经世济民之道被实践化了的现实状况，叫作"时"，这个"时"又分为"天、地、人"三元素，称为"时、处、位"。蕃山以"人情时变"代替"时处位"的说法，并认为贤明的政治应"谋时处位之至善"。蕃山在从仕冈山藩池田光政时曾以这种政治理念为依据进行藩政改革。他提议减少武士俸禄的三分之一，以减轻农民负担。结果招致武士的反对，皆云"了介（蕃山别号）可杀"。之后，熊泽蕃山辞职。有的日本学者认为熊泽蕃山是因为宣传阳明学并践行阳明学而受到当时社会的主流朱子学者的打压和提议改革方案招来武士的反对而招致迫害，被迫辞职的。他的被迫辞职也成为江户时代初期幕府镇压异端思想的重大事件。

蕃山辞职后在学术上采取一种不朱不王，亦朱亦王的折中态度。他在生活上颠沛流离几十年，乃至73岁在软禁中死于穷乡僻壤。[1]

佐藤一斋（1772—1859）名坦，字大道，号一斋，江户（今

---

[1] 以上参见王家骅《儒家思想与日本文化》，第118、122页；王家骅《日中儒学比较》，第207、210页。

东京）人。一斋当幕府儒官19年，在官学——朱子学的包围中，"阳朱阴王"地发展了阳明学。一斋从事教育约70年，凡士庶人入其门者不下三千人，堪称一位教育家，为明治维新造就了一批人才。由此，一斋在江户后期思想界的影响力比其他阳明学者的影响要大得多。

中国的王阳明生于明宪宗成化八年（1472）壬辰，日本的佐藤一斋生于安永元年（1772）壬辰，中间相隔三百年。古人有言"五星聚奎，濂洛大儒斯出；五星聚室，阳明道行"。一斋认为五星聚室，在阳明是正德十六年（1521），时年50岁；在日本五星聚室在文政四年（1821），一斋亦50岁。为此，一斋认为这并非偶然的凑合，使他对阳明学非常崇奉。①

在朱子学的掩盖下，他推崇王阳明的"致良知"和"万物一体为仁"的思想，在其名著《言志晚录》中说：

> 余姚致良知，亦其所自得，但觉余姚为最紧切。（《言志晚录》第39条）
>
> 王文成《拔本塞源论》《尊经阁记》，可谓古今独步。（《言志晚录》第53条）②

"致良知"和《拔本塞源论》的"万物一体为仁"说都是王阳明的代表学说。佐藤一斋评价这些学说是"自得"，"为最紧切"，更可以说是"古今独步"，这些溢美之词表达了一斋对阳明思想的认可和崇拜。

中国当代学者指出，在阳明学中有"理气合一"的倾向，如阳明曾说："理者气之条理，气者理之运用；无条理则不能运用，

---

① 参见朱谦之编著《日本的古学及阳明学》，第294页。
② 中绪璐：《佐藤一斋及其〈言志四录〉的阳明学思想述论》，《阳明学及近代近现代中国》论文集，中国人民大学哲学院、孔子研究院，2019年，第43页。

无运用则亦无以见其条理者矣。"一斋在其《言志晚录》中以与阳明相近的话说："自主宰谓之理，自流行谓之气，无主宰不能流行，流行然后见其主宰，非二也，学者辄过分别，不免于支离之病。"① 一斋的这段话可视为"理气合一"说。实际上，一斋在当时日本学术界以朱子学独霸天下的统治下，以朱王兼收并蓄的学术态度，以"气一元论"的自然观展示他的学问观。如他认为天、地、人皆来自"气"。

苍然复上者，斯天乎？曰非也。隤然载乎下者，斯地乎？曰非也。群然死生乎两者间，斯人乎？斯禽兽乎？曰非也。然则其物何所斥耶？曰斯乃气也，名则寓也。夫清者升而天焉，是天未尝不地也；浊者降而地焉，是地未尝不天也。萃于天地，秀于五行而人焉。②

一斋认为天是清气升而形成，地是浊气降而形成，人则是天地间精粹之气而形成，这表明天、地、人都以"气"为本原。进而，一斋用"气"解释人的体质、行为和思维活动。如他在《言志录》和《言志晚录》中说：气的自然之形结成了人的体质，而人的言谈行为和思维运动，又是由其气发而为之。知我为气者，是气之灵，其灵即心。而心之灵仍不过是气之灵。在此基础上，他还提出世界万物千变万化的原因在于"气"的一阴一阳、一隆一替、一抑一扬、一滞一通的转化和运动。

从"气一元论"的自然观出发，一斋对客观事物中的辩证法，进行了出色的总结。如他用阴阳、动静、显晦、虚实、内外、有无、顺逆、荣枯、祸福、满覆、甘苦等矛盾范畴来概括客观事物间的辩证关系。

---

① 朱谦之编著：《日本的古学及阳明学》，第296页。
② 《佐藤一斋集》，东京：研究社1940年版，第301—302页。

在这种"气一元论"自然观指导下，一斋在《论语栏外书》中明确指出：只有行获得的知，才是真知；不行之知为徒知，是不知。行中获得的真知，没有一点虚伪，是良知本体。一斋这种强调"行而真知"的观点仍然彰显了日本阳明学贵重实行的特色。

一斋这种具有贵重实行特色的知，从理论上分析可以看出，这样的"知"，具有行是知之源，知是行之果的合理性。以这种合理主义观点来看待"知"，使他晚年承认了西方科学技术之"知"是先进的，是实用的。一斋采取承认西方形而下的自然科学是"知"的态度，深刻影响了他的学生——幕末志士佐久间象山积极主张吸取西方自然科学之知，并由此形成了明治初年日本大规模学习西方科学文化之"知"的高潮。

佐藤一斋作为一名阳明学者，他不像中江藤树那样以"孝"为行，也不像熊泽蕃山那样以改革社会为志，更不像与他同时代的大盐中斋那样高举起义大旗，他身为幕府儒官，以阳朱阴王的形式，使流传于民间的阳明学进入幕府的官学之中，名朱学而实王学，促进了阳明学在日本广泛深入地传播、发展。一斋培养的学生中不乏幕府倒幕维新的中坚。在这重意义上，可以说一斋为日本的明治维新运动在思想上打下了基础。佐藤一斋功不可没。

大盐中斋（1792—1837）名后素，号中斋，通称平八郎，阿波美那郡（今四国地方德岛县）人。在日本阳明学者中，大盐中斋是最致力于学习阳明学的一个学者。在他第一部著作《古本大学刮目》中所列举的从中国明代中叶到明末的阳明学派学者的名字之多，显示了他令人惊叹的广泛涉猎。①

大盐中斋自幼饱经忧患，深知民间疾苦。在学术思想上，经历了三次转机成为一名阳明学者。第一次转机在他青年时期。中斋18岁时祖父退隐，他成为东"町奉行所"的见习"与力"（即

---

① 参见［日］沟口雄三《李卓吾·两种阳明学》，新知·读书·生活三联书店2014年版，第212页。

警官），周旋于狱吏和囚徒之间，始感有学问的必要，于是往江户，入林述斋的家塾，学习朱子学。其间，中斋接触到了中国明代学者吕坤（1536—1618）的代表作《呻吟语》，使其对阳明学产生了浓厚的兴趣。吕坤曾著书批判朱熹思想，在哲学上坚持"气一元"论的同时，又认为"举世都是我心，去了我心，便是四通八达，六合内外无一些界限"。据说，中斋在读了吕坤《呻吟语》下面这段话后，始知阳明学的存在，甚为感动。《呻吟语》云：

> 人皆知异端之害道，而不知儒者之言亦害道也。见理不明，似是而非，或骋浮词以乱真，或持偏见以夺正……是故，有异端之异端，有吾儒之异端。异端之异端真非也，其害小；吾儒之异端似是也，其害大。有卫道之心者，如之何而不辩哉？

用现在的眼光来看，其内容仍然不乏革新之处。[①] 以上是中斋的第二次转机。中斋的第三次转机在他27岁以后，在阅读《传习录》等著作后渐成为一名阳明学者。为纪念王阳明，大盐中斋开设了"洗心洞"，收徒讲授阳明学。他在学堂之西贴出："入吾门学道，以忠信不欺为主本，乃记阳明先生（《示龙场诸生》）语以揭示"，其中有立志、勤学、改过、责善诸事。在学堂之东贴出："入吾门欲为门人，则要道问学以尊德性，志新吾先生之语及学者以揭示。"学堂之中贴出《天成篇》，并附记云："钱绪山以《天成篇》揭嘉义书院，示诸生，吾亦谨揭洗心洞，弟子日读而心得焉，则犹躬亲学于阳明先生。""洗心洞"的门人弟子多是与大盐中斋同僚的大阪东町奉行的"与力"以及周边村落的众多农民。中斋将

[①] 以上参见［日］沟口雄三《李卓吾·两种阳明学》，第166—167页。

"与力"与农民吸收入"洗心洞"学习阳明学,这构成了"洗心洞"的一大特色。①

大盐中斋学术思想的基础是"致良知",这就是说中斋将王学的精髓——"致良知"作为他学术的宗旨。关于"良知",中斋认为所谓"良知"就是"赤子之心""圣人之心",它是"至善""绝对善"的。关于"致良知"的工夫,中斋认为就是去除"气习物欲"的工夫,也就是"实践修养"的工夫。这种工夫用阳明学的话说就是"事上磨炼"。②

中斋认为通过去除"气习物欲"的"实践修养"工夫,可以达"致良知"。可见,他认为"致良知"的工夫就是不欺"良知"地行动。大盐中斋十分重视道德意识与道德行为的统一性,这与阳明学的"知行合一"说是相一致的。但是,中斋的"致良知"没有仅仅停留于个人的道德修养领域。他说:"学固正己心,修己身,然唯以正己心,修己身为学,亦非大人之道。"他从"宇宙内事皆我分内事"这一阳明学命题出发,认为"人之嘉言善行,即吾心中之善,而人之丑言恶行,亦吾心中之恶也"。于是,"为善去恶亦我身之事",即在中斋看来,所谓真正的学问不仅在于自己践行"为善去恶"的道义,而且"赏"他人之善行,"刑"他人之丑行,也是"存吾心之善""去吾心之恶"。他常说:"如真致良知"便要忧他人之忧,这样就把改造自己和改造社会联结了起来。也就是说,把阳明学由个人道德修养的哲学转变为改造社会的实践哲学。他由此进而提倡一种勇于践行的勇猛果敢的战斗精神,说:"当其义,则不顾其身之祸福生死,果敢行之。"大盐中斋将阳明学的"致良知"进一步发展、改造成一种凸显社会变革的"致良知"。他的这种"致良知"理论成了日本近代史上著名

---

① 参见《大盐中斋的思想》,《日本的名著·大盐中斋》,东京:中央公论社昭和五十三年版,第7—13页;朱谦之编著《日本的古学及阳明学》,第362页。
② 《大盐中斋的思想》,《日本的名著·大盐中斋》,第15—16页。

的"大盐平八郎起义"的思想基础。①

1837年正值日本"天保大饥馑",大阪米商乘机操纵粮食,价格暴涨,饥民乞丐饿死街头。大盐中斋将自己的1200部藏书全部卖掉,赈济灾民。当局对大饥荒视而不顾,却将中斋的义举斥为"沽名钓誉"。在忍无可忍的情况下,大盐中斋率领"洗心洞"学徒、大阪城内贫民、附近农民300余人,于1837年2月揭竿而起。起义军兵分三路,首先焚毁奸商的住宅和商号,抢米散财,与官兵展开血战,烧毁了大阪百分之四十的街道。但由于力量悬殊,所以起义只持续了几个小时,很快就被镇压下去。起义者或被捕或被杀,大盐中斋在民间隐藏了40天后自杀身亡。"大盐平八郎起义"时间不长,规模也不大,但由于它发生在日本三大都市之一的大板,所以震撼了全国。直到1918年日本"米骚动"时②,人民还打着大盐中斋的旗帜,把他作为城市贫民和农民起义的领袖。

对于"大盐平八郎起义"的评价,日本学者德富苏峰以为在日本维新史上"确有极重要关系"③而予以肯定。日本历史学家井上清说:"这次起义虽然只有一天就被镇压下去了,但是它以全国人心激昂为背景,发生于日本的经济中心——大阪……其政治和社会上的影响,真是非常深刻。"④ 大盐中斋以身殉难,却留下了所谓的"英雄观"。即一旦以为是者,立即接受,不仅珍贵其言,而且一一见诸行动,甚至生死祸福而在所不计。这种"英雄观"的实质就是贵于实行、重于实践。"贵重实行"彰显了日本

---

① 参见王家骅《儒家思想与日本文化》,第125页。
② 1918年春,日本政府准备出兵干涉苏联革命。这时,地主和米商看到了大米在战时的必要,使米价暴涨,引起了人民暴动。这次暴动地区之广、时间之长,在日本历史上是罕见的。
③ [日]德富苏峰:《近代日本国史》第27卷,东京:明治书院1953年版,第363页。
④ [日]井上清:《日本现代史》,新知·读书·生活三联书店1956年版,第1册,第72—74页。

阳明学的本质特色。

吉田松阴（1830—1859）号松阴，又号"二十一回猛士"，出生于长州藩（今山口县）下级武士家庭。在日本近代阳明学者中，以"实践"二字为其信仰者，吉田松阴为第一人。他是明治维新运动的先驱，幕末维新四杰之一。

安政五年（1858），德川幕府与美国签订了丧权辱国的条约（即《日美友好通商航海条约》，又称《安政条约》），遭到爱国的志士仁人的反对。幕府派老中（江户时代直属于将军的总理政务的幕府官员）间部胜诠严加镇压，许多爱国志士被捕下狱。松阴上书《时势论》，陈言尊王攘夷，以求中兴。松阴又与人策划图谋行刺间部，然事未果而败露，被捕下狱。1859年10月被处死刑，年仅29岁。为此，黄遵宪咏诗赞松阴：

> 丈夫四方志，胡乃死槛车？
> 倘遂七生愿，祝君生支那。①

吉田松阴力主社会中兴、尊王攘夷的行为是有其扎实的思想基础的。松阴21岁时从学于阳明学者佐藤一斋的门人佐久间象山门下。松阴自己回忆说：

> 吾曾读王阳明《传习录》，颇觉有味。顷得《李氏焚书》亦阳明派，言言当心。向借日孜以《洗心洞札记》，大盐亦阳明派，取观为可。然吾非专修阳明学，但其学真，往往与吾真会耳。②

---

① 《入境庐诗草》卷三，《近世爱国志士歌》，转引自朱谦之编著《日本的古学及阳明学》，第379页。

② ［日］井上哲次郎：《日本阳明学派之哲学》，第386页。

可见，松阴在学术思想上不仅吸取了王阳明的思想，还吸取了王学左派李卓吾的思想。其中李卓吾的"童心"说对他产生了重要影响。松阴第一次阅读李卓吾的代表作《焚书》是在安政六年（1859）被关进萩城的野山监狱中。在狱中他亲手抄写了《焚书》以及李卓吾的另一部代表作《续藏书》中的部分篇章，还在《己未文稿》《鸿鹄志》等狱中撰写的著作中多次摘录了李卓吾的语句，并在写给入江杉藏、品川弥二郎等众多弟子的书信中谈及了自己的阅读感想。松阴说：

> 焚书内曹公二首……感在知己二字，故余泣而抄之。
> 李氏焚书当读三遍。此论未必俱佳，唯与仆心事相符，故读此书可知吾志矣。
> 抄李氏［续］藏书，卓吾之论大抵不泄。谁不一读而不与吾同拍案叫绝者哉！
> 顷读李卓吾之文，有趣味之事甚多，《童心说》尤妙。①

上述四条语录表明了松阴对李卓吾的倾慕之心，他不仅将李卓吾视为"知吾志"的异国"知己"，而且还盛赞《童心说》之妙。

李卓吾所谓的"童心"就是真心、初心。每个个体"我"的心。如他说：

> 夫童心者，真心也。若以童心为不可，是以真心为不可也。夫童心者，绝假纯真，最初一念之本心也。若失却童心，便失却真心；失却真心，便失去真人，人而非真，全不复有初矣。②

---

① ［日］沟口雄三：《李卓吾·两种阳明学》，第13、22页。
② 《焚书·续焚书》，中华书局2009年版，第98页。

松阴读了李卓吾上述论述后说：

> "童心者真心也。"吾辈此心未失，足下戏庄四郎即出于此心也。①

松阴同意李卓吾的"童心"就是"真心"的观点，并认为自己的"童心"未失去，而他的朋友戏弄、咒骂投敌叛变的庄四郎也是出自"童心"。这就是说，松阴认为与自己主张尊王攘夷的同志都未失"童心"，这"童心"就是"真心"，而背叛他的庄四郎就失去了"童心"，缺失"童心"就是"不真"，"不真"则为"假"。所以，松阴认为"童心"说的实质就是"真假"二字。在现存吉田松阴的"童心"说手抄本上，还留有松阴的眉批："真假二字。"② 上述松阴称赞"童心说尤妙"，其妙处就妙在"真假二字"上。

那么，什么是松阴"童心"的"真"呢？他所说的"童心"的"真"，是未受到后天污染的先天的清纯之心，亦是正义之心，因此必须是恶恶善善之心，戏弄背徒庄四郎无非也是恶恶的表现，亦是"真"。而"假"就是知其恶而不恶，知其善而不善，这正是先天清纯的正义之心被伪学污染了的结果。在松阴看来，一心一意地憎恶应该憎恶的恶，就像小孩子放风筝入了迷，抛弃一切后果的顾虑，不顾一切地去憎恶应憎恶的恶，这才是"童心"之"真"。③

松阴之所以如此重视"真"与"假"，是与他所处的日本社会的实际情况及其他决心要改革社会、倒幕维新的宏愿分不开的。"纯真"的松阴为了内心所信仰的某种绝对的价值而不惜牺牲自己

---

① ［日］沟口雄三：《李卓吾・两种阳明学》，第22页。
② ［日］沟口雄三：《李卓吾・两种阳明学》，第25页。
③ ［日］沟口雄三：《李卓吾・两种阳明学》，第27页。

的一切，不被生命、功名或者富贵、贫贱等世俗的价值束缚，自始至终坚持自己的信念。这样一种近乎顽固的专注、纯粹的心灵，便是在松阴身上体现出来的"真"。这种"童心"之"真"外化为松阴尊王攘夷的实际行动。如他对依仗幕府汲汲于保身之流者是态度倨傲、寸步不让；对大老井伊、老中间部之辈甚至设计暗杀、毫无惧色；特别是在尊攘方面，不容许有丝毫的暧昧与妥协，像庄四郎那种叛徒行为，绝不允许；对尊攘的同志，即便是比他年岁小、地位低的人，也表示十二分的敬重和包容。最后，为了日本社会的改革，为了尊王攘夷，松阴毫不犹豫地献出了自己年轻的宝贵生命。①

吉田松阴作为一名阳明学者，除了对《传习录》《焚书》《续藏书》感兴趣外，对《孟子》也十分欣赏。他的《讲孟札记》是他在狱中写成的得意之作。他在《讲孟札记》的《跋文》中说：

> 余之在狱，囚徒胥居，其已归家，亲戚盍簪，时乃把《孟子》讲之，非精其训诂，非喜其文字，惟其一忧一乐一喜一怒尽寓之于《孟子》耳。故当其喜乐也，讲《孟子》而复益喜乐；当其忧怒也，讲《孟子》而复益忧怒。忧怒之不可抑，喜乐之不可歇，随话随录，稍积成卷者，即此著也。

松阴上述这段话很好地表明了他对于《孟子》的态度。松阴身为一名阳明学者，他不是为注释而注释《孟子》，而是将因国事的复杂性引起的喜怒哀乐情感寄托于《孟子》，试图从《孟子》中找到化解日本社会现时危机状态的办法。松阴这种实学式的解读和接受《孟子》的姿态，始终贯穿于《讲孟札记》的始终。可见，松阴讲《孟子》的特点就在于他把《孟子》的思想与幕末日本社

---

① 参见［日］沟口雄三《李卓吾·两种阳明学》，第49、169、173页。

会的实际状况紧密地联系在一起,并使之对现实社会发挥实际作用。他认为:"不说任何空理,是学者最当致思之所也。"这是典型的日本阳明学以"实行"为"贵重"的作风。①

《孟子》的性善论对松阴启发很大,这与松阴挚爱的"童心"之"真"即"真心"是相通的。松阴说:

> 故读孟子之书者,当真心留于斯而不涉于议论,只学实事。先笃信己之性为真善,良心之发见,扩充恻隐、羞恶、恭敬、是非等,或有物欲邪念则速寻来良心,求其自安自快之所,当无悔吝。②

松阴认为只要自己笃信"性为真善",也就是有"真心"。而这"真心"又只是用来干"实事",即"真心"是"实行"的基础。松阴这里所表达的意思就是说只要有一颗"真心",就会像《孟子》所说的大丈夫为达目的"威武不能屈,富贵不能淫,贫贱不能移"。所以,他在《讲孟札记》中还说道:

> 赤子之心注而纯一无伪而已。纯一则无计较利害之念,无伪则无机变巧诈之行。故富贵贫贱死生苦乐,无一为外物所诱。以铁石之肠酬酢万事,天下何事不可为耶?③

这里的"赤子之心"就是上段松阴语录所说的"性为真善""真心"之意。"赤子之心"是"纯一"即是"真"的,所以它不计较利害得失;"无伪"即"不假",所以没有投机取巧诈骗行为。

---

① 以上参见郭连友《吉田松阴与近代中国》,中国社会科学出版社2007年版,第90、92、133页。
② 郭连友:《吉田松阴与近代中国》,第132页。
③ [日]沟口雄三:《李卓吾·两种阳明学》,第169页。

具有这种"真心"（赤子之心）的人，没有任何私念和顾虑，敢于以"铁石心肠应万事"，那么天下还有什么事"不可以为之呢"？这段话实际上表达了松阴敢于担当的大丈夫情怀。松阴以自己的实行践履了自己的这种以天下之忧乐为忧乐的情怀。如松阴在临刑前一天的十月二十六日傍晚，在《留魂录》末尾留下五首短歌，其中两首是：

> 今生已无客，坐等鬼敲门。
> 七生犹报国，攘夷是吾心。

在临行前，作为遗言留给诸位的信中写道：

> 诸友盖知吾志矣。勿为哀我也。哀我，不如知我，知我不如张吾志而大之也。①

松阴告诉他的门人友人：我死后，不要为我悲哀，要知我之志，更要弘扬、实现我之志。他的宏愿大志就是要为"尊王攘夷"贡献自己的一切乃至自己的生命。吉田松阴用自己一生的实际行为和自己年轻的生命表明了"贵重实行"是日本阳明学的一个重要特点。

安政四年（1857），吉田松阴开设了"松下村塾"。弟子中多阳明学者，多卓越人才。明治维新前后叱咤风云、雄飞庙堂的俊杰之辈，有些就出自其门下，小小村塾为明治维新作出了杰出贡献。无怪乎人们称赞松下村塾为"卵化颠覆幕府之卵"的一保育场，为"点燃维新革命天火"的一圣坛。

---

① ［日］沟口雄三：《李卓吾·两种阳明学》，第109、80页。

附录——李甦平研究员访谈录

这部著作可能是我的最后一部学术著作了。为了追忆自己的学术生涯，将这篇《李甦平研究员访谈录》放在本书"附录"部分，以此作为对自己学术生命的检讨和回答。

李甦平研究员访谈录

访谈时间：2020年10月20日
访谈地点：中国社会科学院哲学研究所926会议室
访谈对象：李甦平研究员（以下简称"李"）
访谈员：张捷（以下简称"张"）

（张）李老师您好。今天非常荣幸能够邀请您来做这个东方室研究员的访谈。请您给我们介绍一下您自己的情况以及您的学术经历吧。

（李）谢谢。那我就开始讲。首先我要感谢咱们哲学研究所的所领导，让我们这些离退休的老年学者来做这个个人学术口述史。在接到所里给我提出的这个要求之后，我这几天也认真地思考了一下、回忆了一下，正好能借这个机会，可以回顾自己这一生的学术成果，具体来讲就是36年的学术生涯。回想这个过程的时候，我就想起了20世纪苏联一位英雄奥斯特洛夫斯基的一句名言。他曾经这样说过："生命对于人来说是最可宝贵的，但是生命属于人只有一次，一个人的一生应该这样来度过。当他回首往事的时候，他不应该为碌碌无为而悔恨，也不应该为虚度年华而羞耻。"那么，我以这句话为明镜来审视自己的这一生，自己的这36年的学术生涯，我觉得自己还算是比较欣慰的。在这样一种心态下，我今天和本研究室的同事来做这个口述史，心里还是很高兴、很欣慰的。我参考访谈员发来的提纲，自己又整理了一个提纲，我想主要分六个问题、六个方面来简单地谈一下我自己的学术生涯。

首先我来做一个概括性的介绍。我的学术生涯，是先后在中国人民大学哲学系，现在叫哲学院，和中国社会科学院哲学研究所来从事教学和研究工作。1993年到1994年，我曾经应日本的邀请，在日本国东京大学法学部做了一年的客座研究员。1995年晋升为研究员，同时也在1995年由中国人民大学调入中国社会科学院哲学研究所东方哲学研究室，直至退休。我退休之前曾经在中国社会科学院哲学研究所做研究员，同时也是研究生院，现在叫中国社会科学院大学哲学院的博士生导师。我的主要研究方向就是中国哲学史、东亚比较哲学和东亚儒学。下面我谈一下我的职务和兼职。历任中国社会科学院东方文化研究中心主任、哲学研究所东方哲学研究室主任。我还担任了复旦大学韩国学研究中心的客座教授、《韩国研究论丛》的编委、中国炎黄文化研究会的理事、中国实学研究会的理事和顾问、中华日本学会的顾问、韩国成均馆大学儒教研究所儒教研究评价委员、《儒教文化研究》的编委。他们办有一本杂志，是世界性的刊物，工作语言是英文、韩文和中文。我作为编委主要是负责审稿工作。另外还兼任了中国政法大学哲学系的兼职教授等。以上就是我的基本情况，我的整个履历简历。

接下来第二个问题，我来谈一下在中国社会科学院哲学研究所的主要工作。我是1995年调入哲学研究所的，一直到2012年年初退休。在这接近二十年的时间里，我在哲学所的工作主要分两个方面，一个是学科建设，一个是人才引进。

在担任东方哲学研究室室主任的这八年中，在学科建设这方面，因为我们东方哲学研究室一共八个编制，人比较少。我做室主任的时候，像日本哲学只有卞崇道老师一个人。而且卞崇道主要研究战后日本哲学。后来根据这种情况，我就引进了王青。王青那时候刚从日本留学回来，取得了博士学位。归国之后她又在北大严绍璗老师那里做博士后，主攻方向是文化比较研究。所以可以说王青是我们所引进的第一位博士后。王青入所之后，我们室研究日本哲学的力量就加强了，卞老师主要做的是"二战"前这一段的思想史。王青入职之后，我觉得她还是比较努力认真的。因为王青的基础不是哲学专业出身，她是文学的这样一种学术背景。入所之后她也很努力，现在可以说王青已经成了这方面，就是日本哲学研究的学术带头人，中华日本哲学会的会长。她去年在《世界哲学》上发了一篇文章，看了这篇文章之后，我曾经跟王青说："你现在已经上路了走上正轨了，你的文章写得有哲学的味道了。"王青加强了我们东方哲学研究室的日本哲学研究力量。再有一个就是我引进了周贵华。因为我们室的印度哲学应该可以说是东方哲学的一个主要分支。所谓"东方哲学"我个人认为一个就是印度哲学，再有一个就是阿拉伯伊斯兰哲学。但是在这方面我们室的研究力量是非常薄弱的，像印度哲学方面，在周贵华调入之前有孙晶。孙晶可以说是科班出身，是四川大学哲学专业毕业的，然后又考取了巫（白慧）先生的印度哲学的硕士，一直是比较好的。印度哲学方面就他一个人。后来还引进了成建华。周贵华在博士毕业那年由楼宇烈教授推荐给我的，他说这个人你应该要去找找看。我就亲自到北大和周贵华谈了一次。从和他谈话的过程中，我觉得周贵华和我们这些学文科出身的人的学术背景不一样。他以前一直是学理科的,他上的是北大的物理系,在物理系拿的学位。毕业之后他又在理工大学教了十几年的大学物理,可以说他主要是研究物理原子弹方面的一位学者,所以他的逻辑思维比我们这些学文科出身的人更加缜密。周贵华另外一个特点就是他的原创性,这点我非常欣赏。所以我把周贵华引进之后可以说确实充实了我们室一个是印度哲学、一个是佛教方面的研究力量。下面我讲《东方哲学史》的时候,还要再重点谈一下周贵华。周贵华现在也是整个哲学界尤其是佛学界非常有名的全国知名人士。再有引进的一位就是洪军。洪军和我们不一样,他是朝鲜族出身,所以精通韩语。引进他之前,他一直在复旦大学韩国学研究中心做学问。洪军给我的印象很深,因为我去复旦大学开过几次会,认识了洪军。他非常谦虚,那时候他正在应该评副研究员的时候,他不争,老是让着别人。其实他是复旦大学哲学系博士毕业,然后又到中国人民大学在张立文教授那里做了两年的博士后。他研究中国哲学、韩国哲学、日本哲学,他的日语也很好,就是很全面的这么一个人。但是他就是老是推让这一点给我印象很深刻。他是由于他爱人的关系来的北京。他爱人是从北大毕业之后,就到了北京中医药大学工作。复旦大学那边坚决不放他走。石源华教授跟我说我不能放,说洪军是我的得力助手。我跟他谈了几次。石老师就说:"李先生,我实在是不愿放他走。"最后没办法是他爱人坚决不去,她不愿去上海。后来石老师也说:"我把洪军给你了。"洪军来到东方哲学研究室之后,也可以说是因为我退休了之后就没有人重点研究韩国哲学了,所以他主要是侧重于韩国哲学。其实洪军在日本哲学这方面也可以拿得起来。现在可以说王青、周贵华、洪军这三个人都已经是各个方面学科的学术带头人,都是非常出色的前沿学者了。再有一位是贺雷。贺雷具体不是我引进的,当时所里考虑要不要引进贺雷的时候,老所长谢地坤谢所长把我叫去征求我的意见,把这件事跟我说了。

我就看了贺雷的博士学位论文，他答辩的时候是严（绍璗）老师让我参加的。我觉得他的语言条件很好。后来贺雷也进来了。我觉得自己引进的主要有这三位：王青、周贵华、洪军，确实充实了我们所的学术力量。这是我做的一件事。

第二件事就是东方哲学研究室组织编写了院重大课题，5卷本的《东方哲学史》。这部《东方哲学史》是我的前任徐远和老师在的时候申请下来的一个重大课题。但是天不佑才，徐老师在不到60岁、59岁的时候（2002年）就去世了。去世之后，当时的室主任是我，然后经过咱们所学术委员会的讨论，就让我接替徐老师这项工作，把整个东方哲学史这个重大课题、这个担子挑起来，所以我就成了这个院重大课题的课题组组长。首先我就组织人来写这个项目。徐老师在的时候，请了一两个老先生确实很不错，也请了一些中年学者，但是人还不够。最后我们一共参加撰写的是38位学者，然后我又陆续地请了一些学者参加这个撰写工作。每个人都写自己擅长的领域。因为东方哲学从公元前30世纪一直到公元20世纪，上下五千年，涵盖了中国文化、印度文化、阿拉伯伊斯兰文化三大文化系统，那么多个国家的哲学思想，非常庞杂，而且分成上古、中古、近古、近代、现代5个大本来进行编写。我们先分下去大家先写，写完之后我们就一个月或半个月开一次会，每个人要汇报自己写的情况，大家讨论，这是第一阶段。第二阶段每个人写完之后，我们就把印度哲学整个装订成一本，先分国别，中国是两大本我记得，韩国是一本，日本一本，然后西亚北非这又是一本，一共好几本。这些成果放在那我一个人也看不了，幸亏引进了周贵华。所以我至今非常感谢周贵华。在《东方哲学史》5卷本的后记部分，我也写上了这一点。当时就我们两个人，分着看每一本，我看中国、韩国、日本，他看印度和西亚北非那些部分。下面一步就是打开国别，按照时间顺序，然后中国、印度、阿拉伯、伊斯兰等这样分别再按照时间顺序都给它插进去，这样从头到尾又做成5大本。我们两人又再看几遍。在那一段时间里，我记得我跟周贵华常常是早上8点多，我们俩就进入研究室，一直看，看到晚上9点。有时候9点多，有时候10点的时候我们才走。回家的时候我记得那时候好像打车根本打不着，从我家到单位还不算太远，我有时候白天走路穿过那片使馆区，走40分钟就可以了。但是那时候天那么黑我就不敢走，我就走有灯光的地方。周贵华有一段时间跟院里申请住处，我就跟所里办公室说，所里再跟院里申请，按说咱们这研究室不能让住人的，有一段时间他就住在这个研究室里。就这么看，基本上都看好了。正好周贵华他是博士，韩国财团资助他要去韩国一年，那一年周贵华就带着这5大本去了韩国，然后他又在那一个字、一个字地从头到尾串一遍。我那一年去韩国开会，没在首尔，然后我又从那个开会的地点坐高铁到了首尔，我到那又看一遍，有什么问题我们俩就商量一次。这样经过10年，也包括全体写作者的努力，38位学者经过10年的努力，完成288万字，将近300万字。这部书终于在2010年由人民出版社出版了。这部书出版之后，可以说代表了我国学术界21世纪对于东方哲学研究的一个前沿的研究结果，也是我们中国学者写出的第一部比较完整的东方哲学史著作。所以这部书出版之后，连续两年获得了两个大奖，一个是2013年获得了国家的第三届国家图书奖的提名奖。据我所知咱们所获得这个奖的只有两个，再有一个就是叶秀山老师主编的那套《西方哲学史》，除此之外就是我们这一套书。这套书在2016年又获得了中国社会科学院的优秀图书著作一等奖。所以可以说在这8年室主任期间我觉得问心无愧。另外一个是在院东方文化研究中心主任在任期间，我组织了一个东方哲学论坛，那时候哲学所规定每星期二返所，后来又改成每星期三。返所日上午大家就是干自己的事，借书看书，下午我们研究室组织了"东方哲学论坛"。因为我们东方哲学研究室有些人不是哲学科班出身，是语言出身，像英语、阿语、日语等。所以我就请了哲学方面的一些教授来论坛给大家讲。当时请了逻辑室的室主任张家龙教授给我们讲逻辑学，西方哲学室室主任叶秀山老师给我们讲西方哲学，还请了校外的许多专家教授。通过这一讲，我想提高我们室哲学方面的素养、涵养。另外也组织了一些学术会议。以上是我要汇报的第二个问题，就是在中国社会科学院哲学研究所工作期间，尤其是我这8年室主任期间所做的一些工作。

那么下面我想谈谈第三个问题，以下是对我的学术生涯的一些回顾。在我的学术生涯中，从印象最深的几位老师开始谈。在我36年的学术生涯中，给我印象最深的有这样三位老师，都是我在中国人民大学做学生和青年教师的时候遇到的一些优秀的教授。第一位就是石峻先生，我们都亲切地称他为石公。石峻教授和北大的冯友兰、张岱年这些老先生算是同一代学者。石公的学问非常渊博，中国哲学、东方哲学、印度哲学、西方哲学都非常熟。石公在中华人民共和国成立前是在武汉大学任教，后来院系调整，石公调到了中国人民大学哲学系任教。石先生对于后学非常关心，我的学术生涯、我的学术研究方向走的是中日韩东亚三国儒学这样一条道路，就是石公为我选定的这样一条道路。因为当时我在哲学系中国哲学教研室里算是最年轻的学者，30多岁。中国人民大学在"文化大革命"中给它关掉了，然后"文革"之后又给它恢复了，恢复之后一切都百废待兴。石公是很有前瞻性的一位学者，他就跟我说："李甦平，你是教研室里最年轻的，你现在学点日文。为什么呢？因为中国哲学将来肯定要走出国门的。"而且据他的研究，中国哲学在日本、东亚的影响都非常大。他说："你学点日文，然后搞搞从事这个日本哲学的研究。"我就在教中国哲学的同时，当时给本科生讲中国哲学通史，其余时间我就努力地学习日文。我们中国人民大学也不错，那时候组织了好多教授、好多中青年教师，你只要愿意就可以学日文。教我们日文的李老师，是北大东语系毕业的。还有一位富老师，她是一直在日本生活的，后来回国的这么一位老师。另外我们学校还和日本专家住的友谊宾馆很近，日本专家夫妇两个人经常到学校来教我们，所以我就努力地学习日文。我这个人悟性比较差，有时候听力比较差，那个考试卷子都不错，所以我就使劲地练习听力。我说实在不行，我就把那个小本的中日小词典里的单词都给它背下来，自己就是这么努力地学习日文。在学日文的过程中，因为石公让我研究日本哲学，我就找日本哲学方面的书，那时候根本就没有。然后我就到图书馆借了朱谦之先生的书，20世纪50年代生活·读书·新知三联书店给朱谦之先生出版了三本书，一本就是《日本哲学史》，再有一本《日本的朱子学》，另外一本就是《日本的古学及阳明学》。当时我想总是借，还得还，又不能随便画，但没办法根本就买不到，我就把这三本书都给复印下来了，我现在用的也都是复印的那三本，认真地看，认真地学。另外只要中国社会科学院或延边大学有研究日本哲学的老师，我就多跟他们联系并请教问题，就是这样努力。而且自己又有中国哲学的一些底子，在石公的指导下，我在1982年就在《哲学研究》上发表了可以说国内的第一篇有关中日儒学交流的文章。这篇文章叫作"宋明理学在日本的传播和演变"。我记得写了这篇文章之后，因为那是1982年的，刚刚复刊的《哲学研究》的编辑就是不太放心，因为看着我比较年轻。另外怕稿子有什么问题，就让我们研究室的张立文教授，比我有资格、资历的教授给我改稿，给我看稿，然后他们才发表。在1992年的时候，我又出版了《圣人与武士：中日传统文化与现代化之比较》（中国人民大学出版社）。这本书中我也是通过理气、知行等范畴来进行中日文化的比较。这本书我现在来看，1992年出版的，到现在已经20年了，现在来看有很多地方写得非常不成熟，但是不管怎么说，这本书可以说是第一部关于中日文化交流的学术著作。这本书出版了之后，也有一些反应。比如2019年疫情发生之前，北京外国语大学日本学研究中心的主任郭连友教授有一天给我打电话，让我去给他们的研究生班讲课，我说讲什么？他说你就讲那个中日儒学方面的事，侧重于日本儒学。我说那个怎么讲，他说你不是有那本书吗？我说那本书都十多年前出版的了，现在那么多博士生都从日本回来，我说那本书我得重新考虑考虑。2019年的时候，王青也招了一个博士生，日本哲学专业。她后来也跟我说要以这本书作为她博士生的必读书。还有外校的一些人、在日本的一些人也通过朋友关系问我，有的人让我把这本书再版，我觉得再版不太合适，因为又涌现出了一些新的观点，我觉得自己应该重新修改一下。我要说的我最后一部著作是我现在正在写的一部，我不仅把中国、日本还要把韩国囊括进去。1993—1994年，我在日本东京大学期间，深刻地了解到一个问题，就是说要研究日本哲学，还必须研究韩国哲学。为什么呢？因为日本的儒学、哲学、佛教都是从韩国的百济流传过去的，从韩国走过去的。所以我1994年回国之后就开始又学习韩文。当时韩国大使馆有一个韩国文化研究院，我就在那个韩国文化研究院学习，他组织中国人学习韩语。因为当时很多中国年轻的学生都喜欢看韩剧、唱韩歌，所以都踊跃地学习韩文，他们学习的目的就是能唱韩歌、听懂韩剧。像我这岁数，当时在那个学韩文的班里，我是岁数最大的一个人。老师都是他们韩国使馆的夫人，她们随着丈夫来中国，丈夫都是外交官，她们就教这些中国人学韩文。在那个班里我年纪最大，但是每次考试我的成绩都是比较好的，韩国大使馆还给我奖励。这样通过学韩文就把整个东亚儒学由中国到韩国再到日本这样一个系统就搞清楚了。而且自己也努力在2009年写了《韩国儒学史》，由人民出版社出版。这本书出版之后反响也比较大，后来还获得了中国社会科学院优秀著作三等奖。所以我这条学术道路，中国哲学、日本哲学、韩国哲学，都是由石公教授为我指明了学术的研究道路，就是东亚三国儒学和东亚三国儒学的比较研究。我这几年主要就是写了许多中日韩三国儒学的论文。2016年由中国社会科学出版社出版，我从我的100多篇论文中选出了36篇论文，出版了《三国儒学本论》，可以说这部书是我的中国、韩国、日本三国儒学研究的一部比较好的、优秀的论文集。

  下面一位对我影响比较大的就是方立天先生。方教授是北大出身的，他在20世纪60年代初期北大哲学系毕业之后，分到了人大哲学系工作，他主攻佛教。方老师给我印象最深的两点，一个就是他那种刻苦的精神。方老师在我们中国人民大学可以说是有名的刻苦的教授，好像很多学生还画画形容他。方老师是南方人，浙江人，个子也不高，每天背一个大书包，书包里放着杯子、各种各样的书，每天按时8点图书馆一开门，他肯定坐在图书馆里，中午回家或到食堂吃顿饭，然后下午又去，晚上回家吃顿饭，晚上像学生一样晚自习也在那，从来没有一天间断过。他50多岁60岁的时候，以前人大图书馆也很简陋的，后来图书馆条件稍微好一点，就专门给方老师准备了一个小角落，就是一张桌子，那就是方立天教授的专位，他的书就不用背来背去了，喝水杯子什么的也放在那。就是这种精神，中国人民大学哲学系每一个学生都知道，不只哲学系的学生，还有很多学生都知道，那个背书包的老头，就是方立天教授。所以这种刻苦、执着的研究精神对我影响很大，教育很深，这是一点。另外，方老师使我印象非常深刻的一点，就是他那种严谨的学风。方老师的著作有一个特点，他的著作没有什么大部头，都是非常薄的那种本子，但是都是一些比如生活·读书·新知三联出版社、商务印书馆，还有就是中华书局这些出版社给他出版的。读他的文章没有废话，没有多余的话，逻辑非常严谨，一环扣一环。我就问方老师，我说怎么写文章？方老师就指导我说，你写完文章之后你自己觉得挺好，但是你不要轻易去发表，你把它锁在抽屉里，过一段时间你再拿出来看看，你一看就会发现你这文章又有问题，你就再修改，再放进去，再修改，这样折腾几次之后，你的文章就比较圆满了，这样之后你再去发表。所以我基本上也就是按照方老师这个教导去写文章。再有就是方老师上课讲话没任何的废话，不像有的老师这个那个什么的特别啰唆，啰唆半天一句话得重复三遍，方老师讲课非常精辟，一句接着一句，一环扣着一环，叫你能够听得入神。而且他还有冯友兰先生的一个特点，北大出身的学者就是由浅入深，我觉得他继承了冯先生这个特点，所以有一次方老师给外面进修的一些大学老师讲课，一个大学的青年教师就对我讲，他说听方老师的课简直是一种艺术享受。我觉得他这句话说得特别好，我说我也有同样的感受。所以我自己今后在上课的时候，也就注意怎么给学生上课，能够让学生深入浅出，让学生能够把握你说的东西。因此我在人大上课的时候，学生对我的评价都比较高，有几次都把我评为优秀讲课老师。

　　石公、方老师都已经相继离开了。现在在世的唯一的另外一位老师就是张立文教授。他最大的一个特点，我觉得就是他的原创性，他的文章可以说都是具有原创性的。当然刻苦这一点跟方老师一样，你什么时候去张老师家他都趴在桌子那，不是看书就是在那写字。我记得有一次是过年期间，大年初一或初二，我去他家送东西，去看他，他们家里特别安静，根本就不像过年的样子，没人，就他一个人在那写。《中国哲学逻辑结构论》这本书他讲中国哲学的逻辑性结构怎么样一环套一环。这本书出版之后，日本学者非常欣赏，给他翻成了日文版。另外像《中国哲学范畴发展史》很厚的两大本，一个是《天道篇》，一个是《人道篇》，讲中国哲学怎么样由这个范畴发展进化到那个范畴，这个过程是很严密的。再有一个就是张老师前几年提出了一个学说，就叫"和合学"，这个在学术界都比较有名。张老师为什么要提"和合学"？那时候我还在人大工作，经常跟我进行学术交谈，他就跟我说，21世纪人类社会面临五大矛盾冲突，包括人与自然的冲突、人与人之间的冲突、心灵的冲突等，归结为五大冲突。那么怎么样来化解21世纪这五大冲突呢？他提出了"和合学"。他这个"和合学"是从中国文化之中提炼出来的，他自己有一套逻辑范畴和科学的概念，是和谐的命题，各个方面都要和谐。我觉得他不是为做学问而做学问，他是要回应这样一种时代的需求。人大的学生就跟我说，有一次有一篇文章就讲习近平主席的人类命运共同体，也专门提到了这个"和合学"。现在很多学术会议也在讨论这个"和合学"的问题。张老师整整比我大11岁，我今年74岁，他85岁，但是张老师还在写，他现在写什么呢？还是一本原创性的著作。他跟我说他现在正在构思写中国哲学原理，因为我们学哲学的都知道哲学原理，他是写中国哲学原理，也是给中国哲学正名。因为有的人说中国没有哲学，前几年还讨论中国是否有哲学，中国哲学的合法性问题。他就讲中国哲学原理，给中国哲学创造一套这样的命题，目前还在写，已经写完几章了，前几章还给我看过，让我提提意见。所以我说张老师这个原创性的精神对我启发大，所以我自己在写作过程中也尽量提出自己的一些观点。这是我讲的第三个问题，对我印象最深刻的一些老师。

　　下面我讲第四个问题，就是我的治学方法。这些方法我想谈两点，一个是精神法，一个是具体研究法。精神法，首先我想讲的就是要具有热爱精神，什么叫热爱精神？就是说你学哲学的，你在哲学所工作，你要热爱哲学。我用自己切身的经历来讲，我高三的时候就已经入了党，那时候所谓的学生干部都是好一些的学生，按说高三考大学的时候，按照我自己的本愿，我想考北大的历史系考古专业，我特别喜欢历史，喜欢考古，我身体也挺好的。但是我的班主任也是我的入党介绍人，孟令联老师，她根本就没征求我意见，就给我填报一个大学志愿，给我填的第一志愿就是中国人民大学哲学系。当时录取通知书也来了。我记得那时候录取通知书就拿一个信封给你寄到家。我说什么是哲学？何为哲学？我根本就不懂，不知道什么是哲学。然后到大学报到之后，我都有点傻眼，特别不适应，因为我高三上的都是女校，周围全是女学生，我们学校那时候的卫生间根本就不用写男女，男教师就那么几个，所以就特别地不适应。像我们哲学系一个班 50 个学生的话，只有两三个女学生。我们是"文革"前最后一批大学生，我们班里学生也 50 多个，我们那班女学生最多 7 个，所以我就有点奇怪，我说为什么女生这么少，根本就不愿意理那些男生，不适应跟他们在一起。然后他们就跟我说："'文革'前中国人民大学最有名的是四大理论系：一个哲学系、一个经济系、一个国政系、一个党史系。你要能考上这四大理论系，都是尖子生。"跟现在完全相反，现在你分不够，只要够了中国人民大学的档案线了，但是分不是那么高，都给你调剂到哲学系，现在哲学系是女生比男生多。所以我前些时候去人大开会，以前都是我的学生，现在也都是教授，他们开玩笑说现在我们主要培养女哲学家了，就是男学生太少了。所以那时候对于哲学，刚开始我是不了解，后来我就了解到哲学这么重要，你作为一个女人，作为一个女孩子能考上哲学系，那是非常了不起的。我就觉得好像很自豪的感觉。然后慢慢地才进入哲学，才知道什么是哲学。我在大学一年级的时候，我们读的都是俄文的原典。然后还有中文系教授教我们怎么写文章。我记得那时候我写的第一篇文章讲剩余价值问题，讲得比较通俗易懂。老师就给我推荐到《光明日报》，那时候《光明日报》就把我这篇文章给发表了。在"文革"中主要是冲击那些教授，像我刚开始也受到冲击，非说我是黑苗子，就是因为在《光明日报》发表了文章，像以前咱们哲学所的前所长李德顺，他发表的文章更多了，更有名了，所以他那个时候就更受挫。就是说我由不了解哲学到爱上哲学有这么一个过程，一辈子都和哲学打交道。

我觉得首先要爱哲学，而且我更加喜欢中国哲学。我们大学毕业之后，因为那时候"四人帮"江青他们讲知识分子是臭老九，要接受再教育，因为我就是一个人，一个女的，照顾我，就给我分到了天津。到了天津之后就在天津塘沽盐场劳动，一到两年，每天用独轮车推 600 斤盐。我在去天津之前，买了 4 本任继愈主编的《中国哲学史》，劳动之余我自己就在那儿看《中国哲学史》，有的能看懂，有的看不懂，像朱熹的格物致知，那时候就看不懂。看不懂我就将这些问题记到一个本子上。回到北京之后，我就回到人大请教有关的老师，让他们给我讲这什么意思。所以这样对于中国哲学越来越热爱，一直就从事中国哲学，然后由中国哲学走向日本哲学、韩国哲学，是这样一条道路。第二个要有刻苦的精神，我觉得做学问没有一种刻苦的精神，是做不了学问的。因为我觉得我这个人悟性比较差，但是我的毅力、刻苦精神还是从小就比较有。也是由于我父亲的熏染，我父亲是一名职业军人，他一方面非常刻苦，另一方面悟性也很高，在军内以"儒将"而著称闻名。他那种刻苦精神对我也影响很大。我在人大的时候，认真备课，像我是最年轻的，刚开始复校的时候，学生都比我年纪大，有的都是老三届，有的个别学生，后来我们招了一些硕士班的学生都比我年纪大。所以你要课讲不好，学生肯定把你赶下讲台，所以我认真地备课。我记得有一次备课，我有一个好朋友，她是人大法律系的，他们有实验室，我看实验室没什么人，我就在她那实验室里，就在那读书备课，然后她下了班之后忘了我在里头了，就把门锁上了。我说天怎么这么黑了，我叫开门。她叫贺兰，现在在日本，我说贺老师开门，后来我看都没人了，天那么黑，怎么办？那时候也没有手机，反正待着吧，就在那待了一晚上，就是自己再看一遍，第二天反正也有课，就不用回家起早了。这种情况都遇到过，被人关一晚上。另外还有一次，我在我们室也说过，自己有时候写作的时候就写进去了。有一次我写王阳明的时候，被王阳明、朱舜水的精神感化，写着写着我的孩子放学回来了。一推门，我自己就情不自禁地说一句："王阳明回来了。"我孩子一愣，我自己也一愣，后来也就回过神来，自己就是完全进去了。就像演员演戏一样，你要不进去，你不进入角色只自己写，了解不了真感情，做不出真学问，就是刻苦的精神。第三个精神就是韧性的精神。我觉得尤其是当前，"文革"之后，在这种金钱观的渲染下，作为一个学者没有那种韧性、坚韧，坚持不为金钱所动，过清苦的生活，是做不出学问的。我记得我在人大的时候，张立文老师就反复地讲这个问题，他说人这一辈子挣再多的钱，你死了之后有什么用呢？把你的书、你的著作留下来，把你的学问留下来，那么后人哪怕需要时就翻一眼引用一下，或者不引用，只翻翻你的书，我觉得你都是有价值的。我觉得这句话真的很对。像一些学术大家，当然咱比不了那些大家，像冯先生等这些大家，至今我都是一有关于中国哲学的内容我都翻他们的书。冯先生的书我就越看越觉得好，他真是深入浅出地讲道理。除了冯（友兰）先生、张（岱年）先生等，古人的诗词中的思想留下来就是永恒的，像李白等，这才叫不朽，什么叫不朽？后来我也对我的学生讲，你有再多的钱，那有什么用呢？没有用，所以你应该也把自己的著作、把自己的思想学问留下来，这是一种精神的方法。

　　再有一种就是研究的方法，研究的方法我主要有这么三点体会。一个就是精准钉子法。钉子法就是说你要在桌子上钉钉子，这样比较牢固。做学问也应该用这样一种方法，就是不要贪多，一个人一个人地做，一个人一个人地去研究。比如我要研究日本哲学，后来就选中了朱舜水，因为朱舜水很特殊，他是明末清初的一代移民，当时明朝亡了之后，他非常热爱大明王朝，不肯吃清粟，不做清朝的移民。他3次到安南，就是现在的越南，5次到日本去请兵，帮着明朝的残余部队攻打清军。最后他看到形势，大明王朝已经彻底地完了，因为那时候清军已经入关了，所以不得已在 60 岁高龄的时候，自己东渡到了日本。因此朱舜水这个名字在中国几乎没什么人知道。他是 60 岁到了日本，一直到 82 岁在日本去世，23 年的时间全是在日本度过的，但是他对日本的文化发展起了很重要的作用。所以梁启超称他是开日本文运的一代先哲。另外梁启超把朱舜水和王夫之、顾炎武、黄宗羲、戴震这些人并称为明末清初的五大学人。我觉得我们国内的学者一方面是对朱舜水不太了解、不太重视，但是朱舜水对于日本影响这么大，他到了日本之后开启了日本的文明、日本的朱子学，日本的古学、阳明学都和他有关系，尤其是日本的水户学，德川光国是水户藩的藩主，拜他为国师。所以我就决心从朱舜水这个钉子开始研究日本哲学。关于朱舜水，可以说我自己写的 14 部著作中，其中有 4 部就是关于朱舜水的，但是你们可以看，每一部都是不一样的。这本《朱舜水》是我的关于朱舜水的第一部著作，是中国台湾东大图书公司出版的。在中国台湾有傅伟勋教授、韦政通教授做"世界哲学家丛书"，它对外叫东大图书股份有限公司，请了各个地方的人写，我在这之前写了一本比较薄的书，是中国人民大学出版社 1989 年出版的《转机与革新——论中国畸儒朱之瑜》，梁启超称他为畸儒，因为有了那本就请我写这本《朱舜水》。写完这本之后，南京大学校长匡亚明老先生主编了一套"中国思想家评传丛书"，他要编 100 本，100 位中国著名思想家，其中朱舜水位列其中。我记得当时他们编辑部的人，那时候我还在人大没过来，就亲自到中国人民大学找好多教授，其中他就叫我说朱舜水还是由你来写吧。我说我已经写了一本朱舜水，我说我再怎么写呢？他说我们这个体例跟那个不一样，我们是评传，你要侧重于学术、评传这方面来写。我这本在中国台湾出版的《朱舜水》是用繁体字写的，咱们大陆这边根本就看不到。我在写这本《朱舜水》的时候，觉得自己很有感情，读了朱舜水那些东西，被他那种人格魅力感染，就是充满那种人情味的著作。《朱之瑜评传》主要对朱之瑜的学术思想提出了自己的一些新的观点和看法。从学术的角度来讲，再一次写书的时候就觉得更走近了他的学术境界。到了2009年，有一个商业集团专门出书，这些人都是外交部的，一个叫世界出版社的，他们的编委要编一套《大家精要》，大家就是名人，大家精要就是把名人的学术观点非常精练地，以特别薄的十万字以内的非常通俗的语言做出来，又让我写朱舜水，编委说要写得更贴近老百姓，用让老百姓能读懂的语言。所以那本《大家精要——朱舜水》比较薄，我写的时候尽量通俗，加上一些图片，比如朱舜水在日本的情况，日本的后乐园是根据他的设计建的，等等。朱舜水在东京大学农学院有一块墓碑等，把这些图片都加进去。可以说光朱舜水我就写了4本。4本书的基本内容有一个共同性，但还是侧重不一样。我的意思就是说这种钉子法通过朱舜水和日本哲学、日本水户学、日本朱子学、日本古学，乃至日本阳明学，都跟他有千丝万缕的联系。通过朱舜水把整个日本哲学、日本儒学都给串起来了，用网络式就都联系到了一起，这样你的学问就铺开面了。朱舜水对应日本儒学，对韩国儒学钉钉子就钉在李退溪。1989年，国家教育部原来制订一个计划在中国人民大学，退溪学国际研讨会，应该也轮到中国。以前是在韩国开、在美国开、在日本开。1985年，我第一次出国就是去日本筑波大学开的退溪学术会议。为了开李退溪这个会，韩国也资助了很多李退溪的书。读李退溪的书写李退溪的文章，这样从李退溪这个钉子凿进去。以后去韩国的时候，又了解另外一位大家，和李退溪齐名的，叫李栗谷。通过这两个人的研究，读他们的书，那么整个对于韩国朝鲜朝五百年间的儒学基本上就都比较了解了，所以才能够写出来《韩国儒学史》。那么第二个研究方法就是原典法。你要钉钉子，必须读原典。非原典法就是说有的人做学问图省事，用的全是第二手资料。这种方法就没有建树，没有创新。

也有的老编辑一看就说不是很感兴趣。所以你必须读原典，真正的第一手原典。读了原典材料之后，你才能看到别人在这个问题上提出的疑问有不对的地方，自己也才会有一个创新。与原典法相联系的第三个方法就是疑问法，就是说研究一个人的著作，不要说哦对对对，好好好，就是这么回事儿，不能这样。朱熹曾经讲过一句话，说大疑则大进，小疑则小进，不疑则不进。就是说你提不出问题，老是照抄，那你就没有在学问上有建树，做不出学问来。我觉得朱熹自己就是这样，所以后人也应该学他，我自己后来对这句话体会也越来越深。这里我给大家举一个例子。我最近在写日本儒学，我刚刚写完贝原益轩，他是日本很有名的朱子学大家。他刚开始对朱子学非常相信，苦读朱子书。后来他在读朱子原典的时候就产生了一些疑问。怎么解决这个疑问，比如关于理和气的问题，到底是理在先还是气在先呢？理和气之间是什么关系？他自己提出一些问题，给学生讲课的时候自己也带着这些问题和学生讨论。最后他在85岁高龄的时候，积累了自己这一生的疑问和自己的想法，自己给自己解惑，写了两部著名的著作，一部叫作《大疑录》，再有一部就叫《慎思录》。这两部著作就奠定了贝原益轩在日本朱子学上很重要的学术地位。另外也凸显了他的学术思想——"理气一元"论。所以我觉得第三个方法就是疑问法。以上主要谈了第四个问题，我的治学方法，自己做学问的一些心得体会。如果能对后学有用的话，我就感到很欣慰了。

下面就谈一下第五个问题，主要介绍一下我的学术观点，我的原创性学术观点有五点。

第一点，我的东亚三国儒学观。关于我的东亚三国儒学观在《三国儒学本论》和《中韩日儒学实论》两部书中首次提出。其具体内容有四个方面。

1. 不论是韩国还是日本，固然都具有本民族土生土长的固有传统文化，但是，对于韩国和日本人伦社会发生重要影响的儒家文化，确实是从中国输入过去的。这是改变不了的文化历史。

2. 由中国传入的儒家文化与韩国和日本的本土文化、社会民俗相融合之后，便产生了与中国儒学不同的、独具特色的儒学，这就是韩国儒学和日本儒学。

3. 中国儒学的根本特征是"以仁为本"，韩国儒学的根本特征是"重情重实"，日本儒学的根本特征是"化体为用"。这是我对中韩日三国儒学基本特点的本质概括。

4. 中国儒学、韩国儒学、日本儒学以其各自耀眼的特色，彰显了东亚儒学的多样性和丰富性；同时，它们又以其突出的共性而有别于西方的基督教文化和南亚的佛教文化，凸显了东亚儒学的社会性和世俗性。这种社会性和世俗性对东亚社会的发展起到了重要的影响和作用。

第二点，"舜水学"。这是对中国明末清初学者，后又客死于日本的朱舜水学问观的称谓。通过对朱舜水实践哲学的研究，首次在《朱之瑜评传》中提出"舜水学"这一概念。提出之后有一次浙江省社科院的钱明找我，他们主要就是研究朱舜水的，因为朱舜水是余姚人，浙江人。几次开会的时候他就叫我去谈谈"舜水学"。我所说的这个"舜水学"主要就是对朱舜水儒学思想的一种总体概括。朱舜水从源头上讲可以追溯到朱熹。但是他和朱熹的天理思想不太一样，他讲实理，实际的实。实理就是实行具体实际的行动。他讲经世致用，所以总而言之是一种实学。所以我们中国人民大学的葛荣晋教授前几年也拉着我，那时候我在人大还比较年轻，他要成立中国实学研究会。因为首先韩国有实学会，韩国的实学确实对韩国社会的近代化起到了很重要的关键作用。日本没有学会，但是他们也有几部著作讲德川实学思想的系谱等。韩国、日本都有，中国没有，所以葛荣晋教授要成立一个中国实学研究会，然后就拉着我到处跑。我们为成立这个中国实学研究会开了几次会。当时在实学会议上，我也几次讲朱舜水的实学思想。朱舜水确实是明末清初实学思潮的兴起人，确实有这方面的作用。另外，他到了日本之后，对于日本德川初期的佛教有一定的批判、压制作用。像朱舜水也很会设计，日本后乐园就全是朱舜水设计的。清朝的时候，清朝政府派去日本的留学生都住在后乐园里。我去东京大学的时候，后乐园就挨着东京大学旁边，很多中国的留学生现在也都住在那里，就像江南那种水亭楼阁，设计成小桥流水那样子，就是很精致的一种庭院设计，都是朱舜水给他们带去的。另外，朱舜水教他们怎么做大明的衣服，还有种地的知识。给他们讲哲学思想，主要讲"理气一元"论等。朱舜水的儒学思想对于日本朱子学、日本古学派、日本水户学的形成产生了重要影响。

第三点，"石门心性学"。"石门心性学"在中国台湾出版的《石田梅岩》一书中首次提出。这是对日本"石门心学"概念的修正。日本学术界将以石田梅岩为首的心学派称为"石门心学"。通过对石田梅岩哲学的研究，认为他既讲"心"，也讲"性"，"心性"并重，而梅岩后学也是既讲"心"，又讲"性"，"心性"并讲。为此，提出了"石门心性学"这一界说。傅伟勋教授说："你写一本日本的石田梅岩。"我说："石田梅岩我根本没接触过。"所以1993—1994年在日本这一年，我就跟日本教授说，我这一年想写一本石田梅岩的著作。所以很多教授就提供给我很多书籍，我也买了石田梅岩的一些原著书。日本学者提出"石门心学"，我提出了"石门心性学"。因为石田梅岩主要是一名町人哲学家，他不仅讲心还讲性。町人认为商人做买卖的时候应该有良心，要有善心来做公平的买卖。他讲了很多这方面的话，从性的方面来讲。另外石田梅岩的后学也讲心讲性，从哲学来分析，不仅讲心还讲性，所以我就提出了"石门心性学"。

第四点，"霞谷学"。"霞谷学"在《韩国儒学史》中首次提出。这是对韩国儒者郑霞谷学术思想的统称。他的阳明学和中国阳明学有一个很重要的区别就是他把气的思想引入了心，用气来解心。我觉得郑霞谷吸收了王阳明的心学，他是有"心气合一"论的一种思想倾向。王阳明在讲心的时候，也讲到气，他讲心和气这样一种融合的思想。郑霞谷就在这一点充分地吸收了王阳明的思想。韩国学术界只讲郑霞谷是韩国儒学的一个重要发展阶段，对他的阳明学思想进行肢解性研究。我则提出了"生气""生理""生道"具有韩国儒学特色的基本范畴，构成了完整的"霞谷学"。他讲三个理论、三个概念，一个是生气，理气非二，实际上就是心气非二，将气引入阳明学。再有一个讲生理，王阳明这个生理的概念是在《传习录》中出现的。《传习录》中阳明在回答一个学生的问题的时候，提到了生理，生就是生命的生，理就是理气的理，生理就是王阳明讲如何克己复礼。郑霞谷是从人身论、人性论和宗教、宇宙论这三个方面来讲的，生理论扩充了王阳明生理的思想。另外郑霞谷讲生道，道路的道，就是王阳明的良知，就是善性恻隐之心。我认为霞谷学主要从三个方面，即生气、生理、生道来界定阳明学。

第五点，韩国儒学的特点。在《韩国儒学史》中针对韩国儒学的基本特点，指出三点：重气、重情、重实。在这本书的绪论中，我对韩国儒学的基本特点做了一个总结。我认为韩国儒学和中国儒学、日本儒学相比较，有三个不同点，也可以概括为韩国儒学的三个基本点。第一点就是重气，韩国儒学更加重气。为什么这么说呢？因为考察韩国儒学史，它有一个很完整的从李栗谷一直到近现代重气的这样一个学脉的链条。第二点，除了重气就是重情，就是情义的情。儒学的概念有性情的情，我觉得中国哲学好像更加注重性的探讨，韩国哲学更加重视情。我们经常听到韩国儒学的"四七"之辩，实际上就是四端七情的辩论，四端就是孟子讲的恻隐、是非、羞恶、辞让。七情就是《礼记·礼运》

篇所说的喜怒哀惧爱恶欲。四端是指道德之情，七情是指情感之情。四端和七情到底是一个什么关系？这个问题在朝鲜朝一共有五百年的历史，这五百年间可以说韩国的儒学基本上就围绕着"四端七情"的辩论来进行，围绕着这个问题的讨论，使韩国儒学不断地深化。辩论有两个高峰，第一个高峰就是李退溪和奇高峰两人的辩论。李退溪的观点认为"四端是理发气乘，七情是气发理随"。奇高峰不同意。这是一个高峰。第二个高峰是朝鲜朝的后半期，李栗谷和成浑两个人的辩论，这次辩论由"四端七情"又涉及了人性物性同异论，又是一个高峰。这两次高峰就把这五百年间的韩国儒者都囊括进去了。对情的辩论、论证比中国儒学要细腻得多。我觉得是韩国儒学、韩国人的一种思维方式。他们对"四端七情"的辩论，可以说是东亚儒学的一个很重要的部分。韩国儒学的第三个特点就是重实，实就是实学的实。刚才讲了中国、日本都认为自己有实学。日本的源了圆教授的一部很重要的著作就是《德川合理思想的系谱》，还有一部就是《德川思想小史》，《实学思想的系谱》，讲德川实学史。中国后来有葛荣晋教授成立了中国实学研究会，也开了好几次会，也主编了一套《中国实学思潮史》。但是我觉得真正的实学、真正哲理意义上的实学，还就是韩国实学。韩国从 16 世纪末叶到 19 世纪中叶，一直是实学思潮兴隆、发达的历史。韩国的实学可以说一直影响了韩国社会的近代化，对社会产生了很重要的影响。韩国实学会的会长李佑成先生就把韩国的实学分为三个档期。第一期是经世致用派，第二期是利用厚生派，也叫"北学派"，他们那时候都到中国来学习，然后把中国、西方的一些科学技术带回韩国。第三期就是实事求是派。这是学术界比较认可的一种划分。重气、重情、重实，是韩国儒学与中国儒学、日本儒学的一个很重要的区别点。

最后，第六个问题，谈一下我的学术著作，13 部独著，3 部合著，6 部主编。论文就不说了。

独著 13 部

1. 《转机与革新——论中国畸儒朱之瑜》，中国人民大学出版社 1989 年版。梁启超称朱舜水是一位"畸人"，该书重点论述了舜水之"畸"。

2. 《中国传统思维向现代思维的转型》，职工教育出版社 1989 年版。在该书中我从思维学这个角度来做中国哲学，指出中华民族的传统思维模式主要有"阴阳思维""义理思维""象数思维"，并探讨了其向现代思维转化的途径。

3. 《圣人与武士：中日传统文化与现代化之比较》，中国人民大学出版社 1992 年版。该书通过对"忠""理""气""知行""道""性""人"等中日传统文化中的基本范畴的比较研究，揭示了中日文化模式的基本特点。

4. 《朱舜水》，台北：东大图书股份有限公司 1993 年版。此书未出大陆版。此书侧重于对朱舜水在日本的学术生涯的论述。

5. 《朱熹评传》，广西教育出版社 1994 年版。我不仅写了朱熹的哲学思想，如讲了他的理气、格物穷理、格物致知，我也侧重在朱熹的自然科学思想、朱熹的教育思想、朱熹的经济思想等方面进行了分析论述。

6. 《石田梅岩》，台北：东大图书股份有限公司 1998 年版。该书对日本的町人哲学家石田梅岩的心性思想进行了分析。

7. 《韩非》，台北：东大图书股份有限公司 1998 年版，讲韩非的哲学思想。

8. 《朱之瑜评传》，南京大学出版社 1998 年版。该书侧重于对朱之瑜学术思想的论述。

9. 《朱舜水》，云南教育出版社 2009 年版，通俗本，《大家精要》系列。

10. 《韩国儒学史》，人民出版社 2009 年版。2013 年获中国社会科学院优秀著作三等奖。

11.《朱熹》，云南教育出版社 2010 年版。这是《大家精要》系列的，编辑说你这本书要通俗易懂，就像说故事似的，讲朱熹就像百家讲坛这样子，比较通俗化。

12.《三国儒学本论》，中国社会科学出版社 2016 年版。这本书实际上就是精选论文集。

13.《中韩日儒学实论》（待出版）。

合著 3 部

1.《中国、日本、韩国实学比较》，安徽人民出版社 1995 年版。这本三国实学比较是我组织了日本所的一个老师写日本，延边大学一个老师写韩国实学，我写中国实学。

2.《和魂新思——日本哲学与 21 世纪》，华东师范大学出版社 2001 年版。这是张立文教授主编的一套"和合学"丛书，配合他那套"和合学"，然后出了七八本，让我主编日本这本。我就和河北大学的一位姓张的教授主编的。

3.《东亚与和合——儒释道的一种诠释》，百花洲文艺出版社 2005 年版。这本书是我和我们室的何成轩老师合作的，他主要做越南方面的研究。他讲越南的儒释道三教融合是越南儒学很明显的一个特点。我想他讲中国和越南，我讲日本和韩国，讲东亚的儒释道诠释。这本书写作的时候，我记得台北"中央研究院文哲研究所"的李明辉教授请我去台北"中央研究院"，他们有一个短期的半个月的学术交流，让我讲两次。第一次让我讲韩国儒学，第二次我说我在正做这个课题，我就讲这个。正好当时他们文哲研究所的所长是研究朱熹和西方哲学的，还专门找了我一次，就是问我这个东亚和合的问题。说他们文哲研究所也有一个课题组，那个课题组侧重于做中国的三教融合，后来还跟他们那个课题组的人一块开了一次小型的交流会。这是合著的三本。

主编 6 部

1.《中外儒学比较》，人民出版社 1998 年版。这是我和人大的张立文教授两个人主编的。

2.《韩国哲学家评传》，山东人民出版社 2000 年版。这本是配合黄心川教授写的一套《东方著名哲学家评传》而写作的。20 世纪哲学研究所中国哲学室的室主任辛冠洁先生写了一套中国哲学家评传，好几本，齐鲁出版社出版的。黄心川教授就要写一部《东方著名哲学家评传》，让我主编韩国哲学这一册。

3.《儒学与当代社会》，沈阳出版社 2001 年版。这是我跟何成轩老师两个人一块主编的。

4.《文明对话丛书》，河北人民出版社 2006 年版。这套书在当时反响还是比较大的，因为这套书主要是翻译的书，文明对话。美国哈佛的亨廷顿提出了一个文明冲突论。我们就讲文明对话。这套书的起因就是陈来有一个博士，他第一个博士研究生，叫彭国翔。彭国翔毕业之后，陈来给他推荐到这儿，然后他找我，他说是陈来的学生。我听他是陈来的学生也挺关照他的。彭国翔翻译了两本美国作家的著作，他想出版。他说李老师，要不然咱们出一套《文明对话丛书》吧。我说正好河北人民出版社有个女总编是南京大学哲学系毕业的。她找过我，她说你有什么好书目吗？给我们一些。然后跟她一谈，她挺高兴的。这本书刚一打出目录来，第一次全都抢空，因为那确实都是名人名本的一些翻译。这个就出了两期没坚持下来。

5.《韩国名人名著汉译丛书》，人民出版社 2008 年版。主要就是想把韩国的一些名人，一些当代的著名学者，他们主要的一些经典的学术著作翻成中文，然后出版。我找我们的学生方国根，他是人民出版社哲学编辑室主任。这个全是由韩国国际交流财团资助的，所以不太困难。迄今为止我们陆陆续续出了三四部吧。这套书出来之后在韩国有人翻译，因为韩国教授他们都愿意自己的著作在中国这么大的市场流传，很多大学者都愿意让中国人了解他的著作。所以开国际学术会议的时候，有些韩国学者来北京的时候就都跟我说，说我有一本书能不能请你们翻。我想办法叫我的学生翻译成中文。因为现在在韩国留学的中国留学生也挺多的。他说能不能在你那个丛书里出版？我说你只要给出版社钱，出版社能够出版就没问题。

6.《东方哲学史》（5卷本），人民出版社2010年版。2013年获国家第三届优秀图书奖提名奖。2016年获中国社会科学院优秀著作一等奖。作为填补学术空白的学术巨著于2023年由人民出版社再版，并纳入人民出版社的品牌《人民文库》永久留存。

（张）非常感谢李老师给我们做这个访谈，今天就结束了，谢谢李老师。

参考文献

中国儒学部分：

《二程集》，中华书局1981年版。

《朱子语类》，中华书局1986年版。

《王阳明全集》，上海古籍出版社2012年版。

（清）黄宗羲：《宋元学案》，中华书局2007年版。

陈来：《孔子·孟子·荀子——先秦儒学讲稿》，生活·读书·新知三联书店2017年版。

陈来：《新原仁——仁学本体论》，生活·读书·新知三联书店2014年版。

陈来：《有无之境——王阳明哲学的精神》，人民出版社1991年版。

冯友兰：《三松堂全集》第4卷，河南人民出版社2001年版。

冯友兰：《中国哲学史》，华东师范大学出版社2011年版。

冯友兰：《中国哲学史新编》，人民出版社1982年版，第1册。

冯友兰：《中国哲学史新编》，人民出版社1984年版，第2册。

冯友兰：《中国哲学史新编》，人民出版社1988年版，第5册。

蒙培元：《蒙培元讲孟子》，北京大学出版社2006年版。

牟钟鉴：《新仁学构想——爱的追寻》，人民出版社2013年版。

牟宗三：《心体与性体》，上海古籍出版社1999年版。

杨伯峻译注：《论语译注》，中华书局1980年版。

杨伯峻译注：《孟子译注》，中华书局1984年版。

张岱年：《中国哲学大纲》，江苏教育出版社2005年版。

张立文：《和合爱神——现实关怀论》，河北人民出版社2018年版。

张立文：《和合学：21世纪文化战略的构想》，中国人民大学出版社2006年版。

张立文：《和合学与人工智能——以中国传统和现代哲理思议网络》，人民出版社2019年版。

张立文：《和合学与文化创新》，人民出版社2000年版。

张立文：《和合哲学论》，人民出版社2004年版。

韩国儒学部分：

［韩］金忠烈：《高丽儒学思想史》，台北：东大图书股份有限公司1992年版。

［韩］李丙焘：《韩国儒学史略》，首尔：亚细亚文化社1986年版。

［韩］柳承国：《韩国儒学史》，台北：台湾商务印书馆1989年出版。

［韩］尹丝淳：《韩国儒学史——韩国儒学的特殊性》，人民出版社2017年版。

［韩］尹丝淳：《韩国儒学研究》，新华出版社1998年版。

《栗谷全书》，首尔：成均馆大学校大东文化研究院1992年第5版。

《陶山全书》，首尔：韩国精神文化研究院1980年版。

《退溪全书》，首尔：成均馆大学校大东文化研究院1958年影印本。

《霞谷全集》，首尔：韩国骊江出版社1988年版。

《星湖僿说类选》，首尔：景文社1976年版。

《燕岩集》，首尔：韩国启明文化社1986年影印本。
《与犹堂全书》，首尔：韩国景仁文化社1997年版。
《增补退溪全书》，首尔：成均馆大学校大东文化研究院1978年影印本。
《湛轩书》，首尔：韩国景仁文化社1969年影印本。
洪军：《四端七情之辨》，人民出版社2018年版。
姜日天：《朝鲜朝后期北学派实学思想研究》，民族出版社1999年版。
李甦平：《韩国儒学史》，人民出版社2009年版。
李甦平：《三国儒学本论》，中国社会科学出版社2016年版。
张立文：《李退溪思想研究》，东方出版社1997年版。
朱七星主编：《中国、朝鲜、日本传统哲学比较研究》，延边人民出版社1995年版。

日本儒学部分：

［日］阿部吉雄：《日本朱子学和朝鲜》，东京：东京大学出版会1971年版。
［日］德富苏峰：《近代日本国史》，东京：明治书院1953年版。
［日］冈田武彦：《江户时期的儒学》，东京：木耳社1982年版。
［日］沟口雄三：《李卓吾·两种阳明学》，新知·读书·生活三联书店2014年版。
［日］荒口治、冈田武彦：《安东省庵·贝原益轩》，东京：明德出版社1985年版。
［日］和岛芳男：《中世儒学》，东京：吉川弘文馆1965年版。
［日］井上清：《日本现代史》，新知·读书·生活三联书店1956年版。
［日］井上哲次郎：《日本古学派之哲学》，东京：富山房1902年版。

［日］井上哲次郎：《日本阳明学派之哲学》，东京：富山房1938年版。

［日］井上哲次郎：《日本朱子学派之哲学》，东京：富山房1905年版。

［日］太田青丘：《藤原惺窝》，东京：吉川弘文馆昭和六十九年版。

［日］田原嗣郎：《德川思想史研究》，东京：未来社1967年版。

［日］丸山二郎：《日本书纪研究》，东京：吉川弘文馆1955年版。

［日］相良亨：《武士的思想》，东京：ぺりかん社1984年版。

［日］源了圆：《德川合理思想的系谱》，东京：中央公论社1972年版。

［日］源了圆：《实学思想的系谱》，东京：讲谈社1986年版。

［日］子安宣邦：《江户思想史讲义》，新知·读书·生活三联书店2017年版。

《日本的名著·贝原益轩》，东京：中央公论社昭和四十四年版。

《日本的名著·大盐中斋》，东京：中央公论社昭和五十三年版。

《日本的名著·荻生徂徕》，东京：中央公论社昭和四十九年版。

《日本的名著·山鹿素行》，东京：中央公论社昭和五十年版。

《日本的名著·伊藤仁斋》，东京：中央公论社昭和五十二年版。

《日本伦理汇编》，东京：东京育成会明治四十一年版。

《藤原惺窝·林罗山》，《日本思想大系》28，东京：岩波书店1975年版。

龚颖：《"似而非"的日本朱子学》，学苑出版社2008年版。

郭连友：《吉田松阴与近代中国》，中国社会科学出版社2007年版。

李甦平：《圣人与武士：中日传统文化与现代化之比较》，中国人民大学出版社1992年版。

王家骅:《日中儒学比较》,东京:六兴出版社1988年版。

王家骅:《儒家思想与日本文化》,浙江人民出版社1990年版。

王青:《日本近世思想家荻生徂徕研究》,上海古籍出版社2005年版。

王守骅、卞崇道:《日本哲学史教程》,山东大学出版社1989年版。

魏常海:《日本文化概论》,中国文化书院1988年版。

吴震:《东亚儒学问题新探》,北京大学出版社2018年版。

张昆将:《德川日本"忠""孝"概念的形成与发展》,台北:乐学书局2003年版。

朱谦之编著:《日本的古学及阳明学》,人民出版社2000年版。

朱谦之:《日本的朱子学》,人民出版社2000年版。